병명은 가족

일러두기

- 통상적으로 사용하는 구어체 표기와 맞춤법 일부를 그대로 따랐습니다.
- 외래어 표기는 국립국어원 원칙을 따르되, 일반적으로 통용되어 굳어진 용어들은 그대로 사용했습니다.
- 문장 부호는 다음의 기준에 맞춰 사용했습니다.
  《 》단행본·신문·잡지·정기간행물 등
  〈 〉칼럼·논문·기사·영화·노래 등
- 본문에 등장하는 인물과 사연의 경우, 당사자의 신원 보호와 환자 비밀보호 의무에 따라 모두 가명을 썼으며 내용 또한 각색했습니다. 경우에 따라 여러 사례를 하나로 합쳐 정리한 것도 있습니다.

어느 단추부터
잘못 끼워진 걸까?

병명은 가족

류희주 지음

생각정원

차례

들어가며

모임에 가서 정신과 의사라는 정체를 밝힐 때, 흔히 겪는 일이 있다. 사람들이 나에게 은밀히 다가와 말을 건넨다.

"우리 큰아버지의 친구가 우울증 같다는데…."

"고모네 친척이 치매 증상이 있다는데…."

"사촌 동생이 집에만 있고 씻지도 않는다는데, 혹시 조현병 아닌가요?"

짐작하다시피, 위의 문장은 절반의 진실만 담고 있다. 사람들과 이야기를 나눌수록 우울증, 치매, 조현병의 당사자는 먼 친척이나 친구가 아니라, 자신의 가족인 경우가 많았다. 우울증은 바로 자신의 아버지였고, 치매는 할머니였다. 심지어 조현병 환자는 당사자의 친동생이었다.

정신질환은 쉽게 말하기 어렵지만 생각보다 우리 가까이에 퍼져 있다. 가까이에 있지만 남들에게 말하지 못하는 이야기, 무언가 떠오르지 않는가? 그렇다. 바로 가족에 대한 이야기다. 아이러니하게도 가족은 때때로 정신질환을 낫게 해주는 둥지가 되기도 하지만, 때로는 정신질환을 촉발시키거나 악화시키는 족쇄가 되기도 한다.

이 책에는 다양한 가족의 이야기가 등장한다. 알코올의존 아버지의 약을 훔치는 딸. 어머니를 죽이고 차라리 정신병원에 가겠다는 아들. 사랑하는 아내와 별거하면서 30킬로그램이 빠져버린 남편. 그리고 어느 날, 한쪽 팔을 쓸 수 없게 되면서 죽음이 바로 목전에 왔다고 생각했던 한 의사의 이야기까지. 마지막은 물론 나의 이야기다.

이제 판단은 독자 여러분의 몫이다.

과연 가족은 둥지일까, 족쇄일까.

1장

불행은 어떻게 대물림되는가

알코올의존

이 진단의 끝은 어디일까?

마지막 술은 언제 드셨어요?

"선생님, 지금 빨리 병동에 오셔야 할 것 같아요. 박이 디티 뜬 것 같아요."

'디티'라는 말에 내 얼굴이 찡그려진다. 디티는 '진전섬망Delirium Tremens, DT'의 약자다. 진전tremens은 '떨린다'는 뜻이고, 섬망delirium은 '미친 또는 광란의 상태'를 뜻하는 라틴어 델리라레delirare에서 유래했다. 수술 후나 중환자실 입원처럼 신체 능력이 떨어지는 상황에서 주로 나타난다. 시간과 장소를 헷갈리거나 헛것을 보거나 헛소리를 하는 증상을 보인다. 사람을 알아보지 못하거나 심하게 흥분하는 증상을 보이기도 하는 진전섬망은, 알코올의존 환자가 입원할 때 접하게 되는 응급 상황이다. 알코올의존 환자가 의식을 잃고 땀을 흘리면서 떨고 있는 것이다. 나도 당연히 마음이 급해진다.

많은 알코올의존 환자들이 그렇듯이 박도 내가 근무하던 병원을 자주 들락거렸다. 술을 마시기 시작한 사연은 각자 다르겠지만, 입원까지 하게 되는 알코올의존으로 진행되면 입퇴원을 반복하는 양상은 비슷해진다. 보호자가 와서 입원하게 해달라는 경우도 있지만, 알코올의존 환자는 자의로 입원하는 경우도 흔하다. 그리고 대부분 자의에 의한 입원은 자의퇴원으로 이어진다. 환자들은 '내가 치료가 필요하다고 판단해 입원했고, 이제 괜찮아졌으니 나가겠다'라고 말한다. 입원과 퇴원을 반복하는 환자를 여러 번 대하다 보면 의사도 나중에는 힘이 빠진다.

박의 입원이 이번이 다섯 번째인가 여섯 번째인가. 차트를 훑어보니 이틀 전 수요일 외래로 입원했다고 기록되어 있다. 외래로 들어오던 박을 떠올렸다. 만취 상태는 아니었고, 술 냄새가 심하지 않았으나 눈에서 황달이 관찰되었다.

알코올의존 환자를 만날 때 꼭 해야 하는 질문이 있다.

"마지막 술은 언제 드셨어요?"

술이 나인지, 내가 술인지 모르는 지경이 되어 병원을 방문한 알코올의존 환자가 언제 마지막 술을 마셨는지 기억할 리 만무하다. 그러나 그날 박은 비교적 멀쩡해 보였다. 박이 대답했다.

"지난주에는 술 안 마셨어요. 명절 때 속상해서 편의점에서 소주 한 병 마셨어요. 그리고 다시 한잔 더 마시고 그 뒤로는 안 마셨어요."

다시 한번 마지막 음주에 대해 묻자 박이 이번에는 자존심이 상한다는 듯이 단호하게 말했다.

"정확하게 기억나지는 않지만 안 마신 지 일주일은 넘었어요."

미심쩍었지만 말한 대로 기록할 수밖에 없었다. 차트에는 '눈에 황달이 보이며, 손떨림은 보이지 않음. 최근 음주는 일주일 이전으로 추정'이라고 기록했다. '추정'이라고 썼지만 마지막으로 술을 마신 시간은 그가 말한 대로이기를 바랐다.

박처럼 입원을 하면 한 고비는 넘겼다고 생각하기 쉽다. 병원에 입원하면 술을 접할 수 없으니까. 그런데 알코올의존은 입원하고 나서 일주일이 가장 위험하다. 수많은 중독성 물질에 그림자처럼 따라다니는 '금단 증상' 때문이다. 알코올의존의 금단 증상은 시간에 따라 나타나는 양상이 비교적 일정하다.

24시간 안으로 뇌전증 발작이 일어날 수 있다. 3일, 즉 72시간 안으로는 금단 증상 중 가장 심각한 진전섬망이 나타난다. 오늘은 금요일, 입원 후 이틀이 지났다. 박이 마지막으로 술을 마신 시간은 역으로 추정됐다. 진전섬망은 일반적으로 마지막 음주 후 3일 안에 나타나니까. 디티는 치료하지 않으면 치사율이 20퍼센트에서 30퍼센트까지 보고되는 위험한 상태다. 간호사의 목소리가 다급한 것도 당연했다. 박이 마지막으로 술을 마신 날은 입원 전날일지도 모른다는 추정이 가능해졌다.

이번에도 내 기대는 여지없이 무너졌다.

그렇다면 박은 외래에 오기 전에도 술을 마셨다는 뜻이다. 시간을 보니 디티가 뜰 수 있는 시간대가 맞다. 디티가 떴다는 건 알코올 문제로 입원한 환자에게 일어나는 가장 위중한 응급 상황이기에 의사 입장에서는 긴장되는 일이지만, 이로써 박이 거짓말을 한 게 입증되었다. 의사가 탐정이 되는 순간이다.

병동에 가보니 박이 온몸을 떨면서 땀범벅이 되어 있었다. 자율신경 항진으로 심박수도 150을 넘어 치솟고 있었다. 간호사가 상태에 대해 설명했다.

"아침부터 계속 병동에서 시끄러웠어요. 가만히 있는 환자분에게 시비를 걸어서 물어보니 레이저 광선이 벽에서 나온다고 하더라고요. 병실 안에서 가만히 못 있고 계속 들락거리고 좀 전에 시저(뇌전증 발작)를 하더니 지금 혈압이랑 심박이 계속 뛰고 있어요."

알코올은 급성 중독 상태에서도 섬망을 일으키지만, 이처럼 만성 중독자가 술을 끊게 될 때도 섬망이 생긴다. 중독자 몸은 알코올이 혈액에 흐르고 있는 상태가 정상이다. 즉 중독자 몸의 입장에서는 알코올 공급이 중단되는 게 스트레스 상황이다.

특히 알코올 금단섬망의 환각은 주로 환시로서 벌레 같은 작은 생물체가 보이는 왜소환각Lilliputian Hallucination이 동반되는 경우가 많다. 또한 무언가 기어 다닌다고 느끼는 환촉, 이른바 '스멀거림formication'이라고 하는 특이한 증상도 종종 관찰된다. 말뜻 그대로 벌레가 기어 다니는 느낌이라고 할 수 있다. 활력징후라고 불리는 바이털 사인은 혈압, 심박수, 호흡수, 체온이다. 바이털 사인은 인간이 생존하기 위한 가장 기본적인 조건을 보여준다. 체온이 올라가고 혈압이 뛰고, 심장은 환자의 상태를 빨리 정상으로 되돌리기 위해 더 빨리 뛰고 있으니 벌써 세 가지 조건이 흔들리고 있다. 그야말로 응급 상황이다. 바이털 사인 체크를 끝낸 노련한 정 간호사의 손은 벌써 혈관을 잡고, 수액을 투여하고 있다.

"선생님, 벤조디아제핀도 넣으실 거죠?"

"아, 네. 물론이죠."

거짓말처럼 박은 진정되었다. 섬망이 일시적인 것에 다시 한번 안도하게 된다.

섬망 중 가장 골치 아픈 것은 금단섬망이다. 정신을 차린 박을 보니 다시 울컥하는 마음이 든다. 외박 후 귀원하지 않거나 술을 몰래 병동에 가져오는 일은 어찌 보면 애교에 가깝다. 하다 하다 이제 금단섬망까지 생기다니. 물론 박이 나를 괴롭히기 위해 그런 증상이 생긴 게 아니라는 걸 안다. 금단섬망이 나타날 때 알코올의존 환자는 금세 꼭 죽을 것만 같은, 죽음이 임박함을 느끼는 극도의 공포를 경험한다고 하니 그 자신도 괴롭겠지만, 정신과 의사도 사람인지라 울컥하는 마음이 드는 것은 당연하다.

박은 식도정맥류 출혈로 응급실까지 내원하며 위태로운 인생을 살고 있었다. 췌장염, 간경화에 빈혈까지 박의 내과 차트는 화려했다. 이제 그의 정신과 차트도 진단명 하나를 추가하게 되었다. 급성 알코올의존에 이어 알코올 금단섬망이라는 진단명을 쓰고 나니 그의 정신과 차트도 점점 길어지고 있었다. 이 진단의 끝은 어디일까? 알코올성 치매까지 가지는 않겠지. 금단 증세든 섬망이든 치매든, 시작은 중독이었다. 왜 그는 중독이 되었을까.

술은 의지로 끊을 수 없다

"술을 끊는 약이 있나요?"

외래에서 알코올의존 환자를 처음 상담할 때 보호자들이 가장 많이 하는 질문이다. 처음 병원을 방문할 때는 대부분의 보호자가 자신의 남편이든 부인이든 술을 좋아하긴 하지만 알코올의존 환자까지는 아닐 것이라고 생각한다. 내과도 아니고 알코올의존이라는 이유로 정신병원에 입원까지 해야 하나 의문이 들 수도 있다. 술 때문에 병원까지 오기는 했어도 입원하는 대신 약으로 조절할 수 있지 않을까 하는 마음이다. 의사로서 단언하건대 단번에 술 생각을 없애 술에 입도 대지 않게 만들어주는 약은 없다. 금주 상태를 유지할 때 술에 대한 갈망을 줄여주는 '항갈망제'라는 약이 있기는 하지만, 어디까지나 보조 수단일 뿐이다.

"왜 제가 걸린 건가요?"

대부분의 경우 질환의 발생 원인에 대해 설명하기는 쉽지 않다. 환자들은 앞으로 어떻게 해야 하는지보다는 자신이 왜 병에 걸렸는지 그 원인에 대해 궁금해하지만, 특히 정신과 질환의 경우는 설명하기가 어렵다. 갑자기 자신이 신이라는 둥, 남들이 자신을 계속 쳐다본다는 둥, 눈에 보이지도 않는 망상적인 이야기를 아들이 하기 시작했다. 부모는 속이 타서 의사에게 그 원인을 묻는다. 하지만 대답은 쉽지 않다. 그럴 때 쓰는 만능열쇠가 생물심리사회 모델Biopsychosocial Model일 것이다. 결국 하나의 원인으로는 설명하지 못한다는 말을 풀어놓은 것에 다름없다.

알코올의존의 경우를 간략히 보자. 생물학적 모델에서는 알코올 의존이 되는 경우 뇌의 어떤 부분이 문제가 있는지, 어떤 신경전달물질이 문제가 있는지부터 염색체나 DNA 부분까지 고려해서 원인을 찾아보려 한다. 심리적 모델에서는 알코올이 자신감을 불어넣고 긴장을 줄여주기 때문에 많은 사람들이 중독으로 연결된다고 본다. 사회적 모델에서는 인종, 문화, 시대에 따라 다르고, 술을 얼마나 쉽게 구할 수 있는지에 따라 다르다고 본다. 이를테면 유대인들은 알코올의존 비율이 낮지만, 프랑스인의 알코올의존 비율이 높은 경우처럼. 원인에 대해 설명을 들어도 수긍이 잘 안 될 것이다. 그래서 여기에서는 이것도 원인이 되고, 저것도 원인이 된다는 설명보다는 먼저 '중독'에 초점을 맞춰 생각해보자.

중독은 영어로는 어딕션addiction. 어원은 '동의하다, 양도하다'라는 뜻을 가진 라틴어 아디코addico에서 유래하며, 고대에는 감금되거나 노예가 된 사람을 묘사하는 데 사용되었다. 사전상의 의미로는 지속적·강박적인 사용과 중단할 때 내성과 금단 증상에 의해 문제를 일으키는 경우를 뜻한다. 사실 사전상의 의미는 굉장히 넓어서, 어원이 더 예리하게 중독의 본질을 꿰뚫어 표현했다고 볼 수 있다. 중독은 한마디로 노예가 되는 것이다!

과거에는 알코올이나 마약처럼 구체적 물질 중독에 초점을 맞추었다면 요즘에는 관계중독, 일중독 등 그 범위가 더욱 확대되고 있는 추세다. 우리가 중독된 것은 일이나 섹스, 알코올 그 자체를 좋아하는 게 아니다. 거칠게 말하면 중독이 되면 분비되는 쾌감의 물질 '도파민'에 홀리는 것이고, 그런 의미에서 모든 중독은 도파민 중독이라고 할 수도 있다. 그렇다면 도파민이라는 건 도대체 무엇일까.

중독으로 이끄는 도파민

도파민을 알기 위해서는 먼저 신경전달물질에 대한 이해가 필요하다. 도파민은 신경전달물질의 한 종류이기 때문이다. 신경전달물질은 주로 뇌에서 신경세포라고 불리는 뉴런의 끝에서 분비된다.

현재 신경전달물질은 100종 이상 확인되었는데 그들은 기억, 운동, 정서 등 다양하게 관여한다. 우리에게 가장 먼저 친숙해진 신경전달물질은 엔도르핀이 아닐까 싶다. 엔도르핀이라는 말뜻 자체가 '자체 제작되는endo 마약morphine'이라는 뜻이다. 엔도르핀은 쾌락이나 기쁨의 작용이라기보다는 모르핀처럼 통증을 잊게 하는 효과가 있다.

그 이후 유명세를 탄 것은 세로토닌이다. 세로토닌은 편안하고 안심되는 기분을 느끼게 한다. 그런 의미에서 신경전달물질은 일종의 현대판 묘약 같다. 돈을 들여 살 필요도 없고, 몸에서 자체 생성되니

아주 경제적이기까지 한 묘약이다. 엔도르핀을 거쳐 세로토닌까지 신경전달물질이 종류를 바꿔가며 유행하는 것은 어찌 보면 당연해 보인다.

그렇다면 그에 비해 도파민은 왜 인기를 끌고 있지 못할까. 이유는 어쩌면 도파민이 가진 다양한 속성 때문일지도 모르겠다. 정신과에 들어와서 가장 먼저 듣게 된 신경전달물질이 도파민이었다. 물론 중독의 신경전달물질로 도파민을 알게 된 것은 아니었다. 도파민을 처음 접하게 된 것은 조현병 때문이다.

정신과 수련을 하게 될 때 가장 먼저, 가장 많이 접하게 되는 질환이 조현병이다. 그런데 조현병이 일어나는 데 가장 큰 역할을 하는 신경전달물질이 바로 도파민이다. 간단히 말하면 도파민이 비정상적으로 과다하게 분비되면 조현병의 원인이 된다.

여기에서 도파민의 두 번째 역할이 언급된다. 도파민은 원활한 운동 기능에 관여한다. 도파민 신경세포가 퇴화하면서 생기는 대표적인 질환은 파킨슨병이다. 도파민 분비가 부족해지면서 파킨슨병이 생기면 움직임이 부자연스러워진다.

도파민의 과다분비가 조현병과, 과소분비가 파킨슨병과 관련이 있다면 도파민의 세 번째 역할은 알코올과 관련이 있다.

1954년 캐나다의 과학자 제임스 올즈James Olds와 피터 밀너Peter Milner는 쥐의 뇌에 전극을 이식하는 수술 후 외부에서 전기자극을 주는 실험을 했다. 당초 그들은 수면과 각성에 관련된 부위를 알고자 했으나, 이식된 전극이 다른 위치에 닿으면서 놀라운 일이 일어났다. 그 부위가 어떤 기능을 하는지는 알 수 없었지만 쥐들의 행동 양상이 매우 특이했기 때문이다.

호기심이 발동한 두 과학자는 지렛대를 쥐들이 누르면 이전과 똑같은 위치의 뇌 부분을 직접 자극할 수 있는 방을 만들었다. 이후 쥐들이 보여준 행동은 더욱 놀라웠다. 자신의 뇌를 자극하기 위해 시간당 무려 7천 번이나 전기자극 지렛대를 눌렀으며, 심지어 물과 먹이를 무시한 채 지렛대를 누르기도 했다. 지렛대 누르기는 발정기의 쥐를 무시할 수 있을 정도로 강력했고, 새끼를 내팽개칠 정도로 강력했다. 한마디로 그 부위를 자극한 쥐들에게는 지렛대 누르기가 세상의 전부가 되어버린 상황이 된 것이다. 이후 이른바 '쾌락중추'에 대한 연구가 계속되고, 쥐들이 제정신을 잃어가면서까지 자극한 그 부위의 정체가 밝혀졌다.

여기에서 중요한 것은 바로 중뇌의 어떤 곳, 바로 쥐가 자극을 받고 미친 듯이 지렛대를 눌러댄 그곳, 쾌락의 시작을 낳은 그곳은 중뇌에 있는 복측피개영역Ventral Tegmental Area이었다.

용어가 생소하지만 복측은 배쪽이라는 뜻이고, 피개는 뚜껑이라는 뜻이니 특정한 어떤 영역을 뜻한다는 것일 뿐 그 자체로 큰 의미는 없다. 우리는 누구나 굉장한 즐거움, 쾌락, 자극적인 행동을 느끼게 되면 중뇌의 이 영역에서 도파민을 즉시 만들어낸다. 사람마다 행위마다 즐거움의 강도마다 도파민이 생성되는 양은 다르다. 그리고 각종 회로를 통해 이 도파민이 신경세포인 뉴런에게 전해지면서 쾌감을 느끼게 된다. 즉 쾌감이 발생되는 시작점이 바로 중뇌에 있으며, 도파민으로부터 시작한다!

이 거창한 이야기의 결론을 단순화하면 '술을 자신의 의지로 끊을 수 있다'고 말하는 알코올의존 환자들의 말이 얼마나 힘이 없는가 하는 것이다. 박 또한 마찬가지였다. 이번은 다르다고, 자신의 의지력으로 끊을 수 있다고 말하고 있었다. 이런 때는 역시 지피지기. 먼저 그의 언어로 말하는 그의 인생을 최대한 자세히 듣는 수밖에 도리가 없다.

"어린 시절 어떠셨어요?"

알코올의존 환자 특유의 허세를 부리면서 그가 대답했다.

"소설 한 권으로는 부족할걸요. 의사 선생은 나 같은 사람 인생은 짐작도 못 할 겁니다."

박의 눈이 저 멀리 어딘가를 향하고 있었다.

기분이 좋아서, 마음이 편해서

박의 이야기

어린 시절, 박은 귀여움을 받는 막내였다. 아버지가 사업을 해서 유복한 가정에서 자랐다고 한다. 초기 면담에서 면담자들은 대부분 자신을 좋은 이미지로 포장하는 경향이 있다. 나쁜 인상을 주고 싶지 않은 인간의 본성이겠지만, 환자의 과거를 정확하게 알아야 하는 의사 입장에서는 환자의 말을 곧이곧대로 받아 적을 수는 없다. 취조와 질문의 그 중간 어디쯤에서 이루어지는 초기 면담. '사업'이라는 단어를 말하는 박의 표정을 살피면서 질문을 던졌다.

"무슨 사업을 했나요?"

"함안에서 크게 양조장을 했어요."

'양조장'이라는 단어를 말하며 박이 의기양양한 표정을 지었다. 사업을 해서 자랑을 하는 것이 아니었다. 아버지가 양조장을 했으니 내가 알코올의존이 될 수밖에 없었다는, 일종의 피해자 코스프레를 무의식적으로 하고 있었다. 정신과 면담에서 가장 자주 하는 질문 가운데 하나를 곧이어 던졌다.

"첫 기억은 어떤 것일까요?"

여전히 의기양양한 박이 한 치의 망설임도 없이 대답했다.

"여섯 살 때던가, 남자 두 명이 집에 와서 아버지를 차에 태워 병원으로 갔던 기억이 나요. 엄마도 울고, 누나들도 울고. 그때 아버지가 간 곳이 알코올 병동이라는 사실을 나중에 알게 되었죠."

아버지를 보면서 절대 술을 입에 대지 않으리라고 결심했던 박은 '친구들이 권해서' 고등학교 때 처음 술을 마시게 되었다고 했다. 술을 마시면 자신감이 생기고 기분이 좋아져서 그 이후로도 한 번씩 찾았다. 이후 전문대를 졸업하고, 자동차 부품을 만드는 중소기업에서 일했다. 거래처를 관리하면서 술을 마시는 횟수가 늘었고, 결국 술이 문제가 되어 해고되었다. 박은 해고 이후 알코올 병원에 처음으로 입원했고, 비참한 기분이 들었다. 이렇게 살아서는 안 되겠다는 생각으로 퇴원한 뒤 자동차 판매도 하고, 보험 영업도 해봤지만 잘되지 않았다.

"입원하면서부터 인생이 꼬이기 시작했어요. 병원에서 술친구들을 사귀게 되었어요."

그래도 그때까지는 눈만 뜨면 일어나서, 혼자서도 술을 마시는 지경까지는 아니었던 것 같다. 만성 알코올의존 환자의 끝에는 술 말고는 다른 친구는 필요 없으니까. 어쨌든 이번에는 술을 마시게 된 이유가 '병원에서 만나게 된 술친구들' 때문이었다. 그래도 끊임없이 박에게는 기회가 주어졌다. 그 무렵 아버지가 간경화로 사망하면서 약간의 유산을 그에게 남겨준 것이다.

어릴 때부터 아들을 끔찍하게 아끼던 어머니가 자신의 유산까지 보태 박에게 고향에서 중국집을 열어주었다. 처음에는 고향의 지인들도 방문하고, 누나들도 도와줘서 장사가 잘되었다. 박은 사장이 되어 돈을 버는 재미를 느꼈고, 이제야 자신의 인생이 정상적으로 풀리고 있다고 생각했다.

"선생님, 생각해보세요. 청요리가 안주로 좀 좋습니까. 제가 음식을 팔면서 어떻게 술을 끊겠습니까?"

'중국요리'라고 하지 않고 '청요리'라고 말하는 박의 눈에 그 시절에 대한 그리움이 얼핏 보이는 것 같았다. 묻지도 않았는데 박이 덧붙였다.

"하루에 양파를 혼자서 500개까지 다지기도 했어요. 한창때에는 직원이 다섯 명이나 있었어요. 조리사자격증도 있고요. 칼질은 아직까지 어디 가도 안 뒤집니다."

중국집을 하면서 박은 제2의 인생을 시작하는 것 같았다. 장사가 잘된 날에는 기분이 좋아서 한잔, 잘되지 않은 날에는 잠이 오지 않아 술을 한잔 걸쳤다. 자신의 식당 문을 닫고 나면 근처의 술집으로 자리를 옮겼다. 술집의 여사장은 항상 박을 반갑게 맞아주었다. 같은 자영업자로서 둘은 이야기가 잘 통했다. 어느 순간인가, 남자들이 여사장에게 심하게 수작을 걸면 울컥 화가 나는 자신의 모습을 발견했다. 작은 키에 속쌍꺼풀이 진 눈이 호감을 주는 여자였다. 늦은 나이였지만, 박은 여사장과 그렇게 동거를 시작했다.

박은 새로운 인생을 살고 싶었다. 여사장에게는 일곱 살 난 딸이 있었다. 딸은 갸름한 얼굴에 속쌍꺼풀이 진 눈이 엄마를 쏙 빼닮았다. 딸의 이름은 영지라고 했다. 처음에는 자신의 씨앗이 아니라 데면데면했지만 시간이 갈수록 가족이 생겼다는 생각이 들면서 영지에게 정이 붙기 시작했다.

영지가 초등학교를 졸업하던 날, 박의 중국집에서 세 식구가 모였다. 짜장면이 아닌 탕수육을 놓고 앉은 건 처음이었다.

"아저씨, 이렇게 맛있는 음식은 처음 먹어봐요."

영지는 활짝 웃으면서 탕수육을 먹었다. 저 녀석이 언제 나를 아빠라고 부를까. 자신을 아빠라고 부르지 않는 영지가 야속했지만 박은 내색하지 않았다. 이제 자신이 한 가정의 가장이었다. 이 사회의 떳떳한 일원이 되어서 역할을 하고 있다는 생각에 자랑스러운 기분까지 들었다. 고량주를 한잔 걸친 박이 여사장에게 물었다.

"김 여사는 어떻게 나 같은 놈이랑 같이 살 생각을 했소."

"들으면 웃으실 텐데…."

김 여사가 수줍어하며 고개를 숙였다.

처음 김 여사를 봤을 때가 생각났다. 술집 여사장이라고 하는데, 김 여사에게는 특유의 그악스럽거나 대가 센 분위기가 없었다. 160센티미터도 안 되는 키에 채 50킬로그램도 안 되어 보이는 김 여사는 옷도 카디건 같은 수수한 옷을 선호했다. 얼핏 보면 동사무소 직원처럼 보이는 사회 순응적인 느낌, 박은 그 느낌이 좋았다. 영지는 박을 아저씨로 불렀지만, 김 여사는 박을 선생님이라고 불렀다.

"선생님의 주사가 편안했어요."

주사가 편안했다고? 눈이 풀린 박이 김 여사를 다시 한번 쳐다보았다.

"별로 말하고 싶지 않지만, 술을 마시고 욕을 하지 않거나 때리지 않는 사람은 선생님이 처음이에요. 영문도 모른 채 정말 입에도 담기 힘든 욕을 들을 때는 화가 나서 술을 더 마셨어요. 욕만 하면 그래도 참을 만한데, 술 마시고 시비를 걸면서 물건을 던지기 시작하면 정말 힘들었어요. 저 하나만 맞으면 그래도 견디겠는데 영지 아빠처럼 영지한테까지 그러면…."

영지가 맛있게 먹고 있던 탕수육을 갑자기 내려놓았다. 표정이 싸늘하게 굳더니 김 여사를 노려보고는 이내 자신의 핸드폰을 꺼냈다. 이 상황에서 벗어나고 싶다는 신호였다. 딸의 졸업식 날 자신이 만든 탕수육을 먹이는 자리. 박은 이 행복한 순간을 어둡게 마무리하고 싶지 않았다.

"그럼 자네는 내 주사에 반해 결혼을 승낙한 건가. 술 마시고 조용히 자는?"

너털웃음을 지으며 박이 묻자 김 여사가 고개를 작게 끄덕였다. 술에 취했어도 김 여사의 왼쪽 볼의 보조개는 선명하게 보였다.

"어차피 술집 여자, 술 안 마시는 사람을 만날 수는 없잖아요. 그전까지 술 마시는 남자는 다 나쁜 줄 알았는데, 선생님은 저희 같은 사람하고는 차원이 다른 분이라는 걸 알았어요. 술안주도 아무거나 허투루 먹는 법이 없고요. 소주에는 방어회가 어울린다는 말은 술장사 20년 하면서 처음 들었어요. 제가 초등학교밖에 못 나와서 아는 게 없어요. 그래서 얘 이름도 공부 많이 하라고 영지라고 지은 거예요. 영원한 지혜요."

박은 어머니가 가끔 이야기하던, 그나마 아버지에 대해 남아 있는 좋은 기억 가운데 하나가 떠올랐다.

"너희 아버지가 그 당시 엘리트였다. 양조장을 해서 그런가 술맛 하나는 기가 막히게 알았지. 너무 잘 알아서 탈이었지만. 막걸리도 원주만 마셨다. 원주에 물을 조금이라도 섞으면 당장 인상을 찌푸리셨어. 한량은 한량이었지. 나중에는 술독에 빠지니까 상한 술을 내놔도 모르기는 하더라."

술꾼 아버지가 내게 미각 하나는 남겨두고 간 건가. 박은 처음으로 아버지라는 사람이 쓸모가 있구나 생각하게 되었다. 아무튼 이 모두가 여유가 조금 생긴 덕이었다. 중국집은 궤도에 올랐고, 나를 인정해주는 여자를 만났다. 날 좋아하는 것 같지는 않지만 내가 해준 요리가 맛있다며 먹어주는 꼬맹이가 내 딸이 되었다.

"이제 자네도 술장사는 접는 게 어때? 영지도 커가고 한데."

김 여사는 희미하게 웃기만 했다. 박은 자신이 돈을 더 벌어야 김 여사가 술집을 접을 수 있다고 생각했다. 하지만 중국집 운영은 녹록지 않았다. 주위에 중국집이 너무 많이 생겼고, 또 쉽게 없어졌다. 스트레스를 받은 박은 장사를 마치고 마시는 술의 양이 점점 늘어났다. 어떻게 이룬 가정인데, 박은 이렇게 살 수 없다는 생각으로 주식을 공부하기 시작했다. 그리고 남아 있던 유산과 중국집을 처분한 돈까지 모두 날리고 나서야 주식에서 손을 뗄 수 있었다. 중국집 사장일 때는 그렇지 않았는데 김 여사가 자신을 보는 눈빛도 예전과 다르다는 생각이 들었다.

박은 점점 초조해지고, 여유가 없어졌다. 주사가 없어서 좋다고 했었는데…. 박도 별수 없었다. 술에 취해 들어온 자신에게 김 여사가 늦었네요, 라는 말만 해도 화부터 냈다. 박은 '돈도 못 벌면서 늦게 다닌다고 무시하는 거야?'로 시작하는 지긋지긋한 이야기를 화가 나면 반복했다. 설상가상으로 사춘기에 접어든 영지가 점점 더 날카로워지고 예민해졌다. 영지가 문을 쾅 닫고 방에 들어가면 방문을 두드리다가 그 자리에서 잠이 들기도 했다. 그러던 어느 날, 그날도 술에 취해 대낮이 되도록 자고 있는데 영지가 울먹이면서 박을 깨웠다.

"아빠, 어떡해? 엄마가 안 보여. 없어. 가게 문도 닫혀 있어."

박은 울먹이는 영지의 목소리가 제대로 들리지 않았다. 처음으로 자신을 아빠라고 부르는구나 싶어서 술이 덜 깬 얼굴로 희미하게 웃었다. 영지가 책가방을 던지며 소리를 질렀다.

"지금 미쳤어? 엄마가 안 보인다고. 작작 좀 마셔. 제발 정신 좀 차리라고."

김 여사를 찾아 나선 지 일주일이 되던 날, 박은 자신이 너무 한심하게 느껴졌고 모든 것에 화가 났다. 학교도 안 가고 엄마를 찾는 영지도 보기 싫었다. 박은 자신이 마실 수 있는 모든 종류의 술을 다 마셨다. 밤새 편의점을 돌아다니며 술을 마시고, 행인에게 시비를 걸었다. 교복을 입은 여학생이 영지처럼 보였다. 여학생에게 주스를 사준다고 하자 소리를 지르며 도망갔다. 수중에 돈은 당연히 없었다.

집에 들어와 자고 있는 영지의 옆얼굴을 보니 김 여사와 똑같아 보였다. 박이 영지를 만지려고 하자 화들짝 놀란 영지가 소리를 질렀다. 남들처럼 살고 싶었던 박의 인생 2막이 끝나고, 경찰서에서 3막이 시작되고 있었다. 죄목은 다섯 가지였다. 내가 그렇게 쓰레기인가. 거울에 비친 자신의 모습이 꾀죄죄하고 초라했다.

초라해질수록 더 허세를 부리는 게 중독자들의 전형적인 특징 중 하나다. 이야기를 하던 박에게 내가 죄목을 묻자 그 또한 갑자기 허세를 부리기 시작했다.

"선생님, 제가 이래 봬도 그날만 별 다섯 개를 달았어요."

박이 구치소로 가게 되면서 경찰은 박의 어머니에게 연락하려고 했다. 박은 화를 내면서 경찰에게 말했다.

"일단 우리 집사람 실종신고부터 해주세요. 지금 연락이 안 된단 말이오. 애 엄마가 있는데 왜 할머니한테 연락을 합니까."

"성인이 집을 나갈 경우 실종보다는 단순 가출일 가능성이 높습니다. 아주머니 계실 만한 곳부터 연락해보는 게 순서입니다."

'단순 가출'이라는 말을 아무렇지도 않게 하는 젊은 경찰을 보자 그동안 참았던 화가 폭발했다. 경찰의 턱을 한 대 치고 서류를 던지고 쓰레기통을 발로 차버리자 공무집행방해죄가 추가되었다. 결국 박의 어머니가 경찰서로 오는 수밖에 없었다.

유치장에 갇힌 채 영지를 딸이라고 소개하자 어머니는 바로 바닥에 주저앉아 한탄을 쏟아냈다. 경찰이 어머니를 달래고, 영지는 자신을 둘러싼 어른들의 눈치를 보느라 그렇지 않아도 주눅 든 아이가 더 기가 죽어 있었다. 그게 박이 본 영지의 마지막 모습이었다.

그날의 죄목은 사기, 폭행, 공무집행방해, 음주운전, 미성년자 성추행 미수라고 했다.

"사기라고요?"

정신이 말짱한 사람도 계획적으로 사기를 치기가 어려운데 만성 알코올의존 환자가 사기를 친다? 왠지 어울리지 않는 것 같아 다시 물었다. 그러자 박이 으쓱하면서 말을 이었다.

"우리 선생님이 이쪽 세계는 잘 모르시는구나. 사기가 뭐 별건가요. 술 마시고 술값 안 내고 나오면 사기죠. 경찰이 연행할 때 저항하면 공무집행방해고요."

그제야 알게 되었다. 우리가 보통 사기라고 할 때는 의도를 가지고 상대방을 적극적으로 속이는 행위를 생각한다. 하지만 '지불할 능력이 없음에도 지불할 능력이 있는 것처럼 보여 상대를 기망하고 행위의 대가를 지불하지 않는 것'도 사기임을. 집행유예를 기대했으나 성범죄에 연관되어 실형을 면할 수 없었다. 양조장 집 아들은 그렇게 50대 초반, 처음으로 교도소라는 곳에 들어가게 되었다. 이후 알코올의존자로 병원을, 범죄자로 교도소를 왔다 갔다 하는 세월이 계속되었다.

"그래서 김 여사는 찾았어요? 영지는요?"

궁금해진 내가 박에게 물었다. 박이 한숨을 크게 한번 쉬고는 대답했다.

"면회를 왔었어요, 교도소로요."

교도소에서 수감자들은 죄목에 따라 다른 색깔의 수번을 단다. 사형수는 빨간색, 마약사범은 파란색, 조직폭력이나 집중관리 대상은 노란색, 기타는 흰색. 나이 50이 넘어 처음 겪는 수감 생활, 각종 사고를 친 초범. 그곳에서 박은 흰색 수번을 단 최하위 계급이었다. 그러나 동료들의 무시와 갇혀 있다는 답답함보다 더 힘든 건 따로 있었다. 밤이면 찾아오는 자신을 버리고 떠난 김 여사에 대한 원망.

그렇게 6개월이 지난 어느 날, 김 여사가 면회를 왔다. 막상 얼굴을 보니 말이 나오지 않았다.

"거기는 안 추워요?"

이제 와서 생각하는 척하는 건가. 박이 화를 억누르며 괜찮다고 말하자 김 여사가 뭔가 주섬주섬 꺼냈다. 이혼 서류였다.

"이유나 좀 압시다."

그러고 보니 김 여사의 얼굴이 유난히 하얗고 예뻐 보였다. 다른 남자가 생겼냐고 묻는 건 자존심이 용납하지 않았다.

"저도 이렇게 살고 싶지 않아요. 선생님, 저 이제 놔주세요."

말투는 부드러웠지만 단호함을 느낄 수 있었다. 끝난 일이라는 생각이 들자 김 여사와 첫 만남부터 지금까지의 일이 주마등처럼 스쳐 지나갔다.

이제 막 아빠라고 불렀는데. 박이 마지막으로 물었다.

"영지하고는 연락하오?"

김 여사가 고개를 가로저었다.

"매정한 사람 같으니. 어떤 놈이길래 자식까지 버리고."

박은 이혼 서류에 서명을 하고 교도소 안으로 들어갔다. 면회 시간은 아직 5분도 넘게 남아 있었다.

다시 만난 딸

출소한 뒤 박은 다시 술에 빠졌다. 교도소에서도 최하위 계급이었는데, 별을 달고 나온 50대 남자는 사회에서도 최하위 자리였다. 교도소에서는 수번으로 불렸는데, 사회에서는 박 씨로 불린다는 것밖에 바뀐 게 없었다. 공사 현장에서 허드렛일을 하고, 일을 마치면 소주를 마시는 생활이 반복되었다. 이제 박은 안주도 찾지 않았다. 술이 떨어지면 우울감과 불면이 친구처럼 찾아왔다.

하루는 이렇게 살면 뭐 하나 싶어 술을 마신 채 운전을 하다가 핸들을 놓아버렸다. 안전띠도 하지 않았다. 하지만 죽는 게 쉬운 일이 아니었다. 깨어보니 병원. 박의 예상과 달리 간이 약간 파열되고 팔을 조금 다쳤으나 큰 이상은 없었다. 열흘 만에 퇴원하고 나니 수중에 12만 원이 전부였다.

거울을 보니 나이보다 스무 살은 늙어 보이는 자신이 서 있었다. 이번에는 제초제와 소주를 마셨다. 그런데 정신이 몽롱해지자 갑자기 진짜로 죽는구나 싶어 두려움이 몰려왔다. 떨리는 손으로 119에 신고했고, 위세척을 한 뒤 3일 만에 퇴원했다.

계절이 바뀌어 일거리가 많은 봄이 되었다. 일이 생기자 죽고 싶은 마음도 줄어들었다. 공사장 일을 하고 술을 마시고, 비가 오면 쉬는 생활이 다시 반복되었다. 그리고 어느 날, 일을 하다 쓰러졌고 깨어보니 정신과 병원이었다.

"내가 왜 여기 있소?"

간호사가 박을 쳐다보며 대답했다.

"조금 있으면 보호자 오실 거예요. 따님이라고 하던데요."

"딸이라고요?"

"네. 환자분 쓰러져서 응급입원하셨고요. 응급입원하면 3일 안에 다른 형태의 입원으로 바뀌어야 퇴원하지 않고 계속 치료받으실 수 있어요. 가족을 찾아보니 따님이 연락돼 오시기로 했어요."

면목이 없어 어머니와 연락을 끊은 지 오래였다. 그러나 영지가 온다는 말을 듣자 어머니에게 연락을 하지 않을 수 없었다. 전화를 받은 어머니는 울기만 했다.

"어머니! 지난번 그 딸내미, 어머니랑 같이 갔던…. 그 아이는 잘 있습니까?"

어머니가 정색을 하면서 말했다.

"개 얘기는 하지도 마라. 어린애가 눈빛도 음산하고 말도 없고 기분이 영 안 좋았다. 며칠 먹여주고 재워주고 학교까지 보냈는데, 그 길로 나가서 나도 어떻게 됐는지 모른다."

생각이 복잡해질 무렵 간호사가 불렀다.

"면담실로 오세요. 보호자 오셨어요."

그사이 영지는 아가씨가 다 되어 있었다. 올망졸망한 이목구비는 화장을 받아 더 예뻐 보였다. 박은 김 여사의 안부부터 물었다.

"정말 몰랐구나, 아저씨는."

영지가 차가운 표정으로 답했다. 다시 아저씨였다. 영지가 건조하게 말을 이었다.

"엄마 죽었어. 아저씨한테 부담 주기 싫다고 이혼할 거라고 하더니 진짜가 돼버렸어. 집 나갈 때 이미 얼마 안 남은 상태였어. 집 나간 것도 자기 치료 때문에 아저씨랑 나한테 부담될까 봐 그런 거였고. 평생 술만 마신 여자 간이 멀쩡하겠어? 중국 가서 간이식 받는다고 했는데 그것도 사기당하고. 감옥에 있는 아저씨 마음 정리하라고 이혼한 거야."

그 모습이 마지막이었구나. 박은 그날 김 여사의 얼굴이 유난히 하얬던 기억이 떠올랐다. 다른 놈이 생겨서 그런 줄 알고 얼마나 질투를 했었던지. 난 이렇게 끝까지 못난 사람이구나. 자괴감에 박은 얼굴을 들 수가 없었다. 바로 술 생각이 났다.

"퇴원해야겠다."

급하게 면담실을 나가려는 박에게 영지가 건조하게 덧붙였다.

"아저씨, 지금 아저씨 보호자는 나야. 내 동의 없이 아저씨 지금 퇴원 못 한다고."

알코올의존 환자들은 생각한다. 술만 안 마시면 정상이라고. 금단 섬망으로 병동을 뒤집어놓았어도, 정상이던 간수치가 열 배까지 뛰었어도, 식도정맥류 파열로 피를 토하고 응급수술을 받았어도 그들은 정상이라고 생각한다. 박도 마찬가지였다. 경제적으로 파탄이 나는 것은 시간문제다. 일반 회사를 다니거나 자영업을 하던 사람들이 단기 계약직으로, 그러다가 일용직으로 신분이 바뀐다. 술이 깨지 않다 보면 일용직도 할 수 없어지고 결국 혼자 힘으로 생활하는 게 불가능해진다. 그러다가 주변에서 기초생활 수급자라도 되어야 한다고 충고를 듣게 된다. 박도 그렇게 해서 수급자가 되었다.

"무슨 소리를 하는 거냐. 지금 퇴원한다고. 돈도 벌어야 하고."

영지가 작은 목소리로, 그러나 무슨 말을 하는지는 똑똑히 알 수 있도록 중얼거렸다.

"수급자 주제에 무슨 일이야. 돈 생기면 술이나 마시면서."

영지가 면담실 문을 소리 나게 닫으며 나갔다.

동의입원을 설명하기 위해 스테이션에서 최 간호사와 나, 영지가 모였다. 언뜻 보기에는 평범한 얼굴의 20대 여성, 알코올의존자를 아빠로 둔 외동딸이라니 안쓰럽기도 했다. 그런데 잘 부탁드린다고 인사한 뒤, 자신도 집안일이 바빠 오래 있지 못한다면서 입원 수속을 밟고 급하게 자리를 떠날 때 느낌이 이상했다. 정신병원이 돌아가는 상황을 잘 알고 있는 느낌이랄까.

의아해하는 나를 보더니 병원의 정보통인 최 간호사가 알려주었다. 알코올의존 환자들은 이리저리 병원을 옮겨 다니기 때문에 고참 간호사들은 알고 있는 정보가 많았다.

"선생님, 좀 찝찝하시죠. 원래 환자보다 보호자들이 더 힘들 때가 많잖아요. 보호자의 남편인지 남자 친구인지도 옆 진실병원 알코올 병동에 입원해 있다고 하더라고요. 저 사람도 참 팔자가 보통은 아니에요."

반복강박인 건가. 때리는 아버지 밑에서 자란 여성이 때리는 남자와 결혼을 하는. 지긋지긋한 반복강박. 그렇다면 영지의 다음 행선지는 진실병원일 가능성이 컸다. 술을 파는 여자의 딸로 태어나, 20대에 벌써 두 남자의 병원 뒤치다꺼리를 하는 영지. 그녀가 알코올과 거리가 먼 인생을 산다면 좋을 텐데, 반복강박은 쉽지 않았다.

아이는 부모의 불행을 닮아간다

폭력과 학대가 편안하다

반복강박은 지금으로부터 100여 년 전, 프로이트가 처음으로 제시한 개념이다. 글자 그대로는 자신에게 어떻게 봐도 이롭지 않거나, 심지어 해로운데도 그 행위를 반복하는 경향성을 뜻한다. 자신에게 나쁘게 대하는 남자만 만나는 여성, 알코올의존자 남편과 헤어지고 다시 알코올의존자와 재혼하는 경우, 폭력적인 아버지 밑에서 자란 여성이 폭력적인 남자와 결혼하는 경우 등등 사례는 수도 없이 많다.

초기에 프로이트는 인생의 동력으로 무의식과 쾌락 원칙에 주목했다. 그러던 중 1차 세계대전이 끝난 뒤 돌아온 군인들의 꿈에 주목하게 된다. 이들의 꿈은 건강했던 과거를 반영하기보다는 사고 당시의 힘들었던 과거가 계속해서 나타나고 있었다. 이전까지 그의 가설에 의하면 꿈은 억압된 욕망이 표출되는 쾌락의 현장 아니던가. 인간은 기본적으로 쾌락을 추구한다는 그의 대전제와 상충하는 무엇인가가 있음을 알게 되었다.

대학자의 통찰력은 확실히 남다른 데가 있었다. 이즈음 프로이트는 반복강박에 대한 또 하나의 힌트를 얻는다. 아이의 어머니가 외출을 하고 손주 혼자 남은 상황. 아이는 어머니와 떨어지는 상황이 낯설고 무섭지만 할 수 있는 것이 없다. 아이는 어떤 행동을 했을까. 아이는 자신이 좋아하는 장난감을 멀리 던졌다가 눈에서 사라지자 당황해서는 장난감에 달린 실을 끌어당겼다. 그러고는 계속해서 반복했다. 아이는 어머니를 기다리면서 장난감을 일부러 보이지 않게 '위기 상황'을 만들었다가 다시 '안도'하는 과정을 스스로 하고 있었던 것이다.

프로이트는 이런 사례들을 통찰하면서 그의 저서 《쾌락 원칙을 넘어서》에서 반복강박에 대해 설명했다. 그런데 문제가 생겼다. 인간은 기본적으로 쾌락을 추구한다는 그의 대전제와 반복강박이 상충한다는 사실이다.

결국 이것이 실마리가 되어 후기에 프로이트는 죽음의 힘 개념을 도입한다. 삶의 욕망을 에로스라고 하면, 인간에게는 죽음의 상태로 가려고 하는 죽음의 본능, 즉 타나토스가 존재한다는 것이다. 그리고 반복강박은 바로 이러한 죽음에 대한 경향성의 표현이라고 설명했다. 어찌 보면 죽음은 가장 편안한 상태다. 죽고 나면 더 이상 고통도

위기도 없기 때문이다. 죽음을 향한 본능은 인간을 움직이는 가장 큰 힘 가운데 하나다.

반복강박의 원인에 대한 설명은 이후 다른 학자들에 의해서도 이루어졌다. 반복강박이 불안을 극복하고 조절하는 일련의 과정이라는 설명도 있었다.

《반복의 심리학》을 쓴 데니스 홀리Dennis Wholey는 반복강박을 '안전지대Comfort Zone'로 설명했다. 어렸을 때부터 부모에게 학대받은 사람을 예로 들어보자. 그는 한 번도 따뜻한 집안 분위기를 느껴본 적이 없다. 또한 그는 폭력으로 가득한 가정이 당연하다고 여기며 불행에서 어떻게 빠져나와야 하는지 모른다. 한 번도 지금보다 나은 상태를 겪어본 적이 없기 때문이다. 그래서 그에게는 가장 익숙한 가정, 즉 학대가 이루어지는 가정이 안전지대가 된다. 행복한 상태는 오히려 언제 사라져버릴지 모르는 불안한 요소다. 따라서 그는 자기도 모르게 자꾸만 폭력이 일어나는 상황으로 자신을 몰고 간다.

경찰서를 나간 뒤 할머니 집에 있다가 곧바로 가출한 영지. 10여 년 만에 보호자로 등장한 영지의 이야기가 궁금했다. 그러나 영지가 자신의 이야기를 쉽사리 할 것 같지 않았다. 바로 개인력 조사를 하고 싶었지만 영지가 아무 말도 하지 않을 게 뻔했다. 하지만 그녀가 보호자로 계속 오고 가는 한, 이야기를 나누는 날이 곧 올 것이다. 두 사람 사이에 라포르rapport가 형성되어, 진실한 면담이 될 수 있다면 좋을 텐데. 순진하게 나는 그런 것을 바라고 있었다.

달라진 입원 형태

'요즘 스트레스가 너무 쌓여 술을 마실 것 같아 입원해야겠다'면서 스스로 찾아오는 알코올의존 환자들에게 병원은 어찌 보면 제2의 집 같은 곳이다. 입원 기간, 즉 강제 금주 기간이 길어지면 외출이나 외박이 허락되는데, 술을 마시고 돌아오는 경우가 자주 발생한다.

한번은 한 환자가 외출 후 무사히 귀원했다. 크래커와 콜라 등 간식을 잔뜩 사 들고 기분이 좋아서 돌아왔다. 병동의 노련한 수간호사가 크래커를 보면서 맛있겠다고 하자, 그 환자가 순간 당황하는 모습을 보였다. 크래커 봉지를 열어보니 얌전히 들어 있는 소주 두 팩.

"어떻게 아셨어요?"

"촉이죠, 뭐."

놀란 내 물음에 쿨하게 대답하는 수간호사는 비음주 귀원을 믿지 않았다.

같은 환자가 한 달간의 폐쇄 병동 생활을 마치고 다시 외출을 하고 와서 내가 물었다.

"이번에는 안 마시고 온 거 맞죠?"

그가 고개를 끄덕이자 수간호사가 내게 눈짓을 했다.

"선생님, 디티 뜨나 잘 볼게요. 이번에는 배 속에 숨겨 온 것 같은데요."

술을 마시고 들어왔다는 이야기다.

알코올의존 환자들은 다른 정신과 질환 환자들보다 자의입원을 자주 한다. 자의입원은 말 그대로 환자 본인이 치료가 필요하다고 느껴 입원하는 경우로, 의사의 처방이 나면 바로 입원이 가능하다. 환자 자신이 입원을 결정한다는 점에서 환자의 인권 측면에서는 가장 진보한 형태라고 할 수 있다. 문제는 자의입원이 가능한 만큼 자의퇴원도 가능하다는 것이다.

술이 깨고 생활이 된다 싶으면 많은 알코올의존 환자들은 돌변한다. 일주일도 지나지 않아 개방 병동으로 옮겨달라거나 외출에 외박은 기본이고, 퇴원까지 요구한다. 반복되는 그들만의 루틴인 셈이다. 그들이 하는 말은 모두 같다. "술만 깨면 멀쩡합니다." 자의퇴원이 가능하니, 이런 경우 의사가 환자에게 더 입원하라고 권유할 수는 있어도 강제할 수는 없다. 대부분의 경우 일주일 안으로 또 오겠구나 하면서 퇴원시킨다.

그런데 박은 보통의 알코올의존 환자의 입원 형태와는 달랐다. 처음 입원할 때 보호자로 영지가 지정된 후 박은 계속 동의입원만 반복했다. 자의입원은 한 번도 없었다. 즉 박의 의사결정 뒤에는 항상 영지가 있었다. 그래도 아버지라고 잘 챙기는 건가. 하긴 어머니도 없고, 저 아가씨도 외롭겠지. 박이 입원할 때는 대부분 고주망태 상태였고, 폐쇄 병동에 입원했다.

박에게는 입원 형태 외에도 또 하나 이상한 점이 있었다. 입원한 뒤 2주일 정도 지나면 바로 영지가 전화해 개방 병동으로 옮겨달라고 했다. 이유는 간단했다. 술도 다 깼으니 재활할 수 있는 곳으로 가야 하지 않느냐는 이야기였다. 알코올의존 환자에게 시달린 가족들은 대부분 환자가 오랫동안 폐쇄 병동에 있는 것을 원한다. 자신의 안전을 위해서도 그렇다. 영지의 요구가 틀린 말은 아니지만, 병동 이동을 보호자가 요구한다는 점이 의아할 수밖에 없었다. 흔치 않은 경우였으니까.

입퇴원을 네 번쯤 반복했을까. 나에게 박은 알코올의존 환자였고, 영지는 알코올의존자 아버지를 둔 불쌍한 보호자였다. 선입견이 내 눈을 가렸다. 내가 최 간호사에게 물었다.

"박이 영지를 엄청 볶나 봐요. 우리한테 직접 말하면 전동轉棟 안 해줄 것 같으니까 영지 시켜서 보내달라고 그러는 것 같은데요."

그러나 최 간호사는 뜻밖의 대답을 했다.

"선생님, 박은 폐쇄에서 안 나가려고 해요. 딸이 딱 2주 지나면 먼저 얘기하는 거죠. 개방 내려가면 외출이 자유롭잖아요. 딸이 아버지 외출시킨다는 핑계로 박한테 나오는 수급비 인출하나 봐요. 박도 자기 간식비가 필요한데 딸이 계속 돈을 빼가니까, 퇴원 안 할 거면 개방으로 안 옮기고 싶다고 지난번에 그러더라고요. 그런데 안 옮기면 퇴원 안 시켜줄 거라고 딸이 그러나 봐요."

10년 만에 정신병원에서 연락 온 아버지. 반가울 리가 없을 텐데 너무 자주 면회를 오는 게 이상하다는 생각은 들었다. 최 간호사가 특유의 냉소적인 표정을 지으며 말했다.

"보호자들에게는 알코올의존 환자는 어떤 면으로는 예금 같은 거죠. 영지 같은 경우도 병원에 입원시킬 수 있는 보호자가 되니까 박이 기초생활 수급자라는 걸 확인하게 되고, 계속 수급비를 뽑아 쓰고…."

'뽑아 쓴다'는 말을 들으면서도 여전히 영지에 대해서는 알 수가 없었다. 보호자가 아니라 환자로 만난다면 조금 더 알 수 있을 텐데, 하는 생각이 들었다. 그리고 그날은 예상보다 빨리 왔다.

너무도 태연한 요청

영지를 환자로 마주 보게 된 것은 순전히 수면제 때문이었다. 그날도 영지는 여전히 박의 안부를 물었다. 질문은 항상 비슷했다. '잠은 잘 자나요? 사람들이랑은 안 싸우나요?' 영지는 박의 수면에 가장 관심이 컸다. 처음에는 대수롭지 않게 생각했지만 계속 같은 질문만 하자 의아심이 생겼다. 그러나 이유를 물을 수는 없었다. 이유를 알게 된 것은 한참 뒤의 일이다.

폐쇄 병동에 입원한 알코올의존 환자 가운데 일종의 선민의식이 있는 경우가 종종 있다. 조현병에 비하면 현실 검증력도 있고, 지적장애에 비하면 인지기능도 살아 있기 때문이다. 그중 몇몇은 병동에서 반장 노릇을 자처하면서 다른 환자들을 이용하기도 한다. 박은 알코올의존 환자 중에서는 역할 놀이를 하고 싶어 하지 않는 편에 속했다. 해독 치료 이후에는 재활 활동을 하거나 책을 보면서 지냈다. 알코올의존 환자에게 결핍되기 쉬운 비타민B1(티아민)과 로라제팜(항불안제)을 투약받으면서 비교적 무난하게 생활했다.

박의 생활을 이야기하자 영지가 조용히 읊조렸다.

"편하겠네, 그 사람은. 난 매일 잠을 못 자서 전쟁인데."

영지는 박을 그 사람으로 불렀다. 그러더니 갑자기 물었다.

"선생님, 저 수면제 좀 타갈 수 있죠?"

"물론이죠. 그런데 정식으로 외래에서 접수하고 진료를 본 다음에 처방해드릴 수 있어요. 그냥 바로는 못 드리고요."

"그럼 그렇게 할게요."

영지는 뭔가 안도하는 표정이었다. 박을 통해 영지에 대해 어느 정도 들었지만 아는 체할 수는 없었다. 알코올의존 환자들은 대부분 자신의 과거를 무난하고 평범한 것처럼 각색한다. 박에게서 들은 영지 이야기도 마찬가지였다. 김 여사를 닮아서 착하고 예쁘다고 했다. 언제 영지의 언어로 전하는 영지의 인생을 듣게 될까.

보호자에서 초진 환자로 접수를 한 영지. 진료실에서 일대일로 대면했다. 영지의 밝혀지지 않은 10년, 그녀의 과거가 궁금했지만 현재를 먼저 물어봐야 했다. 역시 주호소(환자가 호소하는 가장 중심이 되는 증상)부터 질문한다.

"잠을 못 자는 게 제일 힘들어요. 밤낮이 일정하지 않으니까…. 한 3년 넘게 그런 것 같아요. 제가 어떻게 살았는지 대충은 들으셨죠?"

일찍부터 사회를 경험한 영지는 눈치가 빨랐다. 내가 긍정도 부정도 아닌 표정을 짓자 말을 이었다.

"저 사람 제 친아빠 아니에요. 엄마는 돌아가셨고요. 시골 갔을 때 할머니가 절 보더니 더러운 계집애라고 했어요. 그 길로 집을 나와버렸어요. 그 촌에서 어린 여자애가 숙식을 해결하면서 할 수 있는 일은 별로 없더라고요. 다방에서 커피 배달을 했어요. 최소 주문 단위는 석 잔, 6000원이었어요. 그러면 10분까지는 말상대를 해줬어요. 남자들 말은 다 비슷해요. 허세죠 뭐. 좀 하다 보니 저 좋다는 남자도 생기고, 이상한 요구를 하는 할아버지도 있고. 그러다가 자연스럽게 술집 일도 하게 됐어요. 그때부터 잠을 잘 못 자게 되었고요."

"그럼 약을 드신 지는 얼마나 되었어요?"

"2년 정도 된 것 같아요. 처음에는 자낙스만 먹어도 잤는데 나중에는 스틸녹스도 먹었어요. 저 사람 가까운 데서 일하는 게 나을 것 같아서 이쪽으로 옮겼는데, 그러면서 약을 두고 온 것 같아요. 오늘은 일단 자낙스하고 스틸녹스만 주시면 될 것 같아요."

박 옆에 있기 위해 직장을 옮겼다고 말하는 영지가 순간 대견스러웠다. 그런데 좀 이상했다. 20대의 아가씨가 자낙스와 스틸녹스를 마치 카페라떼와 아메리카노처럼 자연스럽게 말하고 있었다. 느낌이 좋지 않았다.

어쨌든 영지는 박의 보호자인 한편 신규 환자였다. 수술력, 내과력 같은 필수 항목들을 묻지 않을 수 없었다. 술집에서 일했다고 하니 가장 중요한 알코올 사용력까지 질문했다. 알코올의존 검사는 먼저 CAGE 검사부터 시행했다.

CAGE는 알코올의존을 점검할 수 있는 가장 간단한 검사법이다. 술을 끊어야겠다고 생각한 적이 있는지Cut down, 술로 인해 주위의 비난을 받은 적이 있는지Annoyed, 술로 인해 죄책감을 느낀 적이 있는지Guilty, 술 마신 다음 날 아침 일어나자마자 해장술을 찾은 적이 있는

지Eye-opener를 체크하면 된다. 해당 문항이 두 개 이상일 경우 알코올 의존도가 심각하다고 해석할 수 있다.

교과서적으로 질문하자 영지가 나를 쳐다보았다. 눈빛이 살짝 비웃는 것 같았다.

"선생님, 그게 저 같은 여자한테 할 질문인가요. 전 해당사항이 하나도 없는 것 같은데요."

제대로 진행되지 않자 나도 모르게 승부욕이 발동한 걸까. 영지에게 수면 위생에 관해 장광설을 펼쳐놓기 시작했다.

"알프라졸람과 술을 같이 먹으면 깊은 잠을 잘 수가 없어요. 알코올이 잠을 푹 자게 한다는 건 사실 맞지 않아요. 화장실 가려고 깨는 것도 있겠지만, 알코올 자체가 숙면을 방해합니다. 수면에서 가장 중요한 건 잠드는 시간보다 일어나는 시간입니다. 매일 같은 시각에 일어나는 게 제일 중요합니다. 물론 쉽지 않은 문제지만."

영지가 다시 한번 피식, 어이없다는 듯 웃었다.

"선생님, 너무 에프엠이시네. 아침에 일어나는 시간은 제가 결정하는 게 아니에요. 어떤 놈을 만나느냐가 결정하지. 그냥 졸피뎀하고 알프라졸람만 주세요. 나중에 항우울제 좀 넣어달라고 다시 말할게요. 오늘은 그거면 되겠어요. 제가 바빠서요."

졸피뎀은 수면제의 성분명이고, 스틸녹스는 상품명이다. 알프라졸람이 성분명인 항불안제는 알프람, 자낙스 등의 상품명이 있다. 영지는 성분명과 상품명을 섞어가면서 나에게 처방을 요구하고 있었다. 느낌이 좋지 않았다. 다른 병원에서도 같은 약을 타가는 것일 수도 있으니까.

과거에는 이 병원, 저 병원 다니면서 약을 타는 것이 가능했다. 병원끼리 정보를 공유할 수 없어 환자가 약이 필요하다고 할 때, 주지 않기가 쉽지 않았다. 그러다가 2010년 의약품안전사용서비스Drug Utilization Review가 시행되었다. 타 병원에서 유사 성분의 약을 처방받았는지, 약의 용량과 기간을 체크할 수 있도록 시스템이 정비되었다.

컴퓨터로 처방을 입력해보았다. 전화번호가 뜬 곳은 근처의 한 이비인후과. 역시 항불안제인 에티졸람이 3일 중복처방되어 있었다. 외래의 고참 간호사가 말하길, 그 병원 이비인후과 의사가 기본 처방으로 자주 넣는 것 같다고 했다. 어쨌든 영지에게 스틸녹스와 자낙스를 처방하지 않을 명분은 부족했다. 영지에게 얼마나 처방해줄지 물어볼 필요는 없었다. 저 정도 지식이라면 스틸녹스의 최대 처방일이 4주, 28일임은 이미 알고 있을 것 같았다. 아니나 다를까.

"선생님, 저 약 28일 치 주세요. 그 사람 잘 부탁드리고요."

최대치로 약을 달라는 말이었다. 나도 끌려갈 수만은 없었다. 정보를 하나라도 얻어야 했다. 지금은 어떤 일을 하는지, 사는 곳은 어디인지 관심과 의심의 중간 어디쯤의 질문을 하자 영지가 의외라는 표정을 지으며 대답했다.

"선생님은 다른 선생님들보다 관심이 좀 많으시네. 대부분 한 5분 물어보고, 바로 약 주던데. 여기에서는 연다방에서 일해요. 요즘 몸도 좀 안 좋고 해서요. 그리고 또 뭐가 궁금하시다고 했더라…. 아, 사는 곳은 다방 4층에서 같이 생활해요. 이런 데가 원래 서로 잘 몰라요. 각자 자기 일 하는 거죠. 남의 손님 뺏지만 않으면 서로 터치 잘 안 해요. 아무튼 선생님, 그 사람한테는 말하지 마세요. 환자의 비밀은 말 안 하셔야 하는 거 맞죠?"

내가 고개를 까닥, 희미하게 긍정의 신호를 보냈다.

영지에 대한 내 감정도 점점 바뀌고 있었다. 처음에는 계부인 알코올의존자 박의 하나뿐인 딸이라는 안쓰러움이 지배적이었고, 면담을 하면서 아버지의 병간호를 위해 직장을 옮겼다는 대목에서는 대견함까지 느꼈다. 그러나 그런 감정들이 서서히 희석되고 있었다. 이유는 정확히 알 수 없었지만 긴장해야겠다는 느낌이 강하게 들었다. 그녀는 벤조디아제핀을 너무 태연하게 말하고 있었다.

사라진 약의 비밀

알코올의존을 막기 위한 또 다른 중독

누군가 말했다. '정신과 의사는 항 자가 붙은 약만 처방하면 되는 거잖아?' 다소 냉소적으로 들리는 이 질문에는 약간의 진실이 들어 있다. 우울증에는 항우울제, 불안장애에는 항불안제를 처방하면 된다. 그럼 조현병이라고 하는 정신증에는? 당연히 항정신병약물이 있다. 줄여서 '항정'이라고 표현하는. 항정신병약물은 주로 조현병과 조울증 같은 정신증에 쓰인다. 주로 도파민을 차단해서 환청, 망상 등을 완화하는 작용을 한다.

마약 및 향정이라고 할 때는 항정이 아니라 '향정'이라는 단어를 쓴다. 항정과 향정은 족보부터 다른 약물이다. 향정은 영어로는 사이코트로픽psychotropic으로 표현한다. 사이코psycho는 정신이라는 뜻이니 인간의 중추신경, 즉 뇌를 의미한다. 트로픽tropic은 어딘가를 향한다, 친화성을 갖는다는 뜻이다. 글자 그대로 요약하면 향정은 인간의 정신에 작용하는 약 정도로 해석된다.

좀 더 정확하게 이야기하면 향정신성의약품은 인간의 중추신경계에 작용하며, 오용하거나 남용할 경우 인체에 심각한 위해가 있다고 인정되는 것들을 말한다. 마약 및 향정의 하위 범위에는 우리가 통상 알고 있는 필로폰 같은 마약부터 앞서 언급한 졸피뎀, 벤조디아제핀, 프로포폴 같은 약물이 포함되어 있다. 일부 연예인들과 재벌들이 맞는다고 해서 화제가 된 일명 우유주사 프로포폴. 그러나 정신과에서 문제가 되는 것은 프로포폴보다 훨씬 자주 처방되는 졸피뎀과 벤조디아제핀 계열이다.

플라톤의《파이드로스》에는 '파르마콘pharmakon'이라는 개념이 등장한다. 보통 약국을 파머시pharmacy라고 하는데, 파르마콘에서 따온 말이다. 그런데 파르마콘의 원래 개념은 조금 다르다. 그것은 '약'인 동시에 '독'이라는 뜻을 갖고 있다. 벤조디아제핀이야말로 파르마콘의 전형적인 예다.

중독성이 있어서 향정에 속하고, 불안감을 줄여주는 역할을 하기에 항불안제에 속하는 벤조디아제핀. 건강보험심사평가원 기록에 따르면 2017년 불안장애로 병원을 찾은 환자 수는 약 55만 명, 이 중에 벤조디아제핀을 처방받지 않은 이는 극소수일 것이다. 인구 100명당 1명은 복용한다고 유추할 수 있다. 점점 증가하고 있는 불안장애 환자 수를 감안하면 실제 처방받은 사람은 훨씬 더 많을 것이다.

마약, 향정이라는 무서운 범주에 속하면서 이렇게 대중적인 약물인 벤조디아제핀. 확실히 벤조디아제핀은 양면성을 가지고 있다. 흔히 말하는 졸피뎀과 같은 수면제는 아니지만 수면을 유도하고 긴장을 이완시키는 효과도 있어 확실히 마음이 편해진다. 정신과를 방문하는 사람들 중 얼마나 많은 사람들의 마음이 편치 않은가. 날이 서 있고, 안절부절못하고, 항상 불안한 그들에게 벤조디아제핀은 그 어떤 위로보다 고마운 약일 수 있다.

문제는 벤조디아제핀의 의존성이다. 벤조디아제핀에는 여러 종류가 있고, 그들마다 의존성의 종류는 다르지만 분명 의존성이 있다. 의존성이 있다는 말은 그림자처럼 금단 증상이 따른다는 뜻이다. 성분명으로 볼 때 알프라졸람, 로라제팜, 디아제팜 같은 약이 있으며 이들은 작용 시간, 금단 증상의 심각도 등에 따라 다양하게 나뉜다.

벤조디아제핀은 유명한 만큼 정신과를 자주 다니는 환자라면 거의 다 알고 있다. 일명 '노란 약'이라고 불리는 로라제팜, 노인들 사이에 '쌀알'이라고 불리는 알프라졸람, 대용량을 먹는 '선수'들이 애용하는 전통의 디아제팜. 심지어 예민한 환자의 경우에는 ○○ 제약의 로라반 말고 ○○ 제약의 스리반으로 주세요, 라고 말하기도 한다. 이름에서 느껴지듯이 둘 다 로라제팜의 상품명이다. 이론상으로는 큰 차이가 없을 것 같지만, 각자 신체 대사가 다르니 환자마다 효과의 차이를 느끼는 것일 수도 있다.

마음이 편해지는 약, 그 값은 얼마일까. 모 제약회사의 진통제로 유명한 아세트아미노펜 한 알이 대략 50원, 국내의 로라제팜은 40원이니 환자 입장에서도 의사 입장에서도 가심비가 뛰어난 약임에는 틀림이 없다. 그러니까 몇백 원만 내면 당신은 마음이 편안해지고, 진정된다! 다만 앞으로 그 약 없이 살기는 어려울 수도 있다. 말하자면 '웰컴 투 더 벤조디아제핀 월드'인 셈이다.

벤조디아제핀은 1955년 스위스의 한 제약회사에서 처음 발견했다. 우리나라에도 합자회사 형태로 진출해 있는 로슈 사의 연구자가 진정제를 개발하다가 발견했다. 이후 바륨을 필두로 벤조디아제핀 계열은 승승장구한다. 그러다가 1980년대 벤조디아제핀의 어두운 얼굴이 드러나기 시작한다. 그 무렵 영국에서는 1만4천 명의 환자와 1800개의 로펌이 제약회사를 상대로 '중독성을 알면서도 의사에게 정보를 알리지 않았다'는 이유로 집단 소송을 제기했다. 이후 모든 환자들에게 벤조디아제핀 치료를 받기 전에 중독성을 비롯한 위험성을 알려야 한다고 권고하기에 이르렀지만 여전히 벤조디아제핀은 건재하다.

마음을 편하게 해주고 값도 비싸지 않다. 물론 이런 이유 때문에 아직도 수많은 정신과에서 기본적으로 벤조디아제핀을 처방한다. 그렇지만 벤조디아제핀이 이렇게 건재한 데에는 또 다른 이유가 있다. 마음을 편하게 해주고, 중독성도 있고, 금단 증상도 있다. 뭔가 떠오르지 않는가? 그렇다. 벤조디아제핀이 여전히 잘 팔리는 또 하나의 이유는 바로 알코올 때문이다.

금단섬망으로 병동을 왈칵 뒤집어놓은 박, 영지의 아버지 박에게 금단섬망이 나타났을 때 즉각적으로 투여한 약물은 바로 로라제팜. 노란 약으로 더 유명한 로라제팜은 주사용으로도 출시되어 있다. 로라는 주사로써 환자의 공격성을 진정시키기 위해 쓰이기도 하지만, 이처럼 알코올 금단섬망이 나타날 때도 필수로 사용된다.

우리 몸의 가장 큰 작동원리는 항상성이다. 체온은 36.5도 안팎을 유지하며, 호흡은 분당 20회 정도를 유지한다. 만성 알코올의존자는 혈액에 알코올이 있을 때 항상성이 유지된 상태가 되어버린다. 그러다가 입원을 하면 갑작스럽게 알코올 공급이 중단되고, 항상성은 깨져버린다. 그렇다면 '다시 술을 먹이면 되는 것 아닌가?'라고 질문할 수도 있다.

알코올이 어떤 수용체에 단일하게 작용하는지는 정리된 바가 없다. 그러나 알코올에 의해 항진되는 대표적인 수용체로 가바-에이 GABA-A가 알려져 있다. 이 수용체는 어떤 물질과 결합하면 신경을 진정시키고 근육을 이완시키는, 대표적인 '억제성' 물질이다. 항불안제의 대표 격인 벤조디아제핀이 결합하는 것도 바로 이 수용체다. 벤조디아제핀과 알코올은 둘 다 가바-에이 수용체를 활성화하는 역할을 하니, 로라제팜 주사를 맞는다는 것은 결과적으로만 봤을 때는 알코올이 빠진 몸에 알코올이 들어간 것과 비슷한 효과를 낼 수 있다는 뜻이다. 알코올의존 환자에게 다시 술을 먹인다는 것은 난센스이니, 알코올 금단 증상에 벤조디아제핀을 쓰는 것이다.

그렇다면 같은 수용체를 활성화하니 알코올과 벤조디아제핀은 상당 부분 유사하지 않을까, 라는 질문이 자연스럽게 나온다. 술을 마시면 처음에는 흥분하는 것 같지만, 결과적으로는 알코올도 진정 효과를 가진다. 진정 효과와 함께 내성을 가진다는 점에서도 알코올과 벤조디아제핀은 닮았다. 내성이란 약물을 반복 투여하면 그 후에는 같은 양을 투여해도 처음과 동일한 효과가 나타나지 않으며, 기대하는 효과를 얻기 위해서는 용량을 늘려야 하는 경우를 말한다. 이를테면 처음에는 소주 한 잔으로도 취했던 사람이 소주 한 병을 마셔도 취하지 않게 되는 경우 내성이 생긴 것이다.

밝음이 있으면 어둠이 있는 법. 바로 이런 둘의 유사성 때문에 치료약으로도 쓰이지만 문제가 생기기도 한다. 바로 교차내성이다. 교차내성은 한 약물에 내성이 생기면 유사한 약물에 대해서도 내성이 나타나는 경우를 말한다. 소주 반병을 마시고, 로라제팜 한 알을 평소에 먹던 사람이 있다고 치자. 이 사람은 소주는 반병으로 충분한데 시간이 지날수록 로라제팜 한 알로는 불안감이 사라지지 않는다. 물론 로라제팜은 늘리지 않아도 괜찮은데 소주량이 부족하게 느껴질 수도 있다.

벤조디아제핀과 알코올이 교차내성이 생긴다는 것은 사실 아이러니다. 알코올의존으로 내원했고, 금단 증상이 우려된다 → 금단 증상을 예방하기 위해 벤조를 처방한다 → 벤조에 내성이 생기면서 술에도 내성이 생긴다. 즉 교차내성이 생긴다 → 알코올 금단 증상을 예방하기 위해 벤조 용량을 올려 한 달 더 처방한다 → 벤조에 내성이 생기면서 술에도 다시 내성이 생긴다. 또다시 교차내성이 생긴다 → 술을 더 먹는다. 이렇게 보면 전형적인 악순환이지만, 알코올로 입원한 환자에게 벤조디아제핀을 주지 않기는 어렵다. 금단 증상을 예방해야 하니까.

박이 입원한 지 두 달째, 60명쯤 되는 환자를 보다 보면 어떤 약을 먹었는지 정확하게 알 수 없을 때도 많다. 박은 금단 증상을 막기 위해 로라반, 항갈망제의 일종인 아캄프로(알코올 생각을 덜 나게 하는 약), 그리고 항우울제 최소량을 투여받고 있었다. 그리고 몇 종류의 재활 치료들. 그런데 입원하고 계속 조금씩 로라반과 알프람이 늘고 있었다. 최근에는 수면 불량으로 졸피뎀도 심심치 않게 먹고 있다. 그래서 요즘 사람이 좀 멍해 보였나…. 진정 작용이 있는 약들이 많이 들어가서? 알코올의존 고치려다가 벤조디아제핀 중독 만드는 거 아니야? 순간 정신이 번뜩 들었다. 그렇지 않아도 벤조디아제핀을 찾는 환자들이 급증하고 있었다.

외래 신규 환자들

수요일 오전, 일주일 중 외래가 가장 많은 날이다. 몇 달 전부터 부스스한 차림의 젊은 여자 세 명이 신규 환자로 오기 시작했다. 공통점은 20대의 젊은 여자, 부스스한 매무새, 같은 직장, 바로 연다방 사람들이었다. 차이점은 고향이 모두 달랐고, 오는 날짜가 달랐다. 그들은 서로 피하기라도 하듯이 며칠 간격을 두고 왔다. 그런데 세 사람은 같은 약을 찾았다. 벤조디아제핀과 졸피뎀.

부산에 중학교 다니는 딸이 있다는 소희는 통통한 몸에 귀여운 얼굴이다. 그럼 몇 살에 출산을 한 거지? 머릿속으로 계산을 하면서 묻자 소희가 대답했다.

"결혼도 일찍 했고, 이혼도 일찍 했어요."

소희는 셋 중 가장 먼저 방문했고, 가장 차분해 보였으며 말이 짧았다. 지난한 과거를 1분 만에 이야기한 뒤 소희는 본론을 꺼냈다.

"약 먹은 지 오래됐어요. 이렇게 주시면 돼요."

비타민처럼 먹고 있는 로라제팜에 조울증에 주로 먹는 리튬까지 정신과 약만 다섯 종류나 되었다. 당연히 졸피뎀도 있었고. 소화제, 변비약도 처방전에 있었다. 약이 좀 많네요, 라고 내가 말하자 기다렸다는 듯이 소희가 덧붙였다.

"선생님, 거기에서 하나라도 빠지면 안 돼요. 그대로 다 주세요. 그렇게 안 먹으면 저 한잠도 못 자요. 일도 못 하고요."

그리고 이틀 후 선미가 초진으로 접수했다. 선미는 한눈에 봐도 미인이라고 생각할 정도로 날씬한 몸에 흰 얼굴이 눈에 띄었다. 방어적인 소희와 달리 선미는 말하는 것을 좋아했다.

"여기 온 지 얼마 안 되는데요, 사장님한테 빚진 거 갚고 나가려면 당분간은 원룸에서 살기는 어려울 것 같아요."

묻지도 않은 말을 스스럼없이 하는 선미는 스물두 살이라고 했다.

"남자 친구도 있어요. 2년 사귀었어요."

그쪽 세상을 알고 싶어서 빚에 대해 물었다.

"원래 들어올 때부터 사장님이 옷이랑 화장품 같은 걸 사줘요. 그리고 그걸 갚으면서 일하는 거예요. 많을 때는 한 달에 300은 거뜬히 벌어요. 이전에 일이 지겨워질 무렵 룸메 언니가 그러더라고요. 너 정도면 울릉도 가면 에이스다. 거기가 관광지라서 의외로 시세가 세더라고요. 아마 500은 벌걸요."

선미는 자신이 돈을 잘 번다는 말을 하고 싶은 것 같았다. 영혼을 팔아야 하는 서비스직. 어떤 식으로든 자기를 위안할 보상이 필요하겠지. 선미에게는 다른 직업의 동년배보다 잘 번다는 사실이 그 위안인 것 같았다. 소희와 달리 이런저런 이야기를 잘 하는 선미에게는 어쩔 수 없이 나도 호의가 더 생겼다. 좀 더 친절한 마음으로 어떤 점이 가장 힘드냐고 선미에게 묻자 마치 대본이라도 읽듯이 소희와 같은 대답을 했다.

"선생님, 저 로라랑 졸피뎀 주세요. 그거 전에도 먹었어요. 하나라도 빠지면 안 돼요. 그대로 주세요. 그렇게 안 먹으면 한잠도 못 자요."

다른 이야기로 시작했지만 같은 이야기로 귀결되었다. '졸피뎀과 로라를 주세요.' 접수를 하고 있던 민 간호사가 조그만 목소리로 말을 걸었다. 다부진 인상의 민 간호사는 상황 판단이 빨랐다.

"선생님, 우리 병원 졸피뎀 받기 쉽다고 소문났나 봐요. 연다방에서 이번 주에만 세 번째예요. 조심하셔야 할 것 같아요. 입원한 박의 보호자도 지난번에 졸피뎀 받아갔잖아요. 거기도 연다방에서 일한다고 들은 것 같은데요. 그럴 리야 없겠지만, 혹시나 해서요."

민 간호사가 무슨 말을 하고 싶은지 나도 알아차렸다. 연다방 직원들이 집단으로 불면증에 걸렸다는 말이 아니었다. 민 간호사가 걱정하는 것은 '거래'였다. 의사의 처방전 없이 살 수 없는 향정. 그리고 한 번에 28일 치 이상 처방할 수 없도록 되어 있는 졸피뎀. 필요한 사람은 많고, 구할 수 있는 수량은 한정되어 있다. 그때, 박이 입원해 있는 병동에서 전화가 왔다. 간호사의 다급한 목소리에 나도 자동으로 인상이 찌푸려졌다. 저건 디티를 알릴 때의 목소리다. 또다시 디티가 뜬 건가. 계속 벤조를 주고 있는데, 왜? 개방 병동으로 이동하고 외출하고 돌아온 지 3일. 그간 음주를 했을 가능성은 있었다.

약을 숨기다

때로 병동의 많은 정보는 또 다른 환자를 통해서 얻어진다. 폐쇄 병동이든 개방 병동이든 입원하는 순간, 환자는 병동이라는 사회의 일원이 된다. 박이 개방 병동으로 내려간 이후 약을 숨기고 있다는 것도, 같은 병동에 있던 최의 제보로 알게 되었다.

"박이 약을 먹는 척하면서 숨기고 있어요, 간호사님."

다행히 박이 디티가 뜬 것은 아니었다. 그러나 투약을 거부하거나 숨기는 것 또한 정신병원에서는 위중한 상황으로 간주한다. 평소 자신과 같은 방을 쓰는 박이 마음에 들지 않았던 최. 박이 약을 숨기는 것을 본 최에게는 좋은 구실이 생긴 셈이다. 간호사들이 모여 있는 곳으로 와서 주변을 두리번거리며 은밀하게 제보하는 최의 눈빛이 빛났다.

"사라진 약은 찾았나요?"

내가 묻자 간호사가 대답했다.

"네. 투약 노트를 찢어가지고 봉투처럼 만들어서 넣어뒀더라고요. 다행히 개수는 맞아요, 선생님."

당시 내가 근무하던 병원의 개방 병동에서는 한시적으로 자율 투약을 하고 있었다. 기존에는 간호사들이 병실을 돌면서 약을 준 뒤, 환자의 입을 벌려 삼켰는지 확인하는 작업까지가 투약 과정이었다. 자율 투약 이후 방식이 바뀌어 환자에게 투약 노트와 일일 투약분이 들어 있는 약통이 제공되었다. 자율 투약의 목적은 환자의 병식病識을 개선하고 투약 교육을 하는 것. 병동 간호사가 투약 시간을 알리면 환자들은 자신의 약통을 꺼내 약을 먹고 투약 여부를 기록한다. 환자의 자율성을 높이는 목적이지만 투약을 숨기기에는 유리한 조건이었다. 투약을 숨겼다? 다시 한번 박의 상태를 생각해보았다. 30여 년 지속된 음주로 박은 이전의 총명함은 사라진 지 오래였다. 한 번씩 성질은 부리긴 하지만.

문득 지난번 영지를 만났을 때가 생각났다. 영지는 매번 점심시간이 임박해서 왔다. 무언가 감추는 듯한 짧은 면담, 그리고 졸피뎀과 벤조디아제핀. 약을 급하게 타고는 박을 불러달라고 하고서는 기다렸다.

"요즘 아버님은 외출 나가면 좀 어떠세요?"

박을 현금인출기로 사용하고 있음을 심증으로 굳힌 상태. 영지가 당황할 것이라고 기대한 내가 순진했던 걸까. 영지는 오히려 무표정하게 반문했다.

"선생님, 아빠 치매 온 거 아니에요? 알코올로 치매도 온다고 하던데. 요즘 사람이 좀 멍청해 보여서요. 치매 올 정도로 늙었나?"

차트에 적힌 박의 나이는 50대였다. 영지에게 박의 나이를 물었다. 영지는 당황하지 않았다.

"잘 몰라요. 60쯤 됐을걸요. 그런데 선생님, 60에도 치매가 와요?"

영지의 질문은 날카로운 구석이 있었다. 나도 모르게 영지의 페이스에 말려들어 대답해버리고 말았다.

"우리가 통상 말하는 치매는 알츠하이머 치매인데요. 대부분은 나이가 들어서 발병하지만 65세 이전에 발병하는 경우도 있어요. 초로기 치매라고 40대에도 생길 수 있죠. 물론 알코올로도 뇌가 상할 수 있고요."

환자나 보호자의 정신적 역동을 파악하는 것보다 질문에 대답부터 하는 기계적인 의사. 나는 아직 하수였다. 그때 치매라는 말을 아무렇지 않게 이야기하는 영지의 표정은 이상할 정도로 감정이 없어 보였다. 차라리 치매라면 관리하기가 더 편할 것 같다는 생각을 하는 게 아닌가 의심스러울 정도로. 여전히 설명을 하고 싶어 하는 내가 덧붙였다.

"오랜 시간 음주를 한 분에게 기억 손상이 드문 증상은 아니죠. 일반인이 술 마시고 기억 안 나는 걸 필름이 끊긴다고 하잖아요. 그런 걸 블랙아웃이라고 하는데, 만성 음주자가 되면 블랙아웃이 아니라 다른 종류의 기억장애가 생겨요."

박이 천천히 걸어 나오자 영지가 일어섰다. 그제야 영지의 정신역동과 상황이 보이기 시작했다. 역시 영지는 내 말을 듣고 있지 않았다.

외출을 나가는 박의 표정은 알 수 없었다. 딸내미하고 짜장면 한 그릇 먹고 오겠습니다, 라고 호기롭게 말했지만 저건 어쩌면 가면일지도 모른다. 딸에게 돈을 뜯기는 한심한 아빠라는 것을 들키고 싶지는 않겠지. 그건 두 사람 모두에게 자존심이 상하는 일일 테니까. 우리 셋은 일종의 역할극을 하고 있는 것 같았다. 나 또한 이 역할극에서 내 대사를 할 수밖에 없다. 대사에 다소 걱정스러운 톤을 얹었다. 이런 상황에서 내 대사는 항상 똑같다.

"아버님, 밖에 나가서 술 드시고 들어오면 절대 안 되는 거 잘 아시죠?"

치매는 무슨, 저렇게 멀쩡한데. 둘의 모습을 보고 있자니 나도 모르게 그런 생각이 들었다. 영지에 대한 불신이 그녀가 말한 정보까지 믿지 못하게 했을까. 그런데 박의 옷차림이 이상했다. 바깥이 영하인데, 얇은 점퍼만 하나 입고 나왔다. 역할극은 아직 끝나지 않았다. 영지가 의아해하며 이유를 묻자 박이 대답했다.

"여름이잖아 지금. 넌 왜 이렇게 입고 왔냐."

이번에는 영지가 살짝 당황하는 것 같았다. 나 또한 박의 상태가 의심되기 시작했다. 그렇지만 영지부터 안심시켜야 했다.

"병동에만 있다 보면 실내 온도에 익숙해져서 계절 감각이 무뎌지는 경우가 종종 있어요. 아버님 상태는 외출 다녀오시고 제가 다시 확인할게요. 잘 다녀오세요."

그렇게 말하면서도 박의 인지기능이 점점 퇴화하는 것이 아닐까 걱정스러웠다. '외출'이라고 쓰고, '인출'이 될 둘의 데이트. 하지만 내가 그런 것까지 관여할 수는 없었다. 눈인사를 하려고 보니 둘은 이미 병원을 빠져나갔다. 그리고 언제나처럼 반나절 뒤 귀원. 이후 박의 태도에는 별다른 점이 없었다. 어쨌든 약을 숨겼으니 박을 만나 봐야 했다.

그가 감추고 싶은 것

박에게 약에 대해서 물어보려 하자 영지가 말한 치매라는 단어가 마음에 걸렸다. 입원할 때 인지능력은 비교적 양호했는데. 박이 약을 숨겼다고 하면 이유는 세 가지 가운데 하나로 볼 수 있다.

첫째, 박이 벤조디아제핀에 중독되기 시작한 경우. 물론 불안하다고 하면서 약을 달라고 하면 대부분 주지만, 적정량이 정해져 있기 때문에 그것으로는 박의 성에 차지 않을 수 있다. 둘째, 박에게 치매 증상이 생긴 경우. 물건을 숨기는 것은 알츠하이머 치매에서도 매우 흔한 증상이다. 기저에는 자신의 것을 누군가 훔쳐 가려 한다는 피해 망상이 깔린 경우가 많다. 또한 기억력의 저하로 자신이 숨기고서는 그 행동 자체를 기억하지 못하는 경우도 종종 있다. 박은 중독일까, 치매일까. 첫 번째라면 결국 알고서 한 행동일 것이며 두 번째 경우라면 박 자신도 기억을 못 할 수 있으니 고의성이 있다고 볼 수는 없다. 가능성은 희박하지만, 최가 의료진과 박을 이간질하려고 소설을 쓰는 세 번째 경우도 가능하다. 그런데 이것이 소설이라면 투약 숨기기 같은 예는 너무 세다. 보통 병동에서 환자들이 쓰는 소설은 이보다는 단순하다. 쌍방폭행의 경우인데 자신이 먼저 맞았다는 식이 흔하니까. 환자들도 정신병원에서 투약의 중요성을 알고 있기 때문에 투약으로 의료진과 환자 사이를 이간질하기 위해 소설을 쓴다는 것은 현실감이 떨어진다. 세 번째 경우가 주는 힌트가 있기는 했다. 어쩌면 이번이 처음이 아닐 수도 있다. 최에게 들킨 것이 처음일 뿐.

그렇다면 다른 가능성은 뭐가 있을까. 어쨌든 박의 인지력을 먼저 체크해야 했다. 일종의 배제진단 방법이다. 모든 의학이 그렇겠지만, 진단명을 한 번에 확진하는 것은 쉬운 일이 아니다. 월경이 불규칙해진 여성의 예를 들어보자. 증상은 불규칙한 월경. 먼저 나이와 산과력産科歷을 확인한 후 해부학적인 문제, 즉 자궁 내 종괴(덩이) 같은 것이 생긴 건 아닌지 확인해본다. 해부학적으로 아무 문제가 없다면 여성호르몬 자체의 문제인지, 또는 다른 문제인지를 감별하기 위해 호르몬 검사를 한다. 산부인과적으로 문제가 없다면 다른 과의 가능성을 생각해본다. 마지막에 이 여성은 항정신병약물을 투약하고 있고, 그것이 원인이었음이 밝혀졌다. 결국 가능성을 하나씩 지우면서 답을 찾아가는 과정이 진단이다.

배제진단을 위해 먼저 인지력 확인을 해야 했다. 중독은 그 이후 문제였다. 그렇게 생각하자 상황이 정리가 되는 것 같아 후련한 마음이 들었다. 간단한 질문부터 던진다. 일종의 단기기억력 테스트다.

"점심 때 반찬 뭐 드셨어요?"

"김치하고…."

"또 다른 건 없었나요?"

기억을 못 하는 건지 단어가 떠오르지 않는 건지 박은 대답하지 못했다. 무표정한 얼굴을 한 채.

"지난번 외출 나가서는 뭐 하셨나요?"

이번에는 박이 잠깐 뜸을 들인 뒤 유창하게 대답했다. 표정도 한결 밝아졌다.

"영지가 시간이 없다고 해서 혼자 밥을 먹었는데 마침 고등학교 동창한테 연락이 왔어요. 술 한잔 하자고 하기에 그러면 안 되겠다 싶어서 내가 차나 한잔 마시자고 했어요. 그 친구가 미국도 가고 바쁘더라고요. 안에서는 잘 못 마시는 커피를 마시니 더 맛있더라고요. 친구도 나도 〈터미널〉이라는 영웅이 나오는 영화가 재개봉된다는 말을 들었던 터라 같이 재미있게 영화를 봤어요. 동시상영 같은 건가 봐요."

평소 인지와 감각이 둔화된 것처럼 보이던 박이 유창하게 이야기를 했다. 외출 때 있었던 일이 인상적이어서였을까. 박의 이야기는 얼핏 생생하게 들렸지만 어딘가 체계성이 떨어졌다. 갑자기 고등학교 친구에게 연락이 와서 영화를 봤다고 이야기하는 50대 알코올의 존자. 어딘가 비현실적으로 보였다. 묻지도 않았는데 친구가 미국을 왔다 갔다 한다는 불필요한 정보를 끼워 넣어 말했고, 여러 상영관에서 개봉되는 것을 동시상영이라는 단어로 표현했다.

작화증인가? 마음이 복잡해졌다. 박의 뇌는 영지가 말한 대로 망가지고 있는지도 몰랐다. 투약에 대해서도 전혀 다른 이야기를 할 수도 있는 상황. 어쨌든 질문은 해야 했다.

“약은 왜 그러셨어요?”

외출 때의 일을 말한 것처럼 술술 이야기를 잘도 꾸며내겠지. 내 말투가 따지는 것처럼 되어버렸다. 그런데 박은 이번에는 전혀 다른 사람처럼 말을 했다.

“제가 놔뒀다가 잠이 안 오면 먹으려고 그랬습니다. 죄송합니다. 밤마다 또 달라고 하기도 번거롭고 해서요. 죄송합니다.”

박은 죄송하다는 말을 반복했다. 치매가 있는 사람도 말기까지 진행되기 전에는 현실과 비현실을 왔다 갔다 한다. 지금의 박이 꼭 그랬다. 미국, 영화, 동시상영을 말하는 박은 비현실적이었다. 하지만 투약을 숨긴 것에 대해 말하는 박은 지극히 현실감각이 살아 있는 사람처럼 보였다. 심지어 죄송하다는 말을 반복함으로써 무언가를 감추려는 의도가 있는 것으로 보이기도 했다. 그렇지 않다면 계속 길게 설명이든 변명이든 할 테니 말이다. 진실은 무엇일까. 알 수가 없었다.

작화증

작화증은 말 그대로 이야기를 꾸며내는 증상이다. 없었던 일인데도 마치 있었던 것처럼 느끼게 되고, 또 그렇게 믿으면서 이야기를 한다. 자신이 생각나는 대로 한 이야기가 바로 사실로 기억되어버리기 때문이다. 기억나지 않는 빈틈을 채워 넣기 위해 이야기를 꾸며낸다. 치매를 앓는 노인이 돈을 어디에 두었는지 기억나지 않아 이를 감추거나 그 핑계를 대는 것이 전형적인 예다.

그렇다면 박이 외출을 나가서 친구를 만났던 것은 말하자면 실제로 하지 않았던 일일 가능성이 크다. 아마 박은 외출을 나가 혼자 소주를 마셨을 것이다. 이를 무의식적으로 감추기 위해, 또 떨어진 티아민 때문에 자신도 모르게 그 빈 시간을 채워 넣을 이야기를 창작했을 것이다. 특히 알코올의존과 연관된 작화증의 경우 명사를 혼동하는 경우가 종종 발생한다. 박이 말한 영웅 영화 〈터미널〉은 〈터미네이터〉를 혼동한 것이 아닐까.

작화증이라는 단어가 떠오르자 뇌 자기공명영상MRI 사진이 떠올랐다. 박도 치매 환자의 뇌처럼 뇌실질은 줄어들고, 뇌실(뇌 안의 연결된 빈 공간)은 상대적으로 커졌을 것이다. 만성 알코올의존의 경우 작화증은 증상의 심각도를 보여주는 신호가 될 수 있다. 알코올로 인해 생기는 뇌손상의 전형적인 지표이기 때문이다.

알코올과 관련해서 문제가 되는 것 중 하나가 바로 비타민B1, 즉 티아민이다. 비타민은 우리 몸에 활기와 에너지를 주지만 3대 필수 영양소는 아니다. 그런데 알코올 문제에 있어서 티아민은 매우 중요하다. 알코올의존 상태에서 티아민 결핍은 직접적으로 뇌에 영향을 준다. 따로 부르는 이름이 있을 정도로 중요하다.

베르니케-코르사코프증후군Wernicke-Korsakoff Syndrome은 티아민 결핍으로 발생하는 신경계 질환을 합쳐 부르는 이름이다. 베르니케 증후군은 눈동자의 떨림(안구진탕), 걸음을 걸을 때 행동이 불안정해지고 움직임이 서툴러지는 상태(운동실조), 그리고 의식의 혼란(혼란증) 등이 관찰된다. 다행히 베르니케증후군은 가역적인 상태로, 티아민이 충분히 공급되면 회복 가능하다.

코르사코프증후군 또한 티아민 결핍으로 발생하는데 문제는 이 경우가 되면 되돌릴 수 없는, 즉 비가역적 상태가 된다. 코르사코프증후군은 단기기억 장애가 흔히 발생하며, 작화증과 환각 같은 정신증적 상태에까지 이르게 된다. 나라마다 차이는 있지만 만성 알코올 의존자의 10퍼센트 정도가 걸린다는 코르사코프증후군. 박도 위험인자가 충분하다.

이제 박은 사람을 만나고, 보험을 팔고, 중국집을 운영하고, 연애를 하던 과거의 그가 아니다. 그의 작화증은 이제 그가 다른 사람이 되어가고 있다는 증거였다. 무의식적으로 약을 숨겼다가 먹었다면, 그리고 그것을 기억하지 못하는 상태라면 사라진 약에 대해서는 더더욱 미궁일 수밖에 없다. 피 한 방울 섞이지 않았지만 유일한 가족인 그의 딸 영지. 다음에 만나면 그녀에게 아버지의 상황을 설명해야겠다는 생각이 들었다. 달력을 보니 영지가 올 때가 되었다.

누가 누구를 보호한다는 걸까?

바쁘면 나한테 사

외래와 병동을 왔다 갔다 하는 비슷한 나날의 연속. 외래에 오는 환자들도 처음에는 다양한 이야기를 하지만, 시간이 가면 하는 말은 늘 비슷하다. 외래 목록을 보니, 연다방 선미의 이름이 있었다. 날짜를 보니 약 처방은 가능했다. 늘 부스스한 머리였지만, 그녀는 서비스 노동에 찌든 사람에게서 흔히 보이는 어두운 얼굴은 아니었다. 어찌 보면 좀 단순하다고 할까. 하긴 첫 면담에서 울릉도 에이스가 어쩌고 하는 말을 할 정도니. 적어도 방어적이지는 않아서 면담하기에 수월한 측면이 있었다.

"선생님, 전 잘 지내요. 생활이 불규칙적이라 잠을 잘 못 자서 그렇지…."

수면제를 늘려달라면 어떻게 하나 미리 걱정이 앞섰다. 역시 사회생활을 일찍 해서 눈치가 빨랐다.

"어휴, 선생님 저 약 더 달라고 안 해요. 이번까지만 딱 약 더 먹고 다음부터는 줄일 거예요. 만약에 약 빼고 먹으려면 어떤 것부터 빼면 되죠?"

의외였다, 이런 반응은. 약을 줄인다고? 무슨 일이 있었던 걸까. 먹고 있는 약에 대해 설명해주고, 항불안제는 한꺼번에 줄이면 금단 증상이 올 수 있음을 특히 강조했다. 설명을 듣는 선미의 표정이 사뭇 진지하기까지 했다. 매사 태평하던 그녀의 진지한 모습을 보니 낯설기까지 했다. 그녀의 바뀐 태도에는 이유가 있었다.

"어제 저희 다방에서 초상 치를 뻔했어요. 이런 건 차트에 쓰지 마세요. 좋은 일도 아니고요. 제가 약 빨리 타러 오고 그랬잖아요. 약이 없어진다고. 글쎄, 같이 일하는 언니 하나가 여기저기에서 약을 훔쳤더라고요. 사실은 저도 그 언니가 노란 약 알려줘서 알게 됐거든요. 제가 좀 부산하고 감정 기복도 심한데 언니가 그 약을 줬어요. 그러다가 나중에 제가 좀 더 달라고 하니까 병원 이야기하면서 직접 타서 먹으라고 하더라고요. 그러면서 바쁘면 나한테 사고, 이렇게 농담처럼 말하더라고요."

"자기한테 사라고요?"

놀란 내가 되물었다.

"솔직히 기분이 좋지는 않았죠. 약을 산다는 건, 뭐 이런 게 마약도 아니고요. 그래서 제가 그냥 병원에서 타다 먹겠다고 했어요. 그러니까 바로 알았다고 하더라고요. 그런데 그 언니는 일 안 할 때는 항상 뭔가를 포장해서 택배 상자에 담았어요. 제가 뭐냐고 물으면 얼버무리고요."

선미는 말로만 듣던 벤조디아제핀의 음성적인 거래에 대해 말하고 있었다. 긴장이 되지 않을 수 없었다. 선미의 이야기는 지인의 권유로 필로폰을 시작하게 되었다는 사연과 다를 바가 없었다. 마약도 처음에는 호기심에, 별 거부감 없이 지인의 권유로 시작한다. 대부분 권유한 사람은 그 자신도 중독자인 경우가 많다. 그들은 중독자이자 판매자다. 판매자로 거래를 하다 배신을 당하거나 하면 화가 나서 약을 찾게 되고 다시 중독의 세계로 빠져든다. 중독자나 판매자나 그들에게 약이 필요한 상황은 끊이지 않는다. 구매, 중독, 권유, 판매의 늪에 자신도 모르게 점점 더 깊숙이 발을 담그고 있다가 어느 날 문득 그런 자신이 한심하게 느껴지면서 극심한 우울감에 빠진다. 그리고 폭탄이 터진다.

"어제저녁 그 언니한테 전화가 왔는데 계속 안 받는 거예요. 처음에는 짜증 나는 손님이라서 피하나 보다 했는데, 계속 그러니까 이상해서 봤더니 정신을 잃었더라고요. 깜짝 놀라서 사장님을 불렀더니 화를 내면서 구급차를 부르더라고요. 옆에는 술병이랑 약병, 택배 상자가 널브러져 있는데…. 그 와중에도 그 알약들이 먼저 보이더라고요. 제 거랑 똑같았거든요. 선생님, 저 좀 너무했죠?"

어떻게 대답해야 할까. 사람이 어떻게 그럴 수 있냐고 훈계를 하고 싶지는 않았다. 모두 각자의 입장이 있으니 그럴 수 있다고 대답하자, 선미는 기분이 조금 좋아진 것 같았다.

"맞아요, 선생님. 솔직히 그 언니 잘 알지도 못하는데요, 뭐. 봤더니 약도 여러 종류던데 제가 먹는 노란 약 있잖아요. 그게 제일 많더라고요. 도대체 어디에서 그렇게 다 구했는지 모르겠어요. 제 걸 훔친 것 같기는 한데, 그렇다고 해도 너무 많더라고요. 요즘은 컴퓨터로 병원마다 확인해서 그렇게 못 주잖아요. 그렇죠, 선생님."

선미는 그 언니의 안위보다 자신의 약을 훔친 범인을 찾아낸 게 더 중요한 것 같았다. 우리 둘 사이의 라포르를 깨고 싶지 않은 마음이 있었던 걸까. 자신에게 관심을 보이며 면담이 길어지자 선미는 속마음을 한 번 더 털어놓았다. 매일 배시시 웃고만 있는 것 같던 그녀에게도 자신만의 촉이 있었다.

"지난번에 약 없어졌다고 미리 왔을 때 솔직히 저 안 믿으셨잖아요. 그래서 좀 속상했어요. 선생님은 못 준다고 하시지, 진짜 약은 없지. 그때 매일 평소보다 술을 두 배는 더 마신 것 같아요. 잠이 안 오는데 어떻게 해요."

미안한 마음이 들어서 이번에는 내가 선미에게 물었다.

"그럼 그 많은 약이 어디에서 났을까요?"

"제가 그런 걸 어떻게 알아요. 그런데 약이라는 게 구하기가 쉽지 않잖아요. 매일 약을 먹는 환자라면 몰라도."

그 순간, 박의 얼굴이 떠올랐다. 자율 투약하던 병동의 규정을 이용해 로라반과 졸피뎀을 숨겨놓은 박. 자신이 나중에 먹으려고 챙겨

두었다고 말하며 미안하다고 연신 사과하던 박. 영지가 박에게서 빼쓰는 것은 수급비만이 아니었다. 로라반과 졸피뎀까지 가져갔을 가능성이 매우 높아 보였다.

설상가상 박의 뇌는 이미 망가져서 있지도 않은 사건을 지어내고 있고, 자신이 한 일을 기억하지 못할 수도 있다. 박이 약을 영지에게 전달하고, 박은 또 그 사건을 잊어버린다. 박의 뇌가 그 정도까지 망가지지 않았다면, 영지의 부탁 또는 협박에 따라 약을 숨기고 면회를 할 때마다 몰래 그녀에게 전달했을 것이다. 박이 그 사건을 기억한다고 해도 큰 차이는 없다. 본능적인 아버지의 사랑이었을까. 기억을 못 한다면 자동으로 영지를 보호하는 셈이고, 기억을 한다고 해도 영지의 이름은 언급하지 않았으니 그녀를 보호하는 셈이 된다. 그때였다. 병동에서 전화가 왔다.

악순환의 반복

"박이 급하게 외출해야 한다고 하네요. 제가 주치의 선생님 지금 외래 진료 보신다고 해도 급하다고…."

예감이 좋지 않았다.

"행선지는 어디랍니까?"

"진실병원 응급실로 간대요. 딸이 상태가 좋지 않다고 하면서 자기밖에 보호자가 없다고 하네요."

엉망진창이 되어버린 가족, 누가 누구를 보호한다는 걸까. 쓸쓸한 마음이 들었다.

"그 병원에 남편인지 남자 친구인지 있다고 하지 않았어요?"

간호사가 답답하다는 듯이 덧붙였다.

"선생님도 참, 말이 그렇지 무슨 관계인지 어떻게 알아요. 아무튼 그 사장인가 하는 이가 박한테 욕을 하면서 빨리 오라고 난리 치는 것 같더라고요. 재수 없다고 하면서요."

내가 통화하는 모습을 지켜보던 선미가 물었다.

"그 언니 어떻게 되었대요?"

어떻게 알았지? 영지를 걱정하고 있었던 걸까. 선미가 마치 내용을 아는 듯이 물었다. 의식을 잃고 응급실로 이송된 영지. 각종 검사를 하다가 소변검사에서 벤조 용량이 최대치로 나올 수도 있다. 벤조디아제핀 과다 복용의 가장 큰 부작용은 호흡부전. 어쩌면 지금 인공호흡기에 의지한 상태일 수도 있다. 알코올 병동에서 급하게 외출해서 동의서에 이런저런 서명을 하게 될 박의 모습이 머리에 그려졌다. 엄청나게 스트레스가 될 상황. 이런 경우 박이 술을 마시지 않고 귀원할 확률은 제로에 가깝다.

이런저런 생각이 세포 분열하듯 퍼지면서 멍해졌다. 수화기 너머 간호사가 다시 물었다.

"선생님, 외출 보내도 돼요? 박이 좀 흥분한 상태예요. 보내면 위험하긴 할 것 같은데요."

"보내지 않으면 더 위험해질지도 모르죠. 막는다고 될 일은 아니지 싫네요. 보내주세요."

선미가 나를 물끄러미 쳐다보더니 한마디 했다.

"선생님, 어쩌면 저 선생님이랑 마지막으로 보는 걸지도 모르겠어요. 여기 동네가 얼마나 좁은데 금세 소문 퍼지겠죠. 재수 없는 가게라고 소문나기 전에 빨리 딴 데로 떠야겠어요. 선생님, 울릉도 가보셨어요? 오시게 되면 연락하세요. 하긴 선생님이 저한테 커피 배달시킬 일은 없겠죠."

그러면서 애교를 부리듯 눈을 찡긋한다. 직장 동료가 죽을지도 모르는 상황에 빨리 이직을 해야겠다고 말하는 경우가 얼마나 있을까. 극히 이기적인 모습이지만 나부터 살아야 한다는 것은 어디에서도 통하는 말이겠지. 심지어 비행기가 비상착륙을 할 때도 승무원이 그렇게 안내한다고 하지 않던가. '주변의 아이들, 여자들을 구하려 하지 말고 먼저 당신이 보호 장구를 차세요. 그런 다음 그들을 구하세요.' 어쩌면 선미는 단지 보호 장구를 먼저 착용하려고 하는 것인지도 모른다. 그리고 그녀의 마지막 말은 이전과 똑같았다.

"선생님, 이번에는 두 달 치 주세요. 저 울릉도 가면 약 타기도 힘들잖아요."

그 순간 나는 순진하게도 울릉도에는 어떤 병원이 있을까 생각했다. 상황이 어지러운 탓이었을까. 평소 같으면 잘 하지 않을 말을 나도 모르게 불쑥 해버렸다.

"선미 씨, 이참에 술 좀 끊어보는 게 어때요. 도와주는 약도 있는데."

선미의 상황 따위는 고려하지 않은, 의사의 독선적인 충고였다. 그녀가 코웃음을 칠 것으로 예상했는데, 뜻밖에도 관심을 보였다.

"술 끊는 약이 있어요?"

아, 그런 건 아닌데. 어쨌든 설명을 해야 했다.

"술을 마시면 머리가 아프고 어지럽잖아요. 이게 사실은 알코올이 분해될 때 생기는 아세트알데히드라는 물질 때문인데, 어떤 약을 먹으면 강제로 아세트알데히드가 생기게 돼요. 일종의 혐오 작용을 이용한 약인데, 술을 덜 마시게 되는 효과는 볼 수 있죠."

선미가 황당하다는 표정을 지었다.

"술 마시고 기분 좋은 건 없고, 머리만 아프게 하는 약이라고요? 그래서 술을 끊게 한다고요?"

역시 그녀의 지적은 예리한 구석이 있었다.

"그래서 그 약은 잘 안 쓰고요. 술에 대한 갈망감을 줄여주는 날트렉손이라는 약이 있어요. 갈망도 줄여주고 금단 증상도 줄여주는 아캄프로세이트라는 약도 있고요. 그런데 금주 상태를 유지하면서 먹어야 해요."

선미는 내심 기대를 했던 걸까.

"술을 안 마시는 상태에서 그 약을 먹는다고 해도 스트레스가 쌓이면 별수 없는 거 아니겠어요. 술 생각이 줄어든다는 거지 안 나는 건 아니잖아요."

틀린 말은 아니지만 울릉도로 간다는 저 젊은 아가씨에게 정보를 더 주고 싶었다.

"AA라고 자조 모임도 있어요. 재활센터도 찾아보면 많이 있고요."

AA는 Alcoholics Anonymous의 약자로, 익명의 알코올의존자 모임이라는 뜻이다. 몇 명의 사람들이 둥그렇게 둘러앉아 자신의 이야기를 하는 장면을 영화나 드라마에서 자주 봤을 것이다. AA에서는 직업, 나이, 이름 같은 것은 전혀 밝히지 않고 자신을 그저 도움이 필요한 '알코올의존자 김' 등으로 칭한다. 1930년대 미국에서 시작되었고, 우리나라에는 그 자신도 알코올의존자였던 아일랜드계 신부가 1980년대에 도입했다. AA와 관련된 책자를 펴자 이런 말이 쓰여 있었다. '한 잔은 너무 많지만 천 잔은 너무 적다.' 한 잔만 마셔도 의존 증상이 재발하니 절대 마시지 말아야 하지만, 일단 재발하면 술을 아무리 퍼마셔도 만족하지 못한다는 이야기다.

AA뿐만이 아니다. 과거 알코올상담센터라고 불리던 중독관리통합지원센터가 전국에 50군데 있다. 알코올뿐만 아니라 마약, 도박 등 중독 문제가 있는 본인 및 가족 누구나 이용할 수 있다. 그러나 2018년 기준으로 이용률이 1퍼센트도 안 되는 수준이다.

선미에게 AA 관련 책자를 건넨 뒤 재활센터 이야기를 하려고 하자 그녀가 고개를 가로저었다.

"선생님, 저 중독자 아니에요. 그리고 저 사장님한테 빚부터 갚아야 돼요. 그래야 여기 뜰 수 있단 말이에요. 그러기 전까지는 술 못 끊고요. 그냥 마음 편해지는 약만 좀 더 주시면 안 돼요? 두 달 치가 안 된다면 지금 하루에 한 알 먹는 걸 두 알로 늘려주시면 되잖아요."

선미는 중독자가 아니라고 목소리를 높이면서도 꼼수를 부리고 있다. 선미도 영지처럼 점점 벤조디아제핀 용량이 늘어나는 건 아닐까 걱정스러웠다. 약 때문에 쓰러진 사람은 한 명으로 족하다.

“벤조디아제핀은 갑자기 늘리기도 줄이기도 힘들어요. 많이 먹으면 어떻게 되는지도 바로 눈앞에서 봤잖아요.”

내가 단호한 목소리로 말하자, 선미가 마지못해 수긍했다. 그러더니 다시 예의 그 유쾌한 목소리로 인사했다.

“선생님, 여기 떠나기 전에 인사하러 올게요. 그 언니 어떻게 됐는지도 알려드리고요. 선생님도 다음번에 볼 때까지 건강하세요.”

그날, 선미가 울릉도로 가겠다고 말한 날이 정말 마지막이었다. 그 이후 나는 누구의 소식도 듣지 못했다. 한 달이 멀다 하고 입원을 반복하던 박도, 박의 보호자이자 환자인 영지도 볼 수 없었다. 거짓말처럼 영지를 포함한 연다방의 벤조 삼인방의 발걸음이 모두 끊겼다. 약이 하나라도 빠지면 안 된다던 소희는 지금 어디에 있을까. 선미는 정말 울릉도에 갔을까. 박은 지금 교도소에 있을까 병원에 있을까. 그도 아니라면 우리가 알 수 없는 곳에 벌써 가 있을까.

머리를 흔들면서도 자살의 위험요인이 불길하게 스쳐 지나갔다. 45세 이상, 남성, 알코올의존, 실직, 이혼 또는 사별, 입원력 그리고 무엇보다 이전 자살 시도력. 박은 전형적인 고위험군에 속한다. ‘술을 마시고 핸들을 놨어요. 그래도 팔밖에 안 다치더라고요. 제초제랑 술을 마셨는데도 술이 얼마나 센지, 위세척하고 이튿날 나가라고 하더라고요.’ 자조적으로 말하던 그의 목소리가 들리는 것 같았다.

많은 알코올의존 환자들이 의지로 술을 끊을 수 있다고 말한다.

술을 마시면 쾌감회로가 즉시 작동하는데, 어떻게 자신의 의지에 기대어 끊을 수 있다고 쉽게 말할 수 있겠는가. 이것은 중독자의 여러 특성에 정확히 부합한다. 중독은 중독자를 완전히 지배해 일종의 도피를 제공한다. 쾌감을 포함하지만 파괴적이다. 무엇보다 모든 중독자는 자신의 중독을 부인한다! 박도 응급실에 있는 영지를 만나러 가면서 그렇게 말했었다.

"지금 제가 문제가 아니에요. 보세요. 전 이렇게 멀쩡하잖아요. 우리 영지만 보고 올게요. 선생님도 그때까지 건강하세요."

쓸쓸해서, 스트레스가 쌓여서, 신세가 처량해서 마신다는 이야기는 그래도 솔직한 편이다. 정당화, 열등감, 피해망상이 섞이면서 결국은 뇌가 망가진다. 불가능할 것 같은 알코올의존 치료. 역설적으로 알코올의존 치료는 금주하겠다는 열망이 있는지 확인하는 것에서부터 시작한다. 그래서일까. AA의 유일한 가입 조건은 바로 다음 문장, 딱 한 가지다.

'술을 끊겠다는 열망이 AA의 멤버가 되기 위한 유일한 조건입니다.'

2장

내 딸의 '뚱뚱이 거울'

거식증

크래커를 자르는 소녀

작게 자르면 먹기는 좋겠다

입시 공부가 한창이던 고등학생 시절, 우연히 친구 집에 놀러 갈 기회가 있었다. 친구의 집은 학교에서도 알아주는 부잣집이어서 그 집을 방문하는 것은 여러 가지로 나를 놀라게 했다. 40인치가 족히 넘는 일본제 텔레비전도 당시로는 생소했고, 친구가 아무렇지도 않게 운동복이라고 입고 나온 옷의 브랜드가 나이키라는 사실도 놀라웠다. 살림을 해주는 것으로 보이는 아주머니가 직접 만든 것이라고 하면서 피자를 내올 때는 문화 충격까지 느꼈다.

그런데 정작 더 놀라운 일은 친구 동생을 만나고서 시작되었다. 친구의 동생은 중학교 1학년, 그 당시로는 흔치 않게 발레를 전공하고 있었다. 발레를 전공하는 사람 특유의 갸름하고 작은 얼굴에 올망졸망한 이목구비의 동생은 한눈에 봐도 미인이었다. 발레라는 단어조차 생소했던 나는 친구에게 동생은 어느 학교에 다니냐고 물었다.

"아, 내 동생은 서울로 통학해."

"중학교 1학년이 인천에서 서울까지 매일?"

어떻게 가는 건지 짐작조차 되지 않았다.

"응. 아침에 기사 아저씨가 목동까지 데려다주면 목동까지 오는 예중 셔틀버스가 있어. 그거 타고 다녀."

그때 우리에게 간식을 내주던 아주머니가 동생에게 말을 걸었다.

"아가씨도 피자 여기 있으니 먹어요."

동생은 중학교 1학년답지 않은 사회적 미소를 띠며 말했다.

"저는 알아서 먹을게요."

친구가 냉장고에서 콜라를 꺼내고 있을 때 사각, 하는 소리가 났다. 5센티미터쯤 되는 크래커가 보였다. 저렇게 깡마른 아이도 과자는 먹는구나 생각하고 있을 때 다시 한번 사각, 하는 소리가 났다. 무슨 소리인가 싶어 돌아보려 하자 친구가 나를 방으로 데리고 들어갔다. 의아해하는 나에게 친구가 말했다.

"동생이 남들이 쳐다보는 걸 불편해해서 말이야. 저거 크래커 자르는 소리야."

소리가 두 번 났으니 크래커는 벌써 사등분이 된 상태. 그때만 해도 체중 조절이니 다이어트에 대한 개념이 전혀 없었다. 하물며 거식증이야. 듣도 보도 못한 낯선 상황에 무슨 말을 해야 할지 몰라 무심결에 '작게 자르면 먹기는 좋겠다'라고 말해버렸다. 그러자 친구가 비밀이라도 말하는 듯이 목소리를 낮추며 속삭였다.

"재 저거 계속 잘라. 그리고 마지막에 거의 가루가 되면 그거 조금 먹고 봉지째 버릴걸."

그 순간 크래커 이미지가 생물 시간에 배운 감수분열의 이미지와 겹쳐졌다. 작은 세포 하나가 쪼개지고 또 쪼개지는. 감수분열에서는 딸세포가 생성되겠지만, 크래커의 감수분열에서는 부스러기 가루만 날릴 것이다. 그 이후 친구의 집을 생각하면 커다란 텔레비전과 직접 만든 피자보다, 크래커를 자르고 또 자르던 친구의 동생이 먼저 떠올랐다. 그것이 거식증 증상의 하나라는 사실은 한참 세월이 흘러 의대를 가서야 알게 되었다. 다행히 그때 친구의 동생은 발레를 전공하는 대학생이 되어 있었고, 몸무게는 30킬로그램대에서 40킬로그램대로 조금 늘어 있었다. '다행히'라는 부사를 붙인 것은 이후 거식증이 얼마나 위험한 병인지 알게 되었기 때문이다.

우유에 지방이 얼마나 많은데요

'음식을 거부하는 병'이라는 거식증의 정확한 용어는 '신경성 식욕부진증Anorexia Nervosa'이다. 그런데 거식증은 용어 자체가 잘못된 명칭의 대표적인 사례다. 왜냐하면 거식증 환자들에서 식욕부진은 거의 나타나지 않는다. 거식증 환자들은 식욕저하는 대개 없으며 말기

이전에 식욕부진은 드문 증상이다.

그렇다면 음식에 대한 거식증 환자들의 입장은 어떨까. 그들은 오히려 음식에 대해 지속적으로 생각한다. 당연히 요리법이나 식재료에도 관심이 많으며 다른 사람에게 정성껏 요리해주는 경우를 흔하게 볼 수 있다. 주변에 누가 보더라도 굉장히 마른 몸을 가졌는데 요리를, 그것도 아주 정교한 방식으로 요리하는 것을 즐기는 사람을 본 적이 있는가. 그들의 목적은 먹는 즐거움을 느끼는 것이 아니기 때문에 정작 자신은 전혀 먹지 않는다. 그렇다면 그들의 목적은 무엇인가? 타인을 아끼는 마음에 요리를 해주고 싶어서? 아이러니하게도 그들은 음식을 먹을 수가 없기 때문에 요리를 한다!

그렇다 보니 음식에 대한 그들의 태도는 어찌 보면 '강박적'이라는 단어가 가장 정확하다. 식재료 하나를 고르는 데 지나칠 정도로 시간을 많이 투자하기도 하고, 칼로리와 영양에 대한 풍부한 지식은 기본이다. 다음은 내가 만난 환자 가운데 한 명이 자기최면처럼 자주 하던 말들이다.

"과일이 얼마나 살찌는데요. 과당을 생각하면 먹으면 안 되죠."

"아침에 요거트를 먹으라고요? 반 컵도 안 되는 게 100칼로리가 넘어요. 실내자전거를 20분 타도 안 빠지는 열량이에요. 우유요? 우유에 지방이 얼마나 많은데요, 선생님."

"그래도 걱정하지 마세요. 제가 단백질은 잘 챙겨 먹어요. 탄수화물요? 그건 안 먹은 지 좀 됐어요. 먹으면 속이 울렁거려서요. 닭가슴살에도 지방이 좀 붙어 있어서 요즘은 단백질은 그냥 파우더로 먹어요. 그게 깔끔하더라고요."

그래도 이 정도는 증상이 심각한 편은 아니다. 왜냐고? 이 환자는 거식증으로 진단을 받는다 해도 좋은 예후인자를 가진 편에 속한다. 적어도 이 환자는 자신의 증상에 대해 부인하지는 않으니까. 실제로 거식증 환자 가운데 증상을 부인하는 경우는 매우 흔하다. 증상을 부인하면서 단지 음식을 거부하는 데서 그치지 않고, 음식에 관련한 각종 기이한 행동을 하게 된다. 사탕이나 과자를 주머니에 넣고 다니는 행동은 비교적 흔한 예다. 이런 행동은 누군가 너무 마른 자신에게 뭔가 좀 먹으라고 할 때 '이것 보세요. 저 이렇게 간식도 들고 다니면서 먹는다니까요'라고 말하며 보여줄 수 있는 카드가 된다.

거식증 환자의 음식에 대한 태도는 어찌 보면 이중적이다. 그들은 음식에 집착하면서도 음식을 부정한다. 애증의 대상이라고 할까. 거식증 환자들이 자주 하는 행동 가운데 하나는 식사 중에 음식을 냅킨에 싸서 버리는 것이다. 음식을 먹을 수는 없지만, 자신의 거식증을 들켜서는 안 되므로 이런 행동은 아주 은밀하게 일어난다. 만약 누군가 이 행동을 보고 지적한다면 그들은 대부분 부인하거나 논의 자체를 거부한다. 나중에 먹을 것이라고 순발력 있게 둘러대기도 한다.

음식에 집착하는 그들의 행동이 극에 이르면 음식을 자신의 주머니에 넣고 다니는 정도에서 그치지 않고, 집안 구석구석에 숨기기도 한다. 책장 뒤쪽에 초콜릿을 넣어두기도 하고, 액세서리 통에 사탕을 감춰두기도 하고, 오래된 앨범을 열어 김을 붙여두기도 한다. 또한 음식을 잘게 썰었다가 재배열하면서 시간을 보내기도 한다. 이때 이들의 표정은 매우 진지해서 일종의 의식을 치르는 것처럼 보인다.

문득 친구 동생의 크래커가 떠올랐다. 그 당시에는 당연히 잘게 쪼개서 먹었을 것이라고 생각했던 그 과자. 어쩌면 동생은 그 과자를 자신의 교복 치마 주머니에 숨겨버렸을 수도 있고, 방 한 귀퉁이에 보이지 않게 숨겼을 수도 있다. 어느 날에는 과자를 자르고, 자르고, 또다시 배열하고, 배열하면서 시간을 보냈을지도 모른다. 거식증은 10대 중후반에 처음 발병한다고 알려져 있다.

다행히 친구 동생은 거식증이 악화되지는 않았고, 지금은 가정을 이뤄 발레와는 관계없는 일을 하며 지낸다고 한다. 궁금해진 내가 친구에게 물었다.

"그럼 이제 살도 좀 쪘겠네?"

친구가 웃으며 말했다.

"나도 참 신기해. 아이 넷을 낳고도 40킬로그램 전후의 몸무게를 유지할 수 있다는 게."

때로는 먹는 척하고, 때로는 먹고 토하고, 또 때로는 주변 사람에게 끊임없이 요리해 먹였을 그녀의 과거가 그림처럼 떠올랐다.

거식증이라고까지 생각하지 않았던 친구가 덧붙였다.

"우리 엄마가 걱정 많이 했어. 저렇게 말랐는데 애들까지 굶기게 될까 봐."

다음에 친구가 한 말은 내 짐작대로였다.

"맞아. 조카는 앉은자리에서 피자 한 판을 그냥 먹어. 동생이 끊임없이 요리해주거든."

어쩌면 그녀의 아이들은 영양상태가 과포화된 희생양들이 아닐까. 그래도 나는 왠지 발레리나를 그만두고, 가정을 이룬 그녀에게 고마운 마음이 들었다. 과장하자면 아직까지 살아 있어 줘서 고맙다고나 할까.

가장 치사율이 높은 정신질환은?

슈퍼스타도 피해갈 수 없다

과장처럼 들리는가. 거식증에 대한 사망률 통계를 보면 그 심각성이 느껴질 것이다. 거식증 환자 사망률은 낮게는 5퍼센트, 높게는 18퍼센트까지 보고된다. 거식증은 정신질환 가운데 치사율이 가장 높다. 그래서 170센티미터의 키에 40킬로그램의 친구 동생이 더 악화되지 않고, 자신의 자리에서 역할을 하면서 살아줘서 정말 다행이라는 생각이 들었다. 서른셋의 나이로 세상을 떠난 캐런 카펜터를 떠올리면서.

거식증이 사람들의 관심을 끌게 된 데는 카펜터스의 여동생 캐런 카펜터의 죽음이 결정적인 역할을 했다. 카펜터스는 오빠 리처드와 여동생 캐런의 남매 듀오로, 캐런의 우아하면서도 청아한 목소리가 리처드의 아름다운 멜로디에 얹혀 세계적 스타로 발돋움했다. 우리에게도 〈Top of the world〉, 〈Yesterday once more〉로 매우 친숙하다. 지금까지 전 세계에서 10억 장 이상의 앨범이 팔린 것으로 추정되는 세기를 초월한 슈퍼스타다.

캐런이 사망한 해는 1983년, 그녀의 나이 서른셋. 무엇이 그녀를 그렇게 힘들게 했을까. 캐런의 목소리를 좋아하던 나는 그녀에 대해 조금 더 알고 싶어졌고, 그녀에 대한 다큐멘터리 영화가 있음을 알게 되었다. 1987년 세상에 나온 이 영화의 제목은 〈슈퍼스타: 더 캐런 카펜터 스토리〉다. 그녀의 역할은 누가 했을까.

이 영화의 감독은 토드 헤인즈다. 전설적 포크록 가수 밥 딜런의 일곱 가지 자아에 대해 그린 〈아임 낫 데어〉, 데이빗 보위를 모델로 한 〈벨벳 골드마인〉으로 음악가의 삶을 영상으로 잘 표현하는 것으로 유명하다. 캐런을 그린 영화는 그의 초창기 작품인데, 여기에서도 그는 절묘한 연출 감각을 보여준다. 바로 캐런의 역할을 바비 인형에게 맡긴 것. 비현실적으로 가는 허리와 긴 팔다리로 아름다움에 대한 기준을 왜곡시키는 데 일조한 바비를 캐런으로 동일화했다.

영화의 끝부분, 캐런은 자신의 병이 심각함을 깨닫고 뉴욕의 의사를 찾아갔다가 집으로 돌아온다. 의사와 통화하는 마지막 장면. 캐런은 의사에게 지금 상태는 그 어느 때보다 좋고, 잘 먹고 있다고 유쾌하게 말한다. 그러면서 교차 편집되는 토근이 담긴 병. 의사는 그녀의 목소리에 안도하며 전화를 끊지만 유쾌하던 그녀의 목소리와 달리 그녀의 눈과 손은 급하게 토근이 담긴 병을 찾는다.

그녀의 사인을 두고 설왕설래가 있었으나 부검 후 발표된 공식 사인은 토근 중독으로 인한 심부정맥이었다. 토근은 꼭두서닛과 식물의 뿌리에서 채취한 성분을 이용한 약물로, 구토와 심장 근육의 손상을 유발하는 것으로 알려져 있다. 그녀는 당시 링거로 영양을 공급받아 체중이 조금 회복된 상태처럼 보였으나 거식증은 그대로였고, 구토를 하지 않고는 견딜 수가 없었던 것이다.

친구의 동생은 다행히 잘 살고 있고, 캐런은 먼 곳으로 떠났다. 친구의 동생과 캐런의 가장 큰 차이는 무엇일까. 결국 현실 검증력이 아니었을까? 친구의 동생은 그럭저럭 버텨냈지만, 캐런은 거울 속 자신의 뚱뚱한 (실제로는 깡마른) 모습이 점점 확대되고 왜곡됐을 것이다. 그렇게 늪에 빠진 채로 마침내 그녀의 현실은 완전히 깨져버렸다. 거식증은 신경증이 아니라 정신증이라는 사람들의 주장처럼.

마음속에 있는 또 다른 거울

정신과에 처음 들어와 많이 들은 말 가운데 하나가 환자가 사이코시스냐 뉴로시스냐 하는 것이었다. 우리말로 옮기면 사이코시스는 정신증, 뉴로시스는 신경증이다.

정신증과 신경증의 구별은 어찌 보면 간단하다. 《최신정신의학》 6판에서 정신증은 이른바 '미친' 상태를 의미한다고 쓰여 있다. 그러면 어떤 것이 미친 상태일까. 가장 결정적인 요소는 역시 현실 검증력이다. 어떤 사람이 "자동차들의 클랙슨 소리가 날 비난하는 것 같아요. 더 이상 들을 수가 없어요"라고 말한다. 귀마개를 하고, 이어폰을 껴도 소리는 점점 커진다. 급기야 아무 소리가 나지 않는 곳을 찾아 떠나지만 소용이 없다.

신경증의 증상은 주로 불안 증세를 중심으로 발현하며 증상 또한 이해할 만하다. 현실 검증력은 손상되어 있지 않기 때문에 환자 자신은 '증상이 있고 괴로운' 상태가 된다. 이른바 '자아 이질적'인 상태. 조현병과 조울증을 앓는 경우는 대부분 전형적인 정신증의 형태이고, 강박장애, 공황장애를 앓는 경우는 대부분 신경증적 양상을 보인다.

그렇다면 거식증은 둘 중 어디에 가까울까. 음식을 거부하는 거식증은 처음에는 현실 검증력이 무너졌다고 보기 어려워서 신경증으로 생각되지만, 어느 순간 정신증의 양상까지 띠게 된다. 굶어도 괴롭지 않다. 이렇게 무서운 거식증은 왜 생기고, 어떤 종류가 있을까. 그리고 과연 치료는 될 수 있을까.

거식증은 섭식장애의 하나다. 거식증으로 진단하기 위해서는 다음과 같은 조건이 필요하다. 지나친 체중 감량, 살이 찌는 것에 대한 극심한 공포, 체형에 대한 왜곡된 시각, 굶주림과 관련된 의학적 증상들. 거식증의 3분의 2에서 우울증이 함께 나타나는데, 이때 일어나는 우울증보다 더 위급한 문제는 거식증에 동반되는 신체 증상이다.

체중이 감소하면 지방이 빠진다고 단순하게 생각하기 쉽지만, 거식증의 경우 체중 감소가 뚜렷하기 전에 대개 무월경부터 온다. 한마디로 신체의 리듬 자체가 깨지기 시작한다. 피부는 부종이 생기거나 솜털이 나기도 한다. 심박이 빨라지거나 느려지기도 하고, 백혈구 수치가 떨어지기도 한다.

구토와 지사제 남용은 칼륨 같은 전해질의 불균형을 초래해 급사하는 경우가 발생하기도 한다. 영국의 의사 제럴드 러셀은 폭식한 뒤 구토를 하려고 계속 손가락을 입속에 집어넣다 보면 손등에 굳은살이 박이는 것을 발견했다. 이는 나중에 러셀 징후Russell's Sign라는 이름이 붙었다. 그는 폭식증 환자들의 신체 증상을 체계화했다. 구토할 때 역류한 위산으로 치아 안쪽 에나멜이 부식되는 것 또한 그가 발견한 신체 증상 가운데 하나다.

섭식장애는 거식증이라고 불리는 신경성 식욕부진증과 신경성 대식증, 폭식장애가 있다. 신경성 식욕부진증과 신경성 대식증은 체중에 대한 불만족, 체중 증가에 대한 두려움이 공통적으로 있으나, 전자는 체중 미달이 필수요소이며 후자는 정상 체중인 경우도 흔하다.

한편 신경성 대식증과 폭식장애는 반복적으로 폭식을 하는 공통점이 있으나 폭식장애에는 부적절한 보상행동이 없다는 것이 가장 큰 차이점이다. '보상행동'이라고 하면 언뜻 긍정적인 의미인 것 같으나 여기에서 보상은 환자 기준에서의 보상이다. 즉 앞에 '부적절한'이라는 수식어가 붙어 있는 점으로 유추해볼 때 상식적인 의미의 보상과는 거리가 있다. 여기에서 말하는 보상행동은 체중 증가를 억제하기 위한 모든 행동을 뜻한다. 가장 쉽게 생각할 수 있는 것은 스스로 유도하는 구토다. 설사를 유도하는 하제, 소변을 빼는 이뇨제,

관장약 등 섭취한 음식물을 몸에서 배출시키기 위한 모든 약물 투여 또한 보상행동이다.

거식증은 보통 10대 중후반에 처음 발병한다고 알려져 있다. 늦어도 20대. 굉장히 빠르지 않은가. 말하자면 젊은 병이다.

나보다 뚱뚱한 애는 없어

우울증으로 내원한 어머니가 있었다. 우울증의 가장 큰 원인은 다이어트에 빠진 딸이었다. 어릴 때부터 여행을 좋아한 딸은 항공운항과에 입학했다. 입학 후 첫 방학, 딸이 본가에 왔다. 딸은 입학 당시와 비교해 놀랄 정도로 수척했다. 처음에는 단순히 다이어트를 열심히 했나 보다 생각했는데, 어느 날 보니 월경을 하지 않는 것 같았다. 어머니가 체중이 얼마나 줄었는지 묻자 딸은 오히려 화를 냈다.

"우리 과에 나보다 뚱뚱한 애는 없어."

딸의 키는 170센티미터, 몸무게는 50킬로그램을 조금 넘었다. 딸의 말이 사실일까. 어머니는 궁금했지만 더 물어볼 수 없었다. 어느 날 친구를 만난다고 나간 딸이 전화가 되지 않았다. 얼마 뒤 병원에서 연락이 왔다. 화장실에서 구토를 하던 딸이 정신을 잃고 쓰러져 응급실에 갔다고 했다. 병원에서 급하게 한 혈액검사에서 거의 모든 수치가 정상 범위가 아니라면서 알아들을 수 없는 이야기를 했다.

병원을 방문하자 딸보다 더 마른 딸의 과 친구가 걱정스러운 표정으로 울먹거렸다.

“저희 둘 다 다이어트를 하다 보니 너무 힘들어서 오늘 회로 단백질을 보충하려고 갔었거든요. 날것을 먹어서 탈이 났나 봐요.”

어머니는 딸의 친구 얼굴이 괴기스럽게 느껴졌다고 말했다. 볼살이 없이 푹 꺼진 얼굴. 가장 작은 사이즈로 보이는 레깅스마저 헐렁했다. 딸의 말은 어쩌면 사실일지도 몰랐다. 자기 과에서 가장 뚱뚱해서, 극심한 스트레스를 받고 있었던 것이다.

딸을 입원시키고 어머니는 자책의 시간을 보냈다고 했다.

“선생 일을 하고 있어도 어쩔 수 없이 저도 옛날 사람이었어요. 방학을 맞아 집에 온 딸이 너무 반가워 맛있는 음식을 해주는 게 낙이었죠. 그런데 처음에는 맛있게 먹던 딸이 어느 날부터 화를 내기 시작했어요. 핸드폰으로 과 친구들의 일상을 보는 일이 많았는데 어느 날 딸이 그러더라고요. ‘엄마, 얘들 좀 봐.’ 사진을 보면서 좀 괴이한 느낌이 들었어요. 곱창을 비롯한 음식 사진과 빼빼 마른 몸에 비키니 수영복을 입은 사진이 거의 교대로 나타났거든요.”

집단 거식증이라도 걸린 걸까. 전통적 거식증에서 요리를 하던 것처럼, 요즘의 거식증에서는 먹방 영상을 올리는 걸지도 모른다고 생각하던 차에 어머니가 덧붙였다.

“여기 있다가는 결국 그 생각에서 벗어날 수 없겠다 싶어서, 억지로라도 아이를 데리고 외국에 나가서 한 1년 있다가 올 생각입니다. 입원하고 내과, 정신과 선생님들을 만났는데 치료가 힘들고 굉장히 심각한 병이라고 이야기하더라고요. 우리 애는 미친 것도 아닌데 그런 이야기를 듣고 있자니 자존심도 상하고. 지금은 체중이 2킬로그램 정도 늘었어요. 퇴원은 아직 못 했지만요."

"따님 퇴원하고 새로운 인생을 시작해야겠네요. 먼저 어머니부터 힘내시고요."

거식증 진단을 받고 입원한 딸을 둔 어머니는 이제 '멘붕' 단계는 넘어선 것 같았다. 그러나 한국을 떠나서도 계속 인터넷에 노출되는 환경에서, 딸은 거식증을 극복할 수 있을까.

일반적으로 기대 체중보다 20퍼센트가 적으면 입원을 한다고 알려진 거식증. 음식을 거부하는 사람에게 정상식을 먹이는 것은 매우 어려운 일이다. 그래서 입원을 하게 되면 일종의 정해진 루틴이 있다. 매일 체중과 음식량, 소변량을 체크하는 것은 기본이다. 구토를 하면 혈중 칼륨 농도를 확인해야 하며, 묽은 변을 보게 하는 완하제를 몰래 먹는지도 확인해야 한다.

프로아나, 새로운 정체성?

뼈 빼고 다 빼 드립니다

거식증도 다른 질환과 마찬가지로 생물학적, 사회적, 심리적 측면으로 나누어 그 원인을 찾는 것이 일반적인 방법이다. 물론 결론을 딱 떨어지게 하나로 말하는 것은 어렵다. 다만 여러 가지 위험인자들을 교차 검증해서 확률이 높은 가능성을 추측할 수는 있다.

먼저 사회적인 측면에서 생각해보면, 마른 체형이 미적 기준이 된 사회 분위기는 누구나 떠올릴 수 있다. 여기에 관한 예는 수도 없이 많다. 어떤 아이돌 가수의 옷 치수가 33반이라는 것이 부러움의 대상이 되기도 하고, 사뭇 섬뜩한 '뼈 빼고 다 빼 드립니다' 같은 다이어트 광고가 팝업창으로 뜨기도 한다.

이런 분위기 가운데 최근 내가 겪은 가장 충격적인 일은 초등학교 3학년, 친구 딸의 한마디였다. 아직 2차 성징을 말하기도 어려운 어린아이. 35킬로그램이나 나갈까. 태연하게 웃으며 친구 딸이 "이모, 나 다이어트해야 돼"라고 말했다. 무슨 말을 해야 할지 말문이 막힌 나에게 친구가 신문 기사를 내밀었다. 내가 모르는 세계가 그 속에서 펼쳐지고 있었다.

일명 프로아나Pro-ana족. 기사에는 최근 소셜미디어에서 10대를 중심으로 프로아나가 유행한다고 쓰여 있었다. 거식증anorexia 생활방식을 지지한다Pro는 의미다. 스스로 프로아나라고 말하는 이들은 그들만의 계명이 있다. 그 가운데 '몸무게, 저울이 모든 것이다', '살 빼는 게 사는 길, 살찌는 것은 죽음', '무조건 말라야 한다', '혀를 면도칼로 베서라도 먹지 마라' 같은 무서운 계명도 있다.

거식증의 사회적 원인부터 살펴보자면, 프로아나족은 내 몸을 가지고 내가 한다는데 무슨 참견이냐는 논리로 거식을 예뻐지려는 노력의 연장선으로 오해하며 경쟁적으로 소셜미디어에 체중 사진을 올린다. 사회 분위기를 가장 먼저 반영한다고 볼 수 있는 온라인 공간에서 10대를 중심으로 프로아나가 유행하는 것은, 말 그대로 우리나라가 '거식을 권하는 사회'가 되었음을 보여준다.

거식증의 심리적 원인으로 가장 많이 언급되는 것은 많은 환자들이 전형적으로 자기통제감과 자신감이 떨어져 있다는 사실이다. 특히 많은 환자들이 자신의 몸이 부모의 통제 아래 있다고 느끼며, 거식을 하는 것은 개성 있고 특별한 사람으로 인정받으려는 노력이라고 말한다. 그 결과 거식증 환자들은 강박적이고 완벽주의적인 성향을 띠게 된다.

이런 사회 분위기와 심리적 원인으로 인해 거식증이 발병하면 환자는 '뚱뚱이 거울'을 자신 안에 설치하게 된다. 이들에게는 음식을 싫어하는 것이 아니라 마음속에 있는 뚱뚱이 거울이 문제다. 아무리 타인이 '너무 말랐어, 많이 먹어야 해'라고 말해도 자신 안의 뚱뚱이 거울이 존재하는 한 모든 조언은 소용이 없다. 게다가 극도의 자제력을 발휘해 음식을 거부함으로써, 부모로부터 독립된 자아를 느끼게 되는 만족감도 덤으로 얻는다.

마지막으로 생물학적 원인. 정신과 차원에서 관심을 자주 갖는 것은 신경전달물질과 뇌의 영역이다. 호르몬과 달리 신경전달물질은 혈액을 타고 이동하지 않고 신경세포에서 분비되어 특정 수용체에만 작용한다. 우울증에 영향을 준다고 밝혀진 세로토닌, 중독과 조현병에 관련이 있다고 밝혀진 도파민이 대표적인 신경전달물질이다. 거식증에도 세로토닌, 도파민 같은 신경전달물질이 관련이 있다고 하지만 정확한 기전은 밝혀지지 않았다.

부모의 잘못이 아니라 섬엽의 문제

거식증에서 신경전달물질보다 더 흥미를 끄는 연구는 '섬엽insula'에 관한 것이다. 2006년 미국의 한 연구진은 뇌영상 연구를 통해 신경성 식욕부진증이 지닌 새로운 생물학적 측면을 보고했다. 신경성 식욕부진증을 앓았다가 회복한 환자군과 일반인을 대상으로 한 비교 실험으로, 기능적 뇌 자기공명영상f-MRI을 이용해서 측정했다. 정신과 영역에서 가장 자주 쓰인다고 해도 과언이 아닌 도구가 기능적 뇌 자기공명영상인데, 거식증 실험에서도 이 도구가 사용되었다.

MRI라고 불리는 자기공명영상이 신체의 구조를 보여주는 데 반해, 기능적 뇌 자기공명영상은 신체의 어떤 구조가 더 활성화되는가를 보여준다. 기능적 뇌 자기공명영상에서 뇌신경의 활동성 여부는 혈류량의 변화로 파악한다. 뇌의 어떤 특정 부분이 더 활성화된다면 혈류가 증가할 것이므로, 이는 일종의 간접적인 방법이다. 실제로 기능적 뇌 자기공명영상에서는 활동성이 더 많은 부분은 색깔이 도드라지게 표현되기 때문에 직관적으로 파악하기 용이하다.

이 비교 실험의 결과에서, 신경성 식욕부진증에서 회복된 집단은 일반인 집단에 비해 설탕물과 증류수를 맛볼 때 뇌 부위 중 특히 섬엽 부분이 덜 활성화하는 것으로 나타났다. 이 연구진의 논문은 신경성 식욕부진증 환자는 섬엽의 이상으로 인해 배고픔을 잘 느끼지 못하며 음식에 다가가려는 동기 부여가 잘 되지 않는 것으로 결론짓고 있다. 섬엽은 그 이름에서 추측할 수 있듯이 라틴어에서 유래했고 섬island을 의미한다. 섬엽은 우리가 흔히 말하는 전두엽이나 측두엽처럼 밖에서 바로 보이지 않고, 이들을 벗겨냈을 때 뇌의 깊숙한 곳에 자리 잡고 있다.

이 논문으로 인해 엄격한 부모의 훈육, 강박적이고 완벽주의적 성향, 외모 지상주의 등으로 설명하던 거식증에 대해 또 다른 생물학적인 원인이 있다는 인식이 생기기 시작했다. 특히 캐런 카펜터의 경우처럼 가성회복이 빈번하여 거의 난치라고 여겨지는 이 질환의 원인을 풀 수 있는 실마리를 제시했다는 점에서 큰 의미가 있다. 요컨대 이제 우리는 어쩌면 한 논문의 제목처럼, 거식증에 대해서도 '부모 잘못이 아니라 딸의 섬엽 때문The fault is not in her parents but in her insula'이라고 말하는 시대에 들어오기 시작했다.

이렇게 치료가 어려운 거식증 환자들을 보다 보면 의사로서 힘이 빠지기도 하고, 한편으로는 전혀 다른 종류의 치료적 접근이 가능하지 않을까 하는 생각도 든다. 생사를 오가는 응급 상황의 환자에게는 적용하기 힘들겠지만 증상이 심하지 않은 거식증 환자에게는 음악, 운동, 그림 같은 문화 영역에서의 치료적 접근도 가능하지 않을까. 문득 소설 하나가 떠올랐다.

프랑스의 국민 작가로 불리는 마르셀 에메. 몽마르트르 언덕에는 벽을 뚫고 나오는 그의 동상이 있다. 기발한 상상력, 현실과 환상을 넘나드는 설정에 묻어 있는 풍자, 반전이 주는 카타르시스 등이 에메 소설의 두드러지는 특징이다. 《파리의 포도주》라는 소설집에 있는 〈좋은 그림〉이라는 단편 역시 그의 특기가 잘 드러난다.

자, 지금부터 이야기는 시작된다. 우리가 보는 좋은 그림이라면 어떤 걸까. 마음을 따뜻하게 해주는? 값이 비싼? 기존의 화풍을 뒤엎는? 에메에게 좋은 그림은 보기만 해도 배가 불러지는 그림이다. 몽마르트르의 평범한 화가 라살구는 어느 날 문득 자신이 그림을 그리는 도중 배가 고프지 않다는 것을 깨닫게 된다. 그림을 보고 있으면 배불리 먹은 느낌이 들었다. 그림의 '효험'을 눈치 챈 화상이 비싼 값으로 사들이려고 한다. 파리에서 가장 배고픈 노숙자들이 라살구의 작업실 앞에 진을 치는 진풍경이 벌어진다. '식용화'라고 이름 붙여진 라살구의 그림을 두고 언론이 가만히 있을 리 없고, 급기야 라살구는 국회에까지 소환된다.

보기만 해도 배불러지는 라살구의 그림은 역설적으로 '다이어트 자극 사진'이 넘쳐나는 오늘의 우리 현실을 뒤돌아보게 한다. 보기만 해도 배가 불러지는 그림이 있다면, 보기만 해도 살이 빠지는 그림도 가능할까. 결론부터 말하면 그건 아직 상상력의 영역이다. 다만 후각 시스템이 포만감에 영향을 줄 수 있다는 실험 결과는 있다. 음식 냄새로 계속해서 자극을 주면 포만감을 느낀다는 실험도 있었다. 식욕을 활성화하는 뉴로펩타이드 같은 물질이 뇌에서 생성되고, 지방세포에서 만들어지는 렙틴이라는 물질이 식욕을 억제한다는 사실이 알려져 있다. 하지만 '식욕'은 아직도 복잡한 미지의 세계다.

라살구의 그림과 반대되는 그림, 그러니까 보기만 해도 입맛이 떨어지는 '거식화'들이 널려 있는 세상에 우리는 살고 있는지도 모른다. 44사이즈에 C컵 브라는 현실적으로 불가능에 가깝다. 바비 인형 같은 몸매로는 서 있을 수도 없다. 전쟁으로 피폐한 현실 속에서 프랑스의 한 작가는 '식용화'가 통용되는 국가를 상상해냈다. 모두가 더 맛있는 것을 찾아다니면서도 집단 다이어트 강박에 걸린 21세기 한국은 이미 '거식증 국가'인지도 모르겠다.

건강보험심사평가원의 통계 자료에 따르면 2013년 거식증으로 치료받은 환자는 약 1900명이었다. 그런데 세부 자료를 보면 거식증의 경우 60세 이상 노인 환자에게 진단을 내린 것이 절반이 넘었다. 이는 우울, 불안, 불면 등의 신경증적 증상으로 식욕저하를 보이는 노인 환자에게 진단을 잘못 내린 것으로 추정된다. 그리고 2018년 거식증으로 치료받은 환자는 약 3300명으로 계속 증가하는 추세지만 여전히 현실을 충분히 반영하지 못한 통계로 보인다.

지금 우리 현실을 더 잘 보여주는 것은 여자 아이돌의 체질량지수BMI일지도 모른다. 체질량지수란 체중을 키의 제곱으로 나눈 것으로, 대한비만학회에서는 18.5 미만을 저체중으로 규정하고 있다. 아이돌 100명 정도의 평균이 16.8이다. 몇몇은 17이 조금 넘었지만 대부분 15, 16 정도다. 조금 더 구체적으로 살펴보자. 체질량지수가 16이 되려면 키가 160센티미터인 경우 몸무게는 41킬로그램이며, 168센티미터에 48킬로그램이 넘어가면 17을 넘기 시작한다. 대한민국 대부분의 어린 여자아이의 눈에 체질량지수 17은 넘지 말아야 할 '크로스바'인 셈이다.

2010년 프랑스의 모델 이사벨 카로가 28세에 갑자기 사망했다. 그 당시 카로는 165센티미터에 31킬로그램이었다. '프로아나'가 유행하는 지금 대한민국 아이들에게 사망 직전의 그녀의 사진을 보여주면 뭐라고 말할까. 그 원인이 섬엽이든, 강박증이든, 사회 분위기든 10대 후반에 거식증으로 입원한 말라깽이 소녀에게 뚱뚱하지 않다고 말해도 곧이듣지 않을 것이다.

카로의 죽음을 계기로 유럽에서는 이제 다른 사회 분위기가 조성되기 시작했다. 스페인은 이미 2007년 체질량지수 18.5 이하의 모델을 퇴출하는 법안을 통과시켰다. 이스라엘 역시 2013년 체질량지수 18.5 미만 모델의 광고 출연을 금지했다. 영국에서는 2015년 입생로랑의 여름 광고와 2016년 구찌의 겨울 광고에 대해 '앙상한 모델이 나온다'는 이유로 방영을 금지하거나 경고 처분을 내렸다. 그리고 2017년 9월, 루이비통으로 유명한 루이비통모에헤네시 그룹과 또 다른 명품 그룹인 케링 그룹이 '모델 복지 헌장'을 들고 나왔다. 헌장에는 '모델들은 최근 6개월 이내 발행한 키와 몸무게, 비만도 등이 적힌 건강진단서를 제출해야 한다'고 적혀 있다.

3장

그의 기억이 멈추는 순간,
가족의 시간도 멈춘다

망상장애와 치매

그 누구도 짓지 않은 환한 웃음

비정상이기를 원하는 사람들

정신과 의사로 일하다 보면 자주 듣는 질문 가운데 하나가 '선생님, 저 정상인가요 아니면 비정상인가요?'이다. 모든 이가 정상이라는 말을 듣고 싶어 할 것 같지만 꼭 그런 것도 아니다.

자신이 비정상이라는 말을 듣고 싶어 하는 경우는 큰 범주로 보면 누군가의 '이득'과 관련이 있다. 가장 먼저 생각할 수 있는 경우는 정신감정이다. '묻지 마 폭행'이나 살인 같은 끔찍한 사건이 일어난 경우 가해자나 경찰, 또는 검찰이 정신감정을 신청한 기사가 나면 이번에도 정신질환을 핑계로 빠져나가게 할 것이냐면서 비난하는 댓글이 폭주한다. 이 같은 형사 정신감정의 경우 목적은 분명하다. 형량

경감이다.

정신감정은 크게 민사와 형사 정신감정으로 나뉜다. 민사적으로 정신감정을 하는 대표적인 예는 성년후견인제도와 관련된 경우다. 성년후견인제도는 노령, 질병, 장애 등의 사유로 정신적 제약 상태가 있어 사무 처리를 할 수 없는 사람을 돕기 위한 제도로, 기존의 한정치산자, 금치산자 제도를 폐지하고 2013년부터 시행되었다. 정신과적으로 지적장애가 있거나 치매, 조현병 등이 있어 경제관념 자체가 없거나 희박한 경우 보호자들이 정신감정을 의뢰하기도 한다.

최근 자주 의뢰되는 민사 정신감정 가운데 비교적 젊은 사람들이 대상인 경우 핸드폰과 관련된 사건이 많다. 이 또한 성년후견인 지정과 관련이 있다. 예를 들어 상습적으로 부모의 핸드폰으로 게임을 하는 30세 청년이 있다고 치자. 지능이 조금 떨어지는 그는 경제적 능력이 없지만 사이버머니로 매번 동일한 사람에게 아이템을 구입한다. 상대가 자신의 아들을 이용하는 것이 분명하지만 부모가 할 수 있는 일은 없다. 병원에서 아들의 행동 조절을 위한 약을 타오던 부모는 의사와 상담하면서 민사 정신감정에 대해 듣게 된다. 경찰에 사건을 신고하고 성년후견인 신청을 한다. 경찰이 지정한 병원에 민사 정신감정을 의뢰하면 부모의 역할은 끝난다. 이후 각종 심리검사와 병동 생활 관찰을 통해 의사는 민사 정신감정서를 작성하고 법원에 제출한다. 물론 최종 판결은 법원의 몫이다.

앞서 언급한 사례는 비교적 간단한 유형의 민사 정신감정이다. 치매로 인한 인지능력 저하의 경우, 예를 들어 정신감정 대상이 90세를 넘긴 대기업 총수나 80세의 전직 정치인일 경우 조금 더 복잡해진다. 실제로 호텔과 백화점으로 유명한 한 대기업에서 경영권 분쟁과 관련하여 자식들이 아버지인 총수에 대해 정신감정을 의뢰한 사건도 있었다. 그처럼 커다란 재산상의 분쟁은 아니지만, 민사 정신감정을 하다 보면 유사한 사례를 경험하는 경우가 종종 있다.

치매 판정에 웃는 아들

성년후견인제도가 막 언론에 알려지기 시작할 무렵 국립병원에서 일하고 있던 터라, 외래로 그 지역의 민사 정신감정을 종종 의뢰받았다. 그날도 한 요양병원에서 휠체어를 타고 할머니 한 분이 아들과 함께 내원했다. 40킬로그램이나 나갈까. 온몸의 근육은 빠져 있고, 시선은 멍하니 초점이 없었다.

민사 정신감정이라고 해서 특별히 다를 것은 없다. 기본적으로 과거력, 현재 상태 등을 체크한 뒤 기록하고 환자를 파악한다. 간단한 인지기능검사를 하고, 필요하면 영상검사와 심층적인 심리검사를 하지만 이 경우는 그렇게 진행될 것 같지 않았다. 무엇보다 할머니와 동행한 아들의 성질이 급했다.

"선생님, 어무이는 볼 것도 없습니다. 딱 보면 모르시겠습니까."

그래도 나는 내 일을 해야 했다. 요양병원에서 건네 온 차트를 훑어보니 그는 2남 중 차남. 어쩌면 저 사람은 오늘 오지 않은 형과 자신이 유산을 똑같이 분배받는다는 사실이 못마땅한 걸까. 자세한 사연이야 캐물어 볼 수 없지만 호기심이 가만히 내버려두지 않았다.

"어떻게 이런 제도를 알게 되셨어요? 누가 소개해주던가요?"

남자가 경계의 고삐를 늦추지 않고 내게 따지듯이 되물었다.

"요즘은 부동산에만 가도 다 그런 이야기는 합니다. 그런데 선생님이 그런 걸 알아야 될 이유가 있는 겁니까."

남자의 말은 틀린 말이 아니었다. 할머니의 과거력을 보니 바닷가 쪽에서 오랫동안 할아버지와 어장을 했고, 할아버지가 돌아가신 뒤 할머니가 관리했다고 되어 있었다. 어찌 됐건 간단한 인지기능검사를 해야 했다.

"어르신, 올해가 몇 년이죠?"

이번에도 아들이 끼어들었다.

"아무것도 몰라요, 어무이. 그냥 요양병원에서 앉았다 누웠다 하는 것밖에 없어요. 산송장입니다. 이런 말을 해도 못 알아들어요."

바로 옆에 있는 사람을 두고 산송장이라니. 할머니가 알아들으면 어떻게 하나 무안해하는 나와 달리, 아들은 태연하게 웃으면서 자신의 어머니를 쳐다보았다. 할머니는 역시 아무 표정이 없었다. 그러다가 아들을 보며 입을 크게 벌렸다. 의기양양해진 아들이 말했다.

"말도 거의 다 까먹었어요. 요양원에서도 저렇게 입을 갑자기 벌린다고 합디다. 한 시간이고 두 시간이고."

"어르신, 입을 왜 벌리고 계세요?"

몇 번을 되물으니 할머니가 대답했다.

"벌레 먹고 있어."

잘 알아들을 수 없었지만 분명히 그렇게 말했다.

"맛없지 않아요?"

'벌레 없어요. 어디에 벌레가 있다는 말씀이세요'라고 물어볼 수는 없었다. 조현병에서 환자가 망상이나 환각을 말할 때 의사가 해야 하는 반응의 대원칙은, 긍정도 부정도 하지 않는 것이다. 이론상으로는 간단하다. 하지만 환자와 면담할 때 어떤 뜻밖의 말이 나와도 놀랍지 않은 정신과 특성을 감안하더라도, 긍정도 부정도 하지 않는 것은 결코 간단한 일이 아니다. 할머니는 현재 인지기능이 떨어졌을 뿐 아니라, 환각이 관찰되는 정신증적 양상까지 보이고 있었다. 내 질문에 짧지만, 진지하게 대답했다.

"맛있어."

옆에서 지켜보던 아들이 기가 막힌다는 듯이 거들고 나섰다.

"지난번에도 한 시간 넘게 저러고 있어서 물어보니 그때는 남자 둘이서 싸우면서 입을 벌리라고 시켰대요. 저도 못 알아보면서 저런 엉뚱한 행동을 하니…. 어쨌든 선생님, 저도 바쁘고 어무이도 밖에 이리 오래 있으면 힘드니 빨리 검사하고 끝내주세요."

할머니는 여전히 입을 벌리고 알 수 없는 웃음을 짓고 있었다. 그런 할머니를 뒤에 둔 채 아들이 요양병원 진료기록지를 나에게 넘겨주었다. 고혈압, 뇌졸중 기왕력과 함께 뇌 자기공명영상 사진에 대한 판독도 첨부되어 있었다. 예상대로 대뇌피질의 전반적 위축, 특히 기억을 담당하는 해마의 위축이 눈에 띄었다. 피질이 위축되면 뇌의 빈

공간은 커진다. 이른바 뇌실의 확장. 말하자면 기능을 하는 뇌는 작아지고, 작아진 공간이 텅텅 비게 된다.

어쩔 수 없는 직업병이 도졌다. 저 남자는 지금 무슨 생각으로 저렇게 재촉하는 걸까 궁금했지만 더 이상 묻기는 어려웠다. 외래로 온 환자에게 가장 흔하게 하는 치매검사를 실시했다. 간이정신상태검사 Mini-Mental Status Examination. 20분 남짓이면 가능하다. 할머니의 간이정신상태검사는 30점 만점에 2점. 물건을 가리키며 이름을 묻는 질문 두 가지에만 대답할 수 있을 뿐이었다. 명백한 치매.

"언제부터 이러셨나요. 요양원에 계셨으니 등급 같은 건 알아보셨겠네요. 요양원에서 치매약은 드시고 계세요?"

내 질문에 남자는 마음이 누그러진 것 같았다.

"글쎄, 그런 것까지는 잘 모르겠습니다."

남자의 솔직한 대답에 내가 덧붙여 설명했다.

"어르신 혈압약이랑 관절약 같은 것만 해도 한 움큼 될 텐데 치매약까지 드시고 계실지는 저도 잘 모르겠어요. 이미 진행이 너무 많이 된 것 같기는 한데요. 인지기능 저하와 별도로 저렇게 정신증적 양상이 뚜렷하면 그것에 대해서는 조절해주시는 것도 괜찮거든요."

자신이 원하는 대로 진단명이 나올 것이 확실해지자 남자가 자신의 이야기를 풀어놓았다.

"형제라고 해야 저하고 형밖에 없어요. 형은 동네에서 알아주는 수재였는데, 어느 순간 술독에 빠지더니 지금은 거의 치매 환자예요, 치매. 알코올로도 치매가 되잖아요. 선생님, 그렇죠?"

"알코올성 치매가 있을 수는 있지요."

그의 형을 직접 보지 않은 상황. 난 긍정도 부정도 할 수 없었다. 그러나 알코올성 치매가 있을 수 있다는 말을 그는 아전인수 격으로 해석했다. 형이 알코올성 치매라는 데 내가 동의라도 한 것처럼.

"그런데 노인네 지금이 어떤 세월인데 아직도 장남, 장남 노래를 불러요. 어장에서 조개 키워서 저희 형제 다 살았어요. 그런데 그게 형 손에 들어가면 바로 다 술로 바뀔 겁니다. 형수도 그걸 뻔히 알면서도 어무이를 자기가 모셨다고 계속 그 말만 하고…. 저도 사실 힘듭니다, 선생님."

대략의 스토리가 짐작이 되었다. 어머니의 유산은 민법에 따르면 N분의 1이겠지만, 따로 유언이 있을 가능성이 커 보였다. 형수와 차남의 대결 구도. 차남은 어머니의 치매가 증명되어야 유리해지는 상황이다. 대기업 총수나 유명 정치인 자식들의 재산 싸움과 다를 바가 없었다. 재산의 규모만 차이가 있을 뿐. 씁쓸한 생각이 들었지만 내가 관여할 일은 아니었다. 질환에 대해서만 설명을 덧붙였다.

"말씀하신 것처럼 치매에도 여러 종류가 있어요. 보통 치매라고 하면 알츠하이머 치매를 말하죠. 하지만 혈관성 치매도 있고, 파킨슨병으로 인해 생기는 경우도 있어요. 그리고 어떤 경우에는 정신감정을 위해 입원이 필요한 경우도 있는데, 어르신은 입원까지 하지 않아도 될 것 같아요."

"아이고, 우리 어무이. 입을 아직도 저러고 계시네. 스트레스 받아서 더 그러시는 것 같은데."

"빨리 계시던 데로 돌아가세요. 나머지 절차는 밖에서 설명 들으시면 될 것 같고요."

'그럼 어머니는 어떤 종류의 치매인가요?'라고 물어볼 줄 알았는데, 아들은 관심이 없었다. 아들의 관심은 피성년후견인을 위한 서류와 입원 여부였다.

입원하지 않아서 다행이라고 말하는 남자의 얼굴이 환했다.

"선생님, 감사합니다. 건강하십시오."

남자는 인사를 꾸벅하고는 급하게 진료실에서 나갔다. 창문을 통해 밖을 보니, 남자는 아내로 보이는 사람과 환하게 웃고 있었다. 어머니를 치매라고 진단하자 보호자인 아들이 보여준 웃음, 내가 본 환자 가운데 그 누구도 짓지 않은 환한 웃음이었다.

이게 언제
끝이 날까요?

망상일까, 치매일까?

물론 이렇게 딱 떨어지는 상황만 있는 것은 아니다. 80세 이상 인구의 25퍼센트가 걸린다는 알츠하이머 치매. 기혼자의 경우 80세가 넘은 자신의 부모와 배우자의 부모가 모두 생존했다고 치면 확률상 그중 한 분은 치매에 걸린다고 볼 수 있다. 여기에 다른 요인으로 인한 치매까지 고려하면 실제 환자 수는 그보다 더 많아진다. 그렇지만 외래에서 살펴보는 것만으로 치매라고 진단하기 어려울 때가 있다. 그런 경우는 어쩔 수 없이 입원을 통해 증세를 관찰해야 한다.

작고 마른 몸이지만 나이에 비해 단단해 보이는 88세 남자. 동행한 보호자는 아들. 할아버지도, 아들도 불만이 가득한 표정이었다.

이런 경우 아들에게 병력을 청취하면 더 수월할 것 같지만, 면담의 대원칙은 당사자에게 먼저 듣는 것이니 아들에게는 일단 밖에서 기다리라고 말할 수밖에 없다.

"아버님, 여기 무슨 일로 오셨어요?"

이전 병원 진료기록지도 없다. 할아버지는 여전히 화난 얼굴로 아무 대답도 하지 않았다. 88세. 역시 치매 가능성이 높은 걸까. 검사하기가 수월하지 않을 것 같았다. 바로 보호자가 들어와야 하는 상황일까. 망설이고 있을 때 할아버지가 자신의 오른쪽 귀를 가리키면서 고개를 저었다. 노인의 인지기능을 검사할 때 흔히 있는 상황이다. 청력이 떨어져서 질문 자체가 잘 들리지 않는 경우가 흔하다. 기억력이나 판단력은 생각보다 좋을 수도 있었다. 할아버지는 오른쪽 귀를 가리키고 있었다. 순발력을 발휘해서 왼쪽 귀에 대고 크게 질문했다.

"아버님, 올해가 몇 년일까요?"

할아버지가 망설이지 않고 대답했다. 이어 날짜, 요일, 계절까지 모두 정답. 시간 지남력은 온전하다는 것이 확인되었다. 심지어 계절에서는 '이 정도 되면 늦봄이라고 하나, 초여름이라고 하나'라고 되묻기도 했다. 정확하고 꼬장꼬장한 성격의 단면이 보였다. 장소 지남력 또한 온전한 상태였다. 물건을 가리키며 단어의 이름을 묻자 버럭 화를 냈다.

"의사 양반, 지금 뭐 하는 거요. 내가 바보인 줄 아시오? 이런 걸 왜 물어요. 당신까지 우리 집사람이랑 짜고 이러는 거요?"

치매에서 흔히 볼 수 있는 질투망상 가능성이 커 보였다. 기세가 오른 할아버지가 다시 물었다.

"내가 그래서 아들놈에게 여자 의사는 절대 안 된다고 했는데. 왜 선생까지 엉뚱한 소리를 하는 거요?"

상황이 심상치 않음을 눈치 챈 간호사가 들어와서 쪽지를 주고 갔다. 쪽지에는 '석미영 씨 남편'이라고 적혀 있었다. 석 할머니 남편이구나. 간호사는 정보를 주려는 의도였지만 상황은 더욱 좋지 않은 쪽으로 흘러갔다.

"그 쪽지는 뭐요? 왜 나 몰래 그런 걸 주고받고 그래요."

석 할머니의 고단한 얼굴이 지나갔지만 말해서는 안 된다. 대기 환자가 많아 알려준 것이라고 안심시킨 뒤, 입원 절차를 밟아야 한다. 물론 할아버지를 입원하라고 설득하기는 매우 어려울 것이다. 하지만 할아버지를 치매라고 바로 단정할 수가 없었다. 입원해서 적어도 2주 정도는 병동 생활을 관찰하고, 검사를 진행해야 배제진단이라도 할 수 있을 것 같았다. 할아버지의 입원이 가족 중 누구에게 이득이 될 것인가 잠시 생각해보았지만 오리무중이었다. 그때 석 할머니와 아들이 다가왔다.

일흔여덟에 처음 정신과에 방문한 환자

석 할머니는 초면이 아니었다. 더 정확히 말하면 환자로 본 지 반 년째였다. 석 할머니는 할아버지에게 나한테 상담받은 사실이 알려지는 것을 극도로 두려워하는 눈치였다. 당연했다. 할머니를 처음 봤던 날이 머리를 스쳤다.

"선생님, 살다 살다 세상에 그런 요상한 병이 다 있습니까."

나이를 보니 일흔여덟. 혼자서 정신과를 방문하기에 적은 나이는 아니었다. 농사일을 하시는지 거뭇거뭇한 피부 때문에 나이보다 훨씬 더 들어 보였다. 거뭇한 피부에 주름까지 깊게 파여 그렇지 않아도 평범한 이목구비가 더욱 눈에 띄지 않았다. 고개를 푹 숙이고 긴 한숨을 내쉬는 할머니에게 내가 물었다.

"어르신, 오늘 혼자 오셨어요?"

차트를 얼핏 보니 정신과 외래는 처음이었다. 여든이 다 되어가는 할머니가 난생처음 정신과를 방문했다. 그것도 혼자서. 분명 흔치 않은 경우였다. 게다가 당시 내가 근무한 곳은 정신과라는 말조차 생소한 농촌 지역이었다. 주민들은 대부분 양파를 재배하고 벼농사를 지었다. 그 마을에서 가장 번화한 곳을 통칭해서 시내라고 불렀으며, 시내를 조금만 벗어나면 이제 도시에서는 흔적도 볼 수 없는 정미소나 이발관 같은 작은 가게들을 흔치 않게 만날 수 있는 곳이었다.

저 나이에 정신과 외래를 방문하는 경우는 공통점이 있다. 진단은 90퍼센트 이상 치매. 당연히 혼자 오는 경우는 없고, 가족 또는 요양원 직원이나 요양보호사를 동반해 진료를 받으러 온다.

인생 후반기에 새롭게 정신병이 발병하는 경우는 드물다. 우울증은 전 연령대에 걸쳐 있지만 조현병이나 공황장애 같은 경우만 봐도 주로 처음 발병하는 연령대는 20대다. 인생 후반기에 발병한 정신과 질환의 경우 진단은 치매 하나로 단순하게 보이지만, 실상은 그렇지 않다. 치매는 모든 정신 증상의 집합체. 환자나 보호자마다 호소하는 증상이 다양하기 때문이다. 가장 뚜렷한 증상은 기억력 감퇴로 시작되는 인지기능 저하. 하지만 우울감, 환시, 공격성 등 증상의 스펙트럼은 매우 넓게 펼쳐져 있다.

이 모든 것은 보호자 입회를 전제로 환자가 치매로 확진된 경우에 해당하는 이야기다. 암과 같은 경우 확진은 조직검사로 결정된다. 그러나 알츠하이머성 치매의 경우 조직검사로 확진할 수 없다. 연구 목적으로 사후 뇌 조직을 검사하는 경우도 있지만, 생전에 뇌 조직검사를 할 수는 없다. 그래서 최종 진단은 임상의의 결정에 따른다. 치매가 아니라면 무엇일까. 혹시 치매로 길을 잃고 온 걸까. 여러 가지 가능성이 머리를 스쳤다.

다시 살펴봐도 할머니의 동반자는 없다. 오른팔에 들고 있는 지팡이가 유일한 동반자였다. 자리에 앉자 할머니가 주위를 두리번거리더니 마른기침을 하기 시작했다.

"아무래도 내가 먼저 가지 싶소. 사람을 말려 죽일 작정이 아니라면 어찌 그리 사람을 못살게 구는지 모르겠소. 가슴에 돌덩이가 눌리는 것 같고, 아무것도 할 수가 없어요. 자다가도 몇 번을 깨는지 몰라요. 옆집 아지매가 이걸 먹으니 잠이 잘 온다면서 주더라고요. 남사스러워서 다른 사람들한테 우리 양반 험담을 할 수도 없고. 내가 갑갑증이 나서 잠을 못 잔다고 했더니 이 약을 주던데. 그날은 모처럼 푹 잤어요. 선생님, 나 이 약 좀 더 먹어도 되는 거요?"

할머니가 내민 약을 보니 알프라졸람과 로라제팜. 대중적인 진정제 가운데 하나였다. 호흡 억제 작용이 있어 천식이 있거나 폐 기능이 떨어진 노인에게는 주의해야 하는 약물. 이 시골 마을에서 공공연하게 주고받기에는 위험한 물건이었다. 게다가 할머니는 계속 기침을 하고 있는 상황. 천식이나 만성 폐쇄성폐질환이 있을 가능성을 배제할 수 없었다. 순간 아찔해졌다. 이런 약을 함부로 드시면 안 된다고 말하고 싶었지만 그럴 타이밍이 아니었다.

원칙적으로 정신과 면담의 순서는 주호소를 먼저 묻는 것이다. 현재 상태에 집중하라는 의미. 이후 과거력, 수술력, 내과력, 가족력 등을 묻는다. 이번 경우로 대입해보면 할머니의 주호소는 불면, 불안, 우울 정도로 정리된다. 하지만 중요한 것은 그게 아니었다. 할머니 증상의 8할은 옆 사람의 요상한 병 때문인 것 같았다. 할아버지의 요상한 병을 할머니가 감당하기 힘든 지경에 이른 것이다. 도대체 어느 정도기에.

"이쪽이 원래 할아버지 고향인데, 고향 온 지 한 20년 되었어요. 젊은 시절에 객지에서 험한 일 하다가 나이 다 들어서 고향으로 왔으면 편하게 살면 얼마나 좋아. 그런데 한 2년 전부터 회관에 할마이들한테 놀러 나간다고 하면 이장한테 선물 주러 가는 거 아니냐고 하면서 도끼눈을 떠요."

할머니에게 지옥이 시작된 것은 그때부터였다. 할아버지의 망상은 점점 더 구체적이 되었고, 이에 비례해 사례들은 점점 독창적이 되어갔다. 당연히 망상의 빈도도 증가했다. '지난번 시장에서 사온

오리알이 왜 두 개가 비냐', '여름에 늙은이가 왜 치마를 입냐', '다리를 벌리려고 치마를 입는 거냐'라는 말을 들을 때는 할머니도 화가 나서 소리를 쳤다고 했다.

"어떻게 화를 내셨는데요?"

2년 넘게 망상에 사로잡힌 남자와 한집 생활을 하는 할머니. 남존여비 사상이 기본으로 깔린 상황에서, 무학의 시골 노인이 화를 낸다고 해도 큰소리를 치지는 못했을 것이다. 어쩌면 심리적으로 길들여진 상태일지도 모르고.

"더워서 치마를 입는다고 말했어요."

할머니의 항변은 힘이 없었다. 할아버지가 집착하는 것은 할머니의 성적인 부분이었다. 결국 속옷을 검사한다고 하지 않았을까. 그래서 치마를 찢었냐고 묻자, 할머니의 표정이 미세하게 바뀌었다.

"그 양반이 때리거나 하지는 않아요. 험한 일을 했어도 사람을 함부로 대하고 그러는 이는 아니에요. 계산도 잘하고 얼마나 깔끔을 떠는데요."

할머니는 이상하게 할아버지 편을 들고 있었다. 어쨌거나 상황은 마무리해야 했다.

"그래서 옷을 어떻게 하셨나요?"

"내가 치마를 벗고…."

할머니가 잠시 뜸을 들였다. 이유가 짐작되었다.

"괜찮아요, 편안하게 말씀하시면 돼요."

"빤스 검사를 받았어요. 그놈하고 있었는지 본다고."

성 기능이 퇴화한다고 성욕이 없어지는 건 아니긴 하지만, 할아버지의 망상은 도를 넘고 있었다.

"보면 알 수 있다고 합니까. 그런 게?"

어이가 없어서 나도 모르게 할아버지에게 할 질문을 할머니에게 하고 말았다. 할머니는 길들여진 상태와 저항하는 상태 중간에서 갈팡질팡하고 있는 것이 분명했다.

"말했잖아요, 그 양반이 똑 부러진다고. 자기는 뭔 차이를 아는 게 있기는 하니까 저러지 않겠소."

할머니의 입장은 정리가 되어 있지 않았다. 할머니는 어떤 면으로는 할아버지를 자랑스러워하는 것 같기도 했다. 나도 마음이 복잡했고, 한 번에 정리되지 않았다. 일단 보류.

"오늘 정말 잘 오셨어요. 아직 제가 할머니에 대해서도 잘 모르고, 할아버지도 잘 모르니까 뭐라고 말씀드리기는 힘들지만, 정말 힘드실 거 같아요. 옆에서 계속 할머니를 의심하시면요. 의심하는 걸 좀 약하게 하는 약도 있기는 한데요. 할머니가 할아버지를 모시고 오기는 힘들 것 같고요. 우선 오늘은 할머니 지난번에 드시던 약보다 훨씬 편안한 약 하나만 드릴게요. 일주일 뒤에 다시 오세요. 그때까지 식사 잘 챙겨 드시고요."

"의심하는 걸 약하게 하는 약이 있다고요?"

할머니의 눈이 번쩍 뜨이는 게 느껴졌다.

"네. 그런데 제가 할아버지를 봬야 해요. 할머니한테 바로 드릴 수는 없어요."

"그런데 의사 선생님, 우리 양반이 치매인 거요? 텔레비전 보니까 착한 치매도 있다던데. 그이 같은 치매가 아닌가. 똥오줌 안 싸고 욕 안 하니까."

세뇌가 된 걸까. 할머니의 자기기만은 뿌리가 깊었다. 난생처음 정신과 문을 두드릴 정도로 힘들어하면서, 자기 앞에 있는 의사에게 할아버지 편을 들고 있었다. 어떤 식으로든 정리가 되어야 했다. 시간이 가면 힘이 센 쪽으로 정리가 될까. 석 달이 지나고 할머니가 다시 외래를 방문했다. 이번에도 혼자였다. 오른쪽 손목에 파스를 붙인 것이 눈에 띄었다.

이런 이야기를 어떻게 꺼냅니까?

"혼자 오셨어요? 손은 왜 그러세요?"

할머니의 인생에 대한 아무 정보도 없는 상태. 과거력 조사가 필요했지만 현재 호소도 전혀 해결되지 않았다. 다시 원점. 할머니는 이번에도 한숨부터 쉬었다.

"선생님, 진짜 요상한 병이죠. 이제는 하다 하다 매일 손으로 물을 빼달라고 안 합니까."

한 번도 본 적 없는 할머니의 남편. 치매로 추정되는 그의 가장 주된 증상은 질투망상이었다. 흔히 의처증이라고 하는. 순간 할머니의 말이 이해되지 않았지만 할아버지의 증상을 떠올리자 상상이 되었다. 할머니가 말한 물은 정액. 할머니는 화가 난 것 같았다.

"잘 되지도 않으면서 매일 해달라고 하니 나도 속에서 천불이 납니다. 엊그제는 '니가 혼자 좀 해라'라고 했더니 입에 담지도 못할 욕을 하면서 옷을 벗깁디다. 효자손을 들고서는 내 밑을 보자면서. 선생님이 여자라서 이런 이야기를 합니다. 어디다 말할 데도 없고."

"그래서 파스를 붙이신 거예요?"

"손목이 아파요. 되지도 않는데 하려고 하니. 남사스러워서 할마이들한테는 국 끓이다가 데었다고 그랬어요. 회관에만 갔다 오면 더 물을 빼라고 성화니 요즘은 회관도 아예 안 가요. 답답하기는 해도 들볶이는 것보다는 편하니까. 빨리 양단간에 한 사람이 저승을 가야 끝이 나지. 이게 언제 끝이 나겠습니까?"

"그런 말씀이 어디 있어요. 이렇게 건강하신데요. 할아버지가 원래부터 그런 건 아니셨잖아요."

아이 달래듯 할머니를 위로했다.

"나도 그렇고, 그 양반도 그렇고, 다 가난하고 못 배우고 허드레 인생이었어요."

"할머니 고향은 어디세요?"

"그런 게 이제 와서 무슨 소용 있겠소? 학교도 못 다니고 집에서 농사일 하면서 어린 시절은 다 보냈어요. 사과도 따고, 소여물도 주고, 꼴도 베고, 그렇게 살았어요. 아버지는 일찍 돌아가시고, 어머니랑 언니들, 형부들이랑 다 같이 살았어요. 소여물 안 준다고 혼나고, 혼나서 울면 오래 운다고 또 혼나고. 조카 하나가 공부한다고 대구로 간다길래 나도 다 지겨운데 대구로 가자 마음먹고 무작정 집을 나왔어요. 처음에는 식당 막내부터 했는데, 나중에는 함바집에서 밥하는 일을 했어요. 거기서 남자를 상대하다 보니 하루 벌어 하루 먹고사는 인간들은 당최 믿을 수가 없더라고. 도박쟁이, 술쟁이, 여자쟁이. 남자는 그거 세 개만 아니면 되는 거 같았어."

무학의 할머니는 교양이 있었다. 자신보다 족히 서른 살은 어린 의사에게도 꼬박꼬박 존댓말을 썼다. 그러다가 공사장 식당 이야기가 나오면서부터 반말이 섞이기 시작했다. 마음이 편해지고 있다는 뜻이리라. 나는 정서적 개입 없이 고개만 끄덕이며 할머니의 이야기를 계속 들었다.

"그 사람들은 매일 현금을 만지니까 그 맛에 다른 일을 못 하는 거야. 도박쟁이들은 대부분 도박하다가 이혼당하고 온 사람들이 많았는데, 일을 도와주면서 환심을 사려는 사람들은 십중팔구 도박쟁이들이야. 그 사람들한테는 함바집 아줌마들이 제일 빨리 꺼내 쓸 수 있는 지갑이거든. 객지에서 혼자 있는 게 싫어 나도 도박쟁이랑 살다가 3년간 모은 돈을 날린 적도 있어. 그때는 정말 죽고 싶더라고. 농약을 마실까, 목을 맬까, 하루에도 몇 번씩 생각했어. 그래도 목구멍이 포도청이라고 일하다 보니 잊어버리게 되더라고."

"할아버지도 그렇게 만나셨어요?"

"처음엔 그 양반이 그렇게 든든할 수가 없었어. 술쟁이는 둘 중 하나야. 반미치광이가 되든지 멍청이가 되든지. 술도 안 마시고, 도박도 안 하니 사람이 깔끔했지. 자기 먹은 자리는 항상 닦아주고 일어나는데 그게 너무 고맙더라고. 그러다가 아직 학교도 안 간 아들이 있다는 걸 알게 됐어. 사람한테 오래 치이다 보니 어린 아들 있는 게 뭐 대수인가 싶더라고."

"그럼 할아버지는 이혼하신 거예요?"

할머니는 이혼이라는 개념도 낯선 것처럼 보였다.

"몰라, 안 물어봤어. 자기도 말 안 하는데, 물어봐서 뭐 하게."

요즘 사람들은 쉽게 이해하기 힘든 사고 구조였다. 가족관계증명서만 발급받아 봐도 알 수 있을 텐데. 그런데 할머니가 가족관계증명서를 읽을 수 있을까. 저렇게 유창하게 말을 하고 있지만, 할머니가 무학이라는 사실이 문득 떠올랐다. 시골 어르신들 중에는 한글을 읽지 못하는 분이 꽤 있었다. 초등학교 의무교육이 시행된 것이 1950년대. 자존심이 상하지 않을까 싶어 묻지 않았던 질문을 할 수밖에 없었다.

"할머니, 글자는 읽으세요?"

할머니가 고개를 가로저었다. 장사를 하지 않았다면 사칙연산도 아주 기본적인 것만 하는 수준일 것이다.

"그 양반이 글도 잘 쓰고, 그런 건 잘했어. 사고가 나도 그런 건 멀쩡하더라고."

복잡한 감정 때문인지 할머니와의 면담은 쉽지 않았다. 한 시간가량 듣고 나서야 할머니도 딸이 하나 있었는데 할아버지를 만나기 전에 일찍 사망했다는 사실을 알게 되었다. 그리고 결국 마흔 살이 넘어 동거하기 시작했다는 이야기도 들을 수 있었다.

할아버지의 학력이나 사회적 상황은 알 수가 없었다. 다만 할머니 눈에 비친 할아버지는 매우 유능한 사람이었다. 한글도 알고, 셈도 잘하고, 글도 잘 썼다. 처음에는 일용직을 하다가 요령이 좋아서 알음알음 용접이나 전기 기술도 배워 일을 하러 다녔다. 그 아버지에 그 아들인지 자신이 낳은 아들이 아니었지만, 아들도 할머니를 어머니, 어머니, 하며 잘 따랐다. 일을 마치고 나면 셋이 밥상에 둘러앉아 저녁을 먹었다. 식당 일을 오래 해서 음식은 자신이 있었다. 같이 살기 전까지 말이 없는 줄로만 알았던 할아버지는 의외로 다정한 구석이 있었다. 어느 날, 마루에서 오순도순 이야기하다 할아버지가 문득 생각난 듯이 할머니를 보며 말했다.

"자네같이 착한 사람이 내 씨를 받아주면 좋을 텐데."

그때 할머니는 쉰 살을 바라보고 있었다. 나이가 든다는 것이 서럽다는 생각이 처음으로 들었다. 빨리 시간이 가서 죽어버리고만 싶었는데. 그렇지만 어쩔 수 없었다. 할머니는 미안하고 서러운 마음에 울지도 못하고 고개만 숙였다. 할머니를 보고 있던 할아버지가 안쓰럽다는 듯이 덧붙였다.

"내가 주책이 심했소. 임자, 미안하오."

착한 아들이 고등학교에 갈 때까지 그렇게 그들은 셋이 함께 살았다. 그사이 소소한 일들은 있었지만 그들의 단란한 가정에 영향을 주지는 못했다. 나이보다 훨씬 젊어 보이는 할아버지는 칠십이 넘어도 자전거, 오토바이를 능숙하게 탔다. 그날도 오토바이를 타고 전기공사를 갔다가 일이 생겼다. 마주 오던 트럭을 피하려다가 무리하게 핸들을 돌리고 말았던 것. 다행히 할아버지는 팔의 골절과 뇌진탕 외에 큰 부상은 입지 않았다. 분명히 큰 이상은 없었는데, 지금 생각해보니 그즈음부터 할아버지의 몹쓸 병이 싹튼 것 같다고 했다.

"그런데 왜 혼자 오셨어요? 아드님이랑 같이 오시지 않고."

"내 배 아파 낳은 자식이 아니라 그런가 아무리 살갑게 해도 어떨 때는 편치가 않아요. 그러니 이런 이야기를 어떻게 꺼냅니까, 남사스럽게."

할머니 스트레스의 거의 대부분을 차지하는 할아버지를 보지 않은 채 처방전을 내미는 게 내키지 않았지만 달리 방법이 없었다. 할머니는 할아버지가 부르기만 해도 놀라고, 저 약을 먹으면 죽을 수 있을까 생각하는 일이 종종 있다고 했다. 불안감과 자살 사고. 최소량의 항우울제가 도움이 될 수 있기를 바라며 다음 예약을 잡았다. 그러나 할머니의 차트는 그날로 끝이었다. 무슨 일이 있는 걸까 궁금했지만 알 방법이 없었다. 그런데 김 할아버지의 보호자로 석 할머니가 모습을 나타낸 것이다.

할아버지의 입원

석 할머니가 내 배 아파 낳지 않았지만 착하다고 칭찬한, 김 할아버지의 아들 영철의 모습을 그렇게 마주하게 되었다. 어머니한테 말씀 많이 들었다고 말할 뻔했지만 진료하면서 들은 정보는 철저히 비밀. 모르는 사람처럼 영철에게 인사했다.

"저러다가 어머니 말려 죽이겠어요. 어머니는 괜찮다, 괜찮다 하시는데 지난 명절에 가서 보고 기겁을 했어요. 아버지한테 돈 만 원을 받고 마실을 갔다 오시는데 500원이 빈다고, 지난번에도 이장한테 선물하더니 또 선물이냐고 화를 내시는데, 대화가 전혀 안 되는 거예요. 아무래도 치매 같아요. 선생님, 입원 되죠?"

"검사를 한번 해보고 결정하지요. 보호자는 누가 계시죠?"

"저하고 어머니요. 아, 어머니가 생모는 아닌데요. 전 사실 생모는 얼굴도 기억 안 나요. 다섯 살 이후로는 못 봐서요."

같이 사는 건 중요한 문제가 아니다. 당연히 했을 거라고 추정하는 혼인신고. 영철은 석 할머니를 '어머니'라고 부르고 있었다. 그래도 확인은 해야 했다.

"생모와는 연락을 전혀 안 하세요? 아버지나 영철 씨 모두?"

"아버지는 모르겠어요. 전 여기 어머니 계신데 연락할 일이 없죠."

영철은 석 할머니를 가엾게 여기고 있었다. 착한 아들이었다.

"먼저 간단한 검사를 한번 해야 합니다. 치매라고 단정할 수도 없고요."

영철이 다급하게 말했다.

"이렇게 간단하지 않은 줄 알았으면 경찰로 바로 갈 걸 그랬나 봐요. 선생님, 이러다가 정말 우리 어머니 돌아가실지도 몰라요. 오늘도 어머니 다리를 차고, 목을 조르고 있는 걸 제가 발견하고 이리로 왔어요. 경찰이라도 불렀다가는 일이 커질 것 같아 급하게 모시고 온 거예요. 왜 그런지는 몰라도 어머니가 다친 모습 보이기 싫다고 진료실 안으로는 안 들어온다고 하네요. 노인네가 겁에 질려서 아버지 옆에 갔다가 맞을까 봐 그런 건지, 입원이라도 하게 될까 봐 걱정돼서 그런 건지."

그러고 보니 석 할머니는 멀리서 영철과 내 대화를 보고만 있었다. 영철의 절박함을 이해한 나는 할아버지에게 간단한 인지기능검사를 실시했다.

치매 선별에 주로 사용하는 한국형 간이정신상태검사를 먼저 실시했다. 할아버지는 놀랍게도 30점 만점에 28점. 심지어 치매약이 건강보험 적용이 되지 않을 정도로 높은 점수였다. 인지기능의 퇴화는 심하지 않다고 하더라도 망상이 뚜렷하고 자해와 타해에 대한 우려가 있었다. 입원 적응증이 되었다. 영철과 나, 간호사까지 동원되어 설득하고 입원을 진행했다. 환자복으로 갈아입고 병동에 올라갔다. 곧이어 나도 컨디션을 체크하러 병동으로 갔다. 수간호사가 나를 보자 볼멘소리로 항의를 했다.

"선생님, 저분 연세가 88세예요. 아무리 입원이 필요해도 저희 병동 손도 모자란데…. 기저귀라도 뜯으면 어떻게 해요. 아까부터 불러도 계속 딴청만 피워서 지금 히스토리(환자의 과거 병력, 즉 고혈압이나 당뇨 등의 내과력과 수술력, 기타 입원력 등을 기록하는 것) 작성도 못 하고 있어요."

수간호사는 김 할아버지를 치매로 단정하고 있었다.

"간이정신상태검사 점수가 28점 나온 거, 외래 차트 안 보셨어요?"

노련한 수간호사가 놓칠 리 없는데, 나이를 보고 지레짐작한 것 같았다. 놀란 수간호사에게 내가 다시 설명했다.

"너무 걱정 안 하셔도 될 거예요. 할아버지 치아 상태 한번 보세요. 노인에게 저렇게 깨끗한 치아는 정말 보기 드문데, 자기관리는 아주 잘하는 것 같거든요. 아마 지금 보청기 빼고 있을 수도 있어요. 아까도 보니까 귀가 잘 안 들리더라고요. 나이도 있고 귀도 잘 안 들리니 인지기능이 떨어졌다고 생각했는데, 이야기해보니 인지는 생생해요. 일단 2주만 있으면서 검사도 좀 하고 지켜볼게요. 치아 상태랑 과거력 보니까 당뇨식이나 다진 밥은 안 해도 될 것 같으니 정상식으로 하고요."

상황 파악이 끝난 수간호사는 벌써 다음 단계를 진행하고 있었다. 나 또한 다음 단계를 진행해야 했다. 머리를 다친 과거력이 있고 나이가 있으니 뇌 영상촬영도 해야 했다. 기본 혈액검사, 소변검사, 심전도, 흉부 엑스레이 등 내과적 검사 지시를 하고 심리 팀에 연락했다. 심리 팀과 일정을 조율하고 있는데, 외래에서 다시 연락이 왔다. 가족관계증명서 때문이었다.

당황스럽게도 가족관계증명서 어디에도 석 할머니의 이름이 없었다. 순간 머릿속이 복잡해졌다. 30년 넘게 같이 살았다고 석 할머니에게 들은 기억이 났다. 사실혼 관계인 건가. 입원 절차를 밟고 있던 영철도 놀란 기색이 역력했다. 영철은 가족관계증명서에 자신은 전혀 기억도 없는 생모가 어머니로 등재되어 있어 다시 한번 놀랐다. 그때였다. 영철이 무언가 기억이 난 듯 말문을 열었다.

"제가 막 중학교에 들어갔을 때였어요. 어느 날, 집으로 전화 한 통이 왔어요. 마침 어른들이 안 계셔서 제가 받았는데 아무 말을 안 하더라고요. 그런데 이상하죠. 아무 기억도 없는데, 직감적으로 생모라는 걸 알았어요. 가만히 수화기를 든 채 5분이나 흘렀을까요. 그쪽에서도 어떻게 알았는지 영철이구나, 하더라고요. 그게 첫마디였어요."

"그래서요?"

생모와 영철이 몰래 해후했을까. 영철이 건넨 이야기는 전혀 다른 방향으로 전개되었다.

"수화기를 붙잡고 아무 말 없이 있었는데 그분이 그러더라고요. 네 아버지가 이혼을 안 해준다. 나는 여기에서 지금 새 가정을 이루고 잘 살고 있는데. 내 말은 씨알도 안 먹히니. 영철아, 오늘 이렇게 목소리도 들은 김에 네가 엄마 위한다고 생각하고 아버지한테 서류 정리 좀 해달라고 한번 말해봐 줘라. 그래도 네 말은 좀 들을지 모르잖니."

순간 정신이 아득해졌다. 지금 무슨 말을 듣고 있는 거지. 설명할 수 없는 복잡한 감정 때문이었을까. 영철은 눈물도 흐르지 않았다. 수화기를 들고 멍하니 있는데 생모가 말을 이었다.

"그때는 미안했다. 하지만 나도 어쩔 수 없었어. 너도 크면 이해할 날이 올 거다."

미안하다고 말은 하고 있지만 생모는 당당했다. 영철은 그 당당함에 더 배신감을 느꼈다. 물론 그날 이후 아버지와 계모, 그 누구에게도 전화 통화에 대해 말하지 않았다. 그리고 그렇게 자신의 마음속에 계모가 어머니로 자리를 굳히게 되었다. 그런데 이렇게 아버지를 입원시키는 날, 다시 그날의 기억을 떠올리게 되다니. 영철은 자신의 운명이 외롭다는 생각이 들었다. 하지만 이내 현실을 깨달았다. 이럴 때일수록 더 냉정해져야 한다.

"선생님, 그럼 아버지 입원에 문제가 생기는 건가요. 가족이라고 해야 저밖에 없는데 어떻게 방법이 없을까요?"

지난 30년 동안 김 할아버지의 아내로, 영철의 어머니로 살아온 석 할머니는 완벽한 남이었다. 그 말은 정신병원 입원을 위한 보호자로서의 역할을 할 수 없다는 뜻이었다. 아무도 증명해줄 수 없는 세월. 어쩌면 다행스럽게도 석 할머니는 이런 상황을 알지 못한 채 병원 벤치에서 아들을 기다리고 있었다.

"병원을 조금만 일찍 오셨으면 일이 간단했을 텐데, 법이 개정되어서 입원 절차가 까다로워졌어요. 결론적으로 말씀드리면, 지금 아버님이 가능한 입원 형태는 두 가지가 있는데요. 예전에는 환자와 보호자 한 명만 있어도 입원이 되었어요. 그런데 지금은 보호입원은 보호자가 두 명이 필요해요. 아버님 같은 경우는 영철 씨와 영철 씨 생모께서 보호자가 될 수 있겠지요. 연락을 하는 건 저희 사회사업실에서 도와드릴 수 있고요."

말을 하면서도 나도 내키지 않았다. 냉정을 찾으려던 영철의 얼굴이 붉게 변하는 것이 보였다. 말문이 막힌 그에게 다시 말했다.

"그렇다면 직접 아버지를 설득해보시는 건 어떨까요. 환자분이 동의하시면 보호자 한 분만 있어도 입원이 가능하거든요."

그제야 영철의 얼굴이 조금 밝아졌다. 영철의 생모가 가족으로 등재되어 있고, 석 할머니는 이름조차 올라와 있지 않다는 사실을 김 할아버지는 알고 있을까. 초등학교만 졸업하고 공사장에서 이런저런 일을 하다가 석 할머니를 만났다고 했는데. 아무리 건강이 좋다고 해도 고령이다. 당장 내일 쓰러진다고 해도 이상하지 않을 나이. 이대로 김 할아버지에게 무슨 일이 생긴다면 석 할머니는 당장 세상에 혼자 무일푼으로 남겨질 것이다.

정신과 의사가 이런 문제까지 개입하는 게 주제 넘는 걸까. 그래도 설명을 해줘야 하나 고민하던 찰나였다. 영철은 아버지를 닮아 상황 판단이 빨랐다.

"아버지는 제가 설득하겠습니다. 그리고 오늘 일은 아버지나 어머니에게 아무 말 하지 말아주세요. 부탁입니다. 제가 아는 변호사를 만나 상황을 파악해보고 연락드리겠습니다. 그동안 선생님은 아버지 돌봐주시면서 어떤 상태인지, 진짜 저 총기 좋던 양반이 치매가 온 건지, 아니면 혹시라도 머리에 무슨 문제가 생긴 건 아닌지 알아봐주세요."

각자의 역할이 정해졌다. 영철의 역할은 환자인 할아버지의 동의를 받아내는 일. 그가 성공한다면 입원의 형태는 동의입원이 될 것이다. 두 명의 보호자가 필요한 보호입원이 아닌, 환자와 보호자 한 명의 동의로 이루어진 동의입원. 석 할머니는 보호자가 될 수 없고, 생모에게 연락하는 건 내키지 않으니 방법은 그것밖에 없었다. 아이러니하게도 이 사태의 최대 피해자라고 할 수 있는 석 할머니는 아무 역할이 없었다. 김 할아버지가 없는 집에서 조금은 편안하게 며칠간 쉬는 게 할머니의 몫이었다. 나도 내 역할을 해야 했다. 혈액검사, 영상검사 모두 다 필요하지만 할아버지의 입으로 말하는 할아버지의 상태부터 들어야 했다. 그것이 가장 중요한 내 일이었다.

그때는 사는 게 다 힘들었으니까

할아버지의 유년을 묻자 심드렁하게 대답했다.

"그때는 사는 게 다 힘들었으니까. 6·25 전쟁 나고 나서 논에 떨어진 총알 껍데기를 주워서 놀고 그랬지. 학교도 보통학교만 겨우 졸업하고 일하러 다니고 그랬고."

할아버지는 나를 경계하는 것 같았다. 그래도 나는 면담을 계속해야 했다.

"무슨 일을 하셨는데요?"

"잘 안 들려. 더 크게 말해."

그제야 할아버지의 청력이 내가 생각한 것보다 더 나쁘다는 것을 알 수 있었다. 목소리를 높여 다시 묻자 할아버지의 표정이 조금 풀렸다.

"부산으로 가서 현장에서 이런저런 일 하다가 영철 어미를 만났어. 도장도 하고, 용접도 하고, 안 한 게 없었어. 소개받은 여자였는데 너무 고집이 세서 영철이 어릴 때 헤어졌지."

이때다. 질문해야 할 타이밍이었다.

"그럼 이혼하신 거예요?"

순간 김 할아버지의 표정이 굳어지더니 고개를 가로저었다. 뭐지? 헤어지는 건 이혼했다는 말 아닌가. 어쨌든 이로써 가족관계증명서에 생모가 남아 있는 건 실수가 아님이 입증되었다. 할아버지는 의도적으로 서류를 정리하지 않은 것이다. 이유가 궁금했다.

"여자가 고집이 세더니 어느 날 도망가버렸어. 그런 괘씸한 여자한테 내가 왜? 내가 잘못한 것도 아닌데 이혼을 왜 하나. 의사 선생이라면 그렇게 하겠나?"

할아버지는 화를 내고 있었다. 네가 나와 이혼해서 자유롭게 사는 꼴은 볼 수 없다는 소유욕이 느껴졌다. 거기에는 영철의 생모라는 것도 한몫했을지도 모른다. 할아버지는 화가 풀리지 않는지 계속해서 생모를 욕했다.

"여자가 돈도 함부로 쓰고, 남자한테 웃음이나 흘리고 다니고. 돈 관리도 못 해서 내가 차곡차곡 모은 돈도 어느 날 보면 다 없어졌어. 쓸데없이 멋이나 부리고, 다른 남자들 선물도 사주고. 그러고선 어디서 자기가 도망이야."

데자뷔. 이건 석 할머니가 나에게 호소했던 말과 일치했다. 영철의 생모가 도망간 이유와 석 할머니가 나를 찾아온 이유는 어쩌면 똑같을지도 모른다. 그렇다면 분명 할아버지는 젊은 시절부터 의처증 증세가 있었을 것이다. 그러다가 영철의 생모가 도망가는 사건이 생기고, 혼자만의 세계에 빠져 살았을지도 모른다. 영철의 생모보다는 훨씬 순해 보이는 석 할머니를 만나 처음 얼마 동안은 별 탈 없이 지내

오다가 어떤 계기로 다시 의심의 촉이 발동되기 시작했을 가능성이 커 보였다.

"할아버지, 어디 다친 적은 없으세요?"

"오토바이 타다가 팔 다치고, 머리 부딪혔는데, 그거 말고는 없어. 이 나이 먹도록 크게 다쳐본 적도 없고 쌩쌩하지. 이빨도 이거 다 내 거야. 배움은 짧았지만 평생 일거리가 떨어져본 적은 없어. 여자 굶겨본 적도 없고. 굶기는 게 다 뭐야. 한의원도 다니라고 돈도 주고 그랬지. 그런데 이 여자도 처음에는 착했는데 바깥으로 나돌더니 그때부터 이상해졌어."

휴화산처럼 잠복해 있던 할아버지의 의심. 분명 도화선이 있었을 것이다.

"할아버지 사고 나셨으면 할머니가 옆에서 많이 도와주시지 않았어요?"

사고 직후부터 의심이 생겼는지 알아볼 필요가 있었다.

"그때는 괜찮았어. 그런데 최근 몇 년 사이에 그래. 나는 아직도 쌩쌩한데 이장만 보면 좋다고 선물을 주고. 내가 준 돈으로 왜 이장한테 선물을 갖다 바치고 그래."

할아버지의 목소리가 커지자 간호사가 노크를 했다. 간호사를 보자 할아버지는 태도가 바뀌어 얌전하게 인사를 하고 나갔다.

"병동에서는 어때요. 개인 위생은 걱정한 것보다는 괜찮죠?"

할아버지가 갔는지 살핀 뒤 간호사가 대답했다.

"선생님 말씀이 맞더라고요. 깔끔하기는 정말 깔끔해요. 개인 위생은 손 갈 게 하나도 없어요. 심지어 노인들 특유의 그런 냄새도 전혀 안 나더라고요. 식사도 마치면 그릇 정리까지 싹 해놔서 주방 여사님들도 좋아하세요. 그런데 나이는 못 속이는지 눈이랑 귀가 많이 안 좋은 거 같기는 하더라고요. 바로 앞에 사람이 있는데도 못 보고 걷다가 부딪힐 뻔했어요. 보청기를 껴도 완전하지는 않은지 저희가 투약 시간이라고 방송을 해도 못 듣고요. 참, 혈변을 한 번 봤어요. 혈액검사상 아네미아(빈혈) 소견도 보이고, 나이도 있고 해서 더 검사해야 하지 않을까 싶어요."

"변 색깔은요?"

"할아버지가 깔끔을 떨어서 그건 못 봤다고 하던데, 다음에 확인해볼게요."

노인의 혈변. 좋지 않은 징후다. 혈변은 크게 선홍색을 띠는 혈변과 짜장면 소스 같은 색을 띠는 흑변으로 나뉜다. 흑변은 상부 위장관 출혈로 인해, 혈액 속 헤모글로빈이 위산과 반응해 흑색을 띠게 되는 경우다. 대장이나 직장, 특히 항문에 가까울수록 혈변의 색깔은 선홍색을 띤다. 선홍색 혈변의 경우 치핵 같은 경미한 질환일 수도 있지만, 노인의 경우 대장질환도 배제할 수 없다. 망상이든 치매든 시급한 문제는 혈변이었다. 김 할아버지의 내과 진료 일정을 잡았다.

다른 검사를 해봐야 알겠지만, 어쩌면 휴화산을 다시 점화시킨 것은 뇌의 문제가 아닐 수도 있다. 영리한 머리와 재주를 지녔어도 많은 사람이 학교 교육을 받지 못하던 시대. 할아버지는 피해의식이 자신도 모르게 똬리를 틀었을 수도 있다. 자신보다 약하고 못났다고 생각하는 사람이 자신을 무시하면 견딜 수 없어지기 때문에 방어가 발동한다. 의심이다.

그런데 문제는 세월이었다. 분명히 할머니는 자신보다 모자란 사람인데, 어느 순간부터 무시하기 시작한다. 왜냐하면 자신은 귀가 잘 안 들리고, 눈이 잘 안 보이니까. 아직 미각은 살아 있는데 된장찌개 간을 엉망으로 해놓고는 제대로 했다고 우긴다. 저는 밖에서 다른 놈이랑 더 맛있는 걸 먹고 왔으니 나는 뒷방 늙은이 취급을 하는 거겠지. 그러고 보니 몇 년 전부터 수요일마다 성당을 다닌다고 하는 것도 수상했다. 처음에는 같이 가자고 하더니 내가 몇 번 반응을 보이지 않자 신부님, 신부님 노래를 부르는 것도 마뜩잖았다.

물론 치매에도 의심, 피해망상이 있는 경우가 흔하다. 돈을 훔쳐간다고 자신의 옷 주머니마다 돈을 넣어두는 예는 드라마에서 너무 많이 봐서 이제 진부할 지경이다. 밥에 독을 탔냐고 화를 내는 피독망상 또한 흔하다. 그러나 김 할아버지를 치매라고 단정하기에는 모든 기능이 나이에 비해 상당히 우수했다. 주치의인 나로서는 일단 병동에서는 별문제가 없다니 다행한 일이었다.

내과 진료 일정을 최대한 빨리 잡고, 그 후 뇌 자기공명영상 촬영 등을 진행하기로 했다. 마침 아버지의 상태를 궁금해하던 영철이 연락해 상의할 것이 있다고 했다. 나 또한 혈변에 관해 설명한 뒤 약속을 잡았다. 대장내시경을 하고 조직검사, 뇌 자기공명영상, 종합심리검사, 내과 검사까지 추가되면서 김 할아버지는 입원 이후 더 바빠졌다.

두 시간 뒤에 바뀐 진단명

인구의 4분의 1이 걸리는 병

"치매 진단을 위해 MRI까지 찍어야 합니까?"

외래에서부터 입원, 입원 후 병동 생활까지 내가 가장 흔하게 듣는 질문이다. 결론부터 말하면 치매의 종류에 따라 다르다. 그러나 임상 양상으로 보아 알츠하이머성 치매라고 의심이 들 경우에는 뇌자기공명영상이 보조적 진단 도구가 될 수 있다.

서양의학에서 질병 분류는 어찌 보면 기계적이다. 차트에 기록되는 내용은 매뉴얼화되어 있다. 정신과 의사들의 교과서라고 불리는 《정신의학 개요Kaplan and Sadock's Synopsis of Psychiatry》 또한 마찬가지다. 질병의 기록은 대부분 다음과 같은 순서를 따른다.

먼저 질환의 역학을 기술한다. 연령, 성별, 사회경제적 차이에 따른 유병률 들이 역학 부분에 기술된다. 치매 중 가장 흔한 알츠하이머성 치매를 본다면, 이 경우 유병률은 절대적으로 연령과 관계가 있다. 80세 이상 인구의 4분의 1이 걸린다는 것이 최근의 통계다.

다음으로 주로 원인을 기술한다. 원인을 찾다 보면 질환을 하위 범주로 나누는 일이 발생한다. 결국 환자의 증상을 살핀 후 다시 세부 진단이 붙게 된다. 치매의 경우 이 과정이 특히 중요한 이유는 세부 진단에 따라 치료와 예후까지 달라지기 때문이다. 치매를 진단하는데 MRI까지 찍어야 하냐는 질문에 명쾌하게 '예', '아니오'로 대답하지 못하고, 각각 사례마다 다르다고 말하는 것도 바로 이 때문이다.

흔히 치매는 늙으면 걸리는 병쯤으로 인식하고 있지만, 치매의 원인을 보다 보면 그렇지만은 않다는 것을 알게 된다. 《최신정신의학》 6판에 따르면 치매가 의심되는 환자를 다룰 때 의사는 다음 세 가지를 먼저 고려해야 한다.

첫째, 이 환자는 정말로 치매 환자인가.

둘째, 치매 환자라면 어떠한 증상을 보이는 치매인가.

셋째, 치매의 원인이 무엇이며, 치매 과정이 가역적으로 호전될 수 있는 성질인가.

첫 번째 사항과 관련해서는 가성치매pseudodementia라고 불리는 노인성 우울증과 구별해야 한다. 치매와 가성치매의 가장 인상적인 차이는, 인지기능에 대한 질문을 했을 때 치매의 경우 답을 맞히기 위해 애쓰지만 가성치매의 경우는 오히려 답을 맞히지 못한 것을 과장하는 경향이 있다. 따라서 답을 맞히도록 격려하거나 힌트를 주면 맞히는 경우도 많다. 당연히 뇌 자기공명영상 소견도 정상이다. 환자가 진실을 말하지 않을 때 도움이 된다는, 아미탈 면담을 진행해볼 수도 있다.

1930년대 초 윌리엄 블렉웬William Bleckwenn이라는 의사가 정신질환자들과 면담을 시행하다가 그들에게 진실을 듣기가 쉽지 않음을 깨닫고 한 가지 실험을 해보기로 한다. 그것은 다름 아닌 아미탈 소듐이라는 진정 및 마취 효과를 가진 주사제를 놓아 환자를 수면 상태나 최면 유사 상태로 만드는 것이다. 예를 들어 수면 내시경을 할 때 환자 자신은 기억을 못 하지만 잠꼬대처럼 말하는 경우가 있다. 이때 질문을 하면 진실하게 내답을 하는데 이와 같은 원리를 이용한 것이 아미탈 면담이다. 실제로 치매와 가성치매를 구별하기 위해 아미탈 면담까지 시행하는 것은 지나친 감이 있다. 물론 진단 여부가 실제적으로 매우 중요한 경우, 예를 들어 법정에서 유무죄를 가려내야 하는 경우에는 고려해볼 수 있다.

두 번째와 세 번째 고려 사항은 사실 하나로 볼 수 있다. 뭉뚱그려서 치매라고 명명되지만, 치매는 증상이 매우 다양하다. 치매라고 진단할 때 관찰되는 주요 증상은 인지장애와 정신행동증상이다. 치매의 기억상실은 만성적이며 대부분 비가역적이다. 옛날 기억은 오래 보존되지만 최근 기억은 손상된다.

정신행동증상 중 가장 흔한 것은 무감동apathy이다. 흔히 언론에서 착한 치매, 못된 치매라고 구별하면서 자신의 어머니는 화내지 않아서 착한 치매라고 말하는 경우 무감동 증상일 때가 많다. 망상, 환각, 성격 변화 등이 나타나기도 한다. 망상, 환각, 무감동. 어딘가 익숙하지 않은가. 그렇다. 이것은 조현병과 정확히 겹치는 지점이다.

조현병 또한 다양한 증상이 나타나는 복잡한 질병이지만, 크게 양성 증상과 음성 증상으로 나누어 생각하면 이해하기가 쉽다. 양성 증상의 대표적인 두 가지는 바로 환각과 망상. 음성 증상은 무언가를 부정하는 것이 아니라 무언가가 없는 증상이다. 조현병이 만성화되면 환자들은 대부분 감정 자체를 상실한 것처럼 보인다. 의욕도 없어진다. 무감동, 무의욕의 상태. 과거 조현병을 조발성 치매Dementia Precox라고 명명한 학자가 있었음은 시사하는 바가 있다. 이에 대해서는 5장에서 자세히 살펴볼 것이다.

그렇다면 이런 다양한 증상을 나타내는 치매의 원인은 무엇일까. 당연히 치매의 원인이라고 밝혀진 바이러스나 박테리아 같은 것은 없다. 원인으로 밝혀진 질환만도 70가지가 넘는다. 그러나 가장 흔한 것은 흔히 노인성 치매라고 말하는 알츠하이머성으로 전체 치매의 절반이 넘는다.

그다음 요인은 혈관성 치매다. 알츠하이머병은 노령이고, 여성일수록 많이 걸린다. 그에 반해 혈관성 치매는 더 젊고, 남성일수록 많이 걸린다. 혈관성 치매는 반복되는 뇌졸중으로 인해 뇌의 여러 부위에 경색이 생김으로써 인지기능이 황폐화되는 것이다. 혈관성 치매는 조기에 원인을 치료해 회복될 수 있는, 대표적인 치료 가능한 치매다. 당연히 알츠하이머병에서 처방하는 약과도 다르다. 피를 굳지 않게 하는 아스피린이 대표적인 치료법이다. 이외에도 파킨슨병, 뇌의 외상, 알코올, 신경안정제, 필로폰, 심지어 에이즈, 즉 후천성면역결핍증으로도 치매가 발생하는 경우가 있다.

치매의 원인이 무엇이든 간에 중요한 것은 김 할아버지의 상태였다. 할아버지의 병동 생활은 그야말로 최고였다. 심지어 지능이 떨어지는 옆방 아이의 세수를 도와주는 오지랖까지 부리기도 했다. 병동에서 반직원, 또는 헬퍼라고 공공연히 부르는 환자의 역할. 말할 것도 없이 병동이 개원한 이래 최고령 헬퍼일 것이다.

한번은 퇴근 준비를 하고 있는데 병동에서 전화가 왔다. 3교대에서 이브닝(보통 3교대는 데이, 이브닝, 나이트로 돌아간다) 순번인 신규간호사였다. 김 할아버지가 입원한 지 열흘이 지나고 있는데 무슨 전화일까. 간호사는 신규답게 다소 엉뚱한 질문을 했다.

"선생님, 할아버지 연세가 저렇게 많으신데 도네페질 안 들어가도 되나요?"

도네페질은 알츠하이머 진행을 늦추게 한다는 대표적인 항치매약물이다. 할아버지의 진단명에 내가 붙여둔 진단은 치매 의증, 망상장애 의증, 경도신경인지장애Mild Neurocognitive Disorder 의증, 우울증 의증. 결국 저 많은 의증은 아직 어느 것도 확신할 수 없다는 말인데, 간호사는 행간의 뜻을 읽지 못한 것 같았다. 이미 할아버지의 상태는 대략 알고 있었지만, 이 병원에 새로 온 간호사가 질문을 하니 나도 좀 더 정확하게 하고 싶었다.

"선생님이 보시기에 알츠하이머로 볼 만한 증상이 있던가요?"

예상대로 간호사는 돌리지 않고 말했다.

"아니요. 실은 병동 생활을 너무 잘한다고 인계는 받았는데, 아무래도 나이가 있고…. 이전 병원에서는 연세 있으신 분들은 거의 다 도네페질을 깔았거든요."

가장 기본적인 정보부터 공유할 필요가 있었다.

"선생님, 간이정신상태검사 점수를 보셨나요?"

"네. 꽤 높은 것 같던데."

병동에서 관리하는 환자만 해도 60여 명. 물론 막 이 병원에 와서 환자의 간이정신상태검사 점수까지 다 외우기는 쉽지 않을 것이다. 내가 덧붙였다.

"놀랍게도 점수가 28점이 나왔어요. 간이정신상태검사상으로 치매라고 보기 어려운데 어떻게 약을 쓰겠어요. 일단 다른 검사 결과부터 조금 보려고요."

전화를 끊고 나니 할아버지의 검사 결과가 나와 있을 것 같은 생각이 들었다. 다시 컴퓨터를 켰다. 아니나 다를까 결과지 세 개가 업데이트되어 있었다. 하나는 협진한 내과에서 보낸 대장용종 조직검사 결과, 다른 하나는 심리검사 결과, 마지막은 뇌 자기공명영상 결과였다. 그때 심리실에서 전화가 왔다. 상황이 서서히 정리되고 있었다.

망상 생성의 원리

심리학과 정신의학은 많은 영역에서 겹친다. 심리학은 주로 정상을 다루고, 정신과에서는 비정상을 다루는 거 아닌가요, 라고 질문한다면 대답은 '아니오'다. 이상심리학이라는 분야가 엄연히 존재하고, 정신과에 방문하는 사람이 모두 비정상인 것도 아니기 때문이다. 현실적으로 가장 큰 차이는 어쩌면 약의 처방권 유무다. 정신과 외래를 방문하는 사람들이 가장 많이 제기하는 불만 가운데 하나가 바로 이것과 결부되어 있다.

"미국 드라마에서 보면 온종일 상담하던데 내 정신과 의사는 약만 한 달 치 주고 끝이야. 진료 시간은 5분이나 될까."

상황이 이렇다 보니 병원에서 근무하는 정신과 의사와 심리실에서는 묘한 긴장감이 흐른다. 심리실에서는 의사들을 약만 아는 사람이라고 보는 경향이 있고, 의사들은 심리실에서 하는 검사에 전적으로 의존해서는 안 된다고 은연중에 교육을 받는다. 어쨌든 이번 김 할아버지의 경우 유능한 심리사의 검사가 필요했다. 다행히 1급심리사 자격증을 딴 지 10년이 넘은 정 선생은 자신의 일에 열정이 있었다. 번호를 보니 정 선생의 방 번호. 나 또한 정 선생의 의견이 궁금하던 차였다.

"선생님, 제가 조금 전에 결과지 올려뒀는데 보셨어요?"

"아직인데, 선생님 생각은 어떠세요?"

성격이 급한 나는 결과지를 읽기 전에 그의 생각부터 묻고 있었다. 정 선생도 성격이 급한 축에 속했다.

"결론적으로 말씀드리면 치매로 보기는 어렵지 않을까 하는 게 제 생각입니다. 나이 변수가 있다고 해도, 모든 기능이 너무 우수해요. 처음에는 저도 일단 치매로 진단을 잡고 진행하려 했어요. 제가 검사를 세 번에 걸쳐서 했는데 첫날은 의사소통이 잘되지 않아서 당연히 그렇게 생각했어요. 그런데 나중에 보니 그날 보청기 배터리가 방전되었더라고요. 문제는 뇌가 아니라 청력이었던 거죠."

문제는 뇌가 아니라 청력이었다는 정 선생의 말을 듣자 그때까지는 전혀 고려하지 않았던 진단이 문득 머리를 스쳐 지나갔다. 총기가 있던 사람이 감각기관이 퇴화하면 어떤 일이 발생할 수 있을까. 자신의 감각기관을 더 이상 믿을 수 없는 그는 자신을 방어하기 위해 정보를 왜곡하기 시작한다. 망상의 씨앗이 자라는 것이다.

망상장애란 정교하게 체계화된 망상이 지속되는 경우를 일컫는다. 망상이 있다고 해서 인격이 퇴행하지 않으며 적절하게 사회생활을 유지하는 경우도 흔히 있다. 조현병의 망상이 비체계적이고, 결국은 인격의 퇴행이 일어나는 것과는 차이가 있다. 망상장애 환자는 스스로 자신을 드러내지 않기 때문에 역학 조사가 어렵다. 미국의 경우 발병률이 0.03퍼센트. 조현병이 인구의 1퍼센트임을 감안하면 현저하게 적은 숫자로 보고되고 있다.

물론 망상장애에도 알려진 위험요인이 있다. 고령, 가족력 등은 짐작이 가능한 위험요인이다. 짐작하기는 쉽지 않지만 인상적인 위험요인은 크게 두 가지다. 그중 한 가지는 사회적 고립으로 통칭되는 조건이다. 교도소정신병Prison Psychosis이나 이민정신병Migration Psychosis이라는 용어는 사회적 고립과 망상의 연관성을 보여주는 실례다. 실제로 망상장애에 걸리면 환자는 정교하게 자신의 사회를 만들어내기도 하는데, 이를 허위사회pseudocommunity라고 한다. 자신만의 허위사회를 역사 공간으로까지 확장해서 만들어낸 실례도 관찰한 적이 있다. 그는 일제 강점기와 조선 시대까지 걸쳐 자신만의 세계를 그럴듯하게 꾸며냈다. 이 경우 등장인물은 실제 인물과 공상 속의 인물이 혼재하기도 한다.

또 다른 망상장애의 위험요인은 다름 아닌 감각의 손상이다. 감각이 손상되면 자신이 본 것을 믿을 수 없게 되기 때문에 더욱더 의심의 벽을 세우게 된다. 노인의 경우 망상장애가 많은 것도 일정 부분 감각의 손상과 연관이 있다. 사회적 고립이 환경적 요인이라면, 감각의 손상은 어찌 보면 내재적 요인이다. 물론 개인차가 있겠지만.

얼핏 보면 사회생활에 방해가 되지 않으며 인격도 건전해 보이는 망상장애. 그러나 망상장애는 자신만의 공고한 의식이 깨지기 어렵다는 점에서 굉장히 자폐적인 질환이다. 망상장애는 망상의 종류에 따라 몇 가지로 나뉘는데, 그중에는 의처증이나 의부증이라고 불리는 질투형도 있고, 고소광의 형태로 나타나는 피해형도 있다. 물론 피해형과 질투형같이 비교적 흔한 유형도 있지만 카그라증후군Capgras Syndrome처럼 이해하기 쉽지 않은 유형도 있다.

카그라증후군은 프랑스 의사 조제프 카그라Joseph Capgras가 1923년 '이중착각'이라는 의미로 처음 기술한 용어다. 자기가 만난 사람은 진짜 그 사람이 아니고 변장을 하고 나타났다는 망상적 확신이다. 병원 환경에서 볼 수 있는 카그라증후군은 대략 이런 식이다. 회진을 하러 온 의사에게 '삼촌이 왜 의사 가운을 입고 여기 옵니까'라고 질문한다. 주변의 모두가 당황하지만 그에게는 그것이 진실이다. 면회를 온 어머니에게도 '진짜 어머니처럼 변장하고 온다고 내가 믿을 줄 알아?'라고 따진다. 어머니로서는 기가 찰 노릇이지만 환자에게는 진실이다. 더욱 황당한 것은 그가 그것 외에 다른 사회적 기능 수행에는 문제가 없다는 사실이다. 망상장애와 조현병, 치매의 가장 큰 감별점이 되는 지점이기도 하다.

프로이트와 같은 정신분석학에서는 망상을 방어기제의 진행으로 보기도 한다. 주된 방어기제는 역시 투사, 즉 행동의 주체를 남으로 돌리는 기전이다.

예를 들어 피해망상이 생성되는 원리는 이렇다.

> 나는 그를 사랑한다. ⇨ (부정과 반동 형성) 나는 그를 사랑하지 않는다. 나는 그를 증오한다. ⇨ (투사) 그를 미워하는 것은 내가 아니다. ⇨ 나를 미워하는 것은 그다. ⇨ 나는 그에 의해 피해를 입었다.

피해망상이든 질투망상이든 당연히 치료는 어렵다. 왜냐하면 치료도 그들에게는 의심의 대상이기 때문이다. 오죽하면 의처증은 죽어야 끝난다는 이야기까지 있을까. 고령, 양호한 사회 기능, 질투망상, 비교적 체계적인 망상. 이쯤 되자 석 할머니가 선물을 주었다는 이장이 정말 존재하는 사람일까 하는 의문까지 들었다. 영철 말에 따르면 할아버지는 은행 일도 혼자 볼 정도로 총기가 있지만.

이번에는 내가 정 선생에게 되물었다.

"혹시 선생님도 인지 쪽이 아니라, 망상장애나 조현병 쪽으로 보고 계신 건가요?"

정 선생의 대답은 역시 예상대로였다.

"네. 망상장애가 가장 가까울 것 같아요. 인지 쪽이라고 쳐도 치매는 아니고요. 경도신경인지장애라고 하기도 어려울 것 같아요. 간이정신상태검사도 그렇고요. 은행이나 병원 업무 같은 복잡한 일도 다 혼자 처리하는데요, 뭐. 혹시 이거 민사 정신감정에 관련된 건가요?"

민사 정신감정이라면 아무래도 정 선생도 더 신경이 쓰일 수밖에 없었다. 다행히 그런 상태는 아니었다. 내가 상황을 설명했다. 현재로는 동거인의 안전을 위해 아들이 입원을 시킨 상황, 즉 자신과 타인의 안전과 건강을 해칠 우려가 있어 입원한 상황이며 법적으로 고려할 것은 없다고. 그렇다고 해도 나이가 있으니 오지랖이 넓은 나는 현재 환자의 상황이 깔끔하게 느껴지지 않았다. 나보다 경험이 많은 정 선생에게 질문을 던졌다.

"만약 보호자가 성년후견 신청을 위해 감정 의뢰를 한다면 어떻게 해야 할지 사실 좀 걱정이에요. 망상이 뚜렷한 것은 확실한데 경제관념이 없는 것은 아니니 말이에요."

정 선생이 답했다.

"선생님, 우선 퇴근하고 오늘은 좀 쉬세요. 원래 이런 게 복잡하고 어려운 일이잖아요. 이런 말씀드리긴 좀 뭐하지만 어르신들은 워낙 또 어떤 병이 있을지도 모르고요. 이렇게 입원한 김에 전신 스캔을 훑게 되면 상황이 또 어떻게 변할지 모르죠."

역시 시야가 넓었다. 그의 말을 듣고 고개를 끄덕였으나 내 호기심은 다시 한번 퇴근을 늦추도록 했다. 역시 뇌 자기공명영상에는 알츠하이머 치매에서 흔히 보이는 뇌실의 확장이나 뇌실질의 위축이 특별하게 관찰되지 않았다. 심지어 기억의 핵심 기관이라고 하는 해마까지도 성인의 평균 크기를 유지하고 있었다. 끊임없는 의심이 어쩌면 뇌 활동을 활성화한 건가, 하는 다소 씁쓸한 생각도 들었다.

이번에는 심리검사 결과지다. 가장 먼저 아이큐가 궁금했다. 심리검사지는 종류에 따라 차이가 있지만 대략 인지기능, 사고기능, 정서 영역으로 구성된다. 먼저 인지기능에 대한 서술. 전체 지능FIQ이 95로 '정상' 범주에 해당했다. 나이가 아흔이 다 되어가고, 게다가 초등학교 졸업의 학력인데 20분이 경과한 뒤에도 열 개 가운데 여덟 개의 단어를 기억한다는 것은 쉬운 일이 아니다. 자기공명영상에서 본 그의 해마 사진이 결과와 겹쳐졌다.

사고기능에서는 역시 망상에 대한 서술이 주를 이루었다. '나를 요양원에 보낼 계획을 짜고 있다, 내가 성생활을 못 하니까 답답해서 다른 남자를 꾀기 위해 외출하는 것이다, 최근 화려하게 화장을 하는 날이 많아졌다.' 김 할아버지의 망상 속 세계는 피해망상과 질투망상이 나름 체계를 잡고 지어지고 있었다.

90세가 되어서도 생길 수 있는 것이 망상장애라고 하지만, 알츠하이머일 가능성이 높다고 생각한 할아버지의 망상은 당혹스러운 구석이 있었다. 망상장애는 거의 불치에 가깝기 때문이다. 알츠하이머도 그렇지 않냐고? 물론 알츠하이머도 더 나아지기는 어려우며 뇌의 퇴행을 막는 치료가 주를 이룰 뿐이지만, 이 경우 투약이 불가능한 것은 아니다. 그러나 망상장애는 치료 자체가 어렵다. 그들의 망상 속 세계는 완결되어 있기 때문이다.

기록지를 다 보고 나자 석 할머니의 손목이 눈에 아른거렸다. '남사스러워서' 국 끓이다가 손목을 다쳤다고 말하면서까지 할아버지의 체면을 지켜주고자 하는 할머니. 30년을 수발을 들고 살면서도 가족으로 공식적으로 인정받지 못하고 있다는 것은 상상도 하지 못하는 그 순한 할머니. 나는 할머니에게 '할아버지는 치매가 아니라 의심병이다. 치매가 아니니까 대소변 받을 일은 안 생길 테니 그래도 괜찮은 것 아니냐'라고 말할 자신이 없었다. 자신을 끊임없이 의심하는 사람과 사는 것은 이미 그 자체로 지옥이므로. 이 가족의 운명이 어떻게 될지 전혀 알 수 없었다.

너무 긴 하루

다음 날, 상황이 궁금한 영철이 면회를 왔다. 김 할아버지의 심리검사 결과, 병동 생활, 인지기능 등에 대해 설명해주었다. 가족관계증명서를 보고 크게 당황했던 영철은, 이제 웬만한 일에는 놀라지 않았다.

"결론적으로 알츠하이머 가능성은 떨어진다는 말씀이네요. 어차피 치매라는 말은 아버지가 꺼내지도 못하게 해서 설령 알츠하이머라고 해도 그렇게 말하지는 못했을 거예요."

영철이 가족관계증명서를 들고 왔던 때가 생각났다. 두 명의 보호자가 동의해야 하는 보호입원을 하려면 생모에게 알려야 하는 상황이었다. 그것은 영철에게 죽기보다 싫은 일이었다. 그렇다면 차선은 동의입원이었다. 보호자 한 명과 환자 본인이 동의하면 가능한 입원 형태. 나는 할아버지가 동의하지 않을 것이라고 생각했다. 그러나 아들이 아버지를 설득했다. 어쨌든 입원은 했고, 할아버지가 유일하게 신뢰하는 사람이 아들이라는 것이 다시 한번 드러났다. 영철이 말을 이었다.

"이번에도 입원할 때 연세가 높으면 하는 종합검진이라고 설명을 드렸어요. 선생님, 내과 검사는 어떻든가요. 지난번에 혈변이 나온다고 하셔서요. 그렇지 않아도 최근 체중이 좀 줄었거든요. 노인네 잘 안 드시니까 그런가 보다 했는데 별일 없겠죠?"

어머니에게 이해할 수 없는 의심을 품고 괴롭혀도, 아들에게는 좋은 아버지였다. 평생 험한 일을 하면서도 힘든 내색 한번 없이 아들을 묵묵히 키워냈다. 노력이 헛되지 않았다고 해야 할까. 아들은 국립대학의 사범대를 우수한 성적으로 졸업하고 중학교 선생이 되었다. 내과 결과지는 아직 확인하기 전이었다.

"아, 제가 확인하고 내과 선생님과 의논한 뒤에 다시 말씀드릴게요. 아버님 면회 전이시죠? 퇴원 이야기는 아직 하지 마시고요. 정리되면 알려드릴게요. 아까 간호사가 병동에 할아버지 다른 손님도 왔다고 하더라고요. 지금 가시면 그 손님도 만날 수 있을 것 같아요."

연차를 내고 아버지를 만나러 온 효자 아들이었다. 입원을 시킬 때만 해도 어머니를 너무 괴롭힌다는 생각에 원망도 있었으나, 환자복을 입고 식사량도 줄어들어 홀쭉한 모습의 아버지를 보니 안됐다는 생각도 들었을 것이다.

그리고 두 시간 뒤 우리는 다시 면담실에서 만났다. 가까이에서 보니 영철의 눈가가 젖어 있었다. 무슨 일이 있었던 걸까.

"선생님, 정말 우리 아버지 정신은 너무 말짱합니다. 글쎄, 기가 막혀서. 아버지 보러 온 손님이 변호사더라고요. 아버지하고는 이야기가 다 되었다고. 제가 먼저 안부를 물으니 시간 없다고 하시면서 유언을 하더라고요. 갑자기 무슨 유언이냐고 물어보니, 또다시 어머니 욕을 하시는데…. 언제 돈을 빼갈지 모르니 저한테 다 맡겨야 한다고 다급하게 말씀하셨어요. 어차피 어머니는 가족으로 올라 있지도 않은데 불안하신가 봐요."

"변호사는 뭐라고 하던가요?"

"변호사도 아버지가 워낙 고령이고 계속 어머니가 돈을 빼간다고 말씀하시니 치매 생각이 안 들 수가 없겠죠. 아버지의 유언은 법적 효력이 있지만, 만약 유언이 없는 경우라면 민법에 따라 분배된다고 하더라고요. 그 말은 부산에 있는 그분에게 유산의 절반이 간다는 뜻이고요. 순간 정신이 번쩍 들어서 제가 처한 상황을 이야기하니 아버지의 유언 자체를 무력화하려면 민사 정신감정을 받아볼 수도 있다고 하더라고요. 성년후견인제도를 말씀하시면서요. 물론 오늘 아버지가 한 유언은 정식 절차에 따라 이뤄졌어요. 선생님한테 이런 말씀을 드리는 게 좀 이상하긴 하지만…. 산이며 밭이며 노인네가 바지런히 재산을 불려놨더라고요."

김 할아버지는 서류상 혼인 상태를 유지하고 있는 부인도, 30년을 함께 살아온 동거녀도 믿지 않았다. 한 명은 자신이 끔찍이 아끼는 아들을 낳았고, 다른 한 명은 아들을 살뜰히 키웠지만 그에게 그런 건 아무래도 상관없었다. 역시 유언장을 작성하는 현장에도 아들뿐이었다. 그런데 정말 이상했다. 이 시점에서 어떻게 김 할아버지는 병원에서 유언을 할 생각을 했을까. 석 할머니가 없는 병원 공간이 상대적으로 안전하다고 느낀 걸까. 아니면 자신에게 다가오는 죽음의 그림자를 느낀 걸까. 이제 내가 말을 해야 할 때였다.

"대장 조직검사 결과가 나왔는데요. 당장 내과로 전과해야 하는 상황입니다. 조직검사 결과가 악성인 것 같아요. 혈색소 수치도 너무 낮아 빈혈도 의심되고요. 판독지를 보니 이미 간과 폐까지 전이된 가능성도 있는 것으로 보여요."

영철에게는 너무 긴 하루였다. 오늘 하루 사이에 몇 개의 진단명이 할아버지를 지나가고 있었다. 나는 두 시간 전에 '치매라기보다는 망상장애에 가깝습니다. 완치는 매우 어렵습니다. 망상이 공고해지면 행동화되면서 어머님도, 아버님도 모두 위험해질 수 있습니다. 망상 자체를 부정하는 것은 현재로는 거의 불가능에 가깝고, 일단 저와 라포르를 좀 형성한 뒤에 퇴원 일정을 잡아야 할 것입니다'라고 말했었다. 그리고 지금 상황은 완전히 다른 방향으로 전개되고 있었다.

이런 것을 운명의 장난이라고 해야 할까. 어머니에 대한 망상으로 자신에게 모든 재산을 주겠다는 아버지의 유언을 들은 날, 아들은 이제 자신이 할 수 있는 일은 아무것도 없다고 말하는 정신과 의사를 마주하고 있었다.

"빨리 내과로 전과해 이 모든 걸 다시 시작해야 합니다. 이제 망상이 문제가 아니에요. 아버님의 쾌유를 빕니다."

시간을 되돌리는 병

내가 누구인지를 잊다

그 후로 1년간 그들의 소식은 알 길이 없었다. 병원 컴퓨터 진료 프로그램에 할아버지의 이름을 검색하면 대략의 상황은 알 수가 있었다. 그러나 이미 다른 과로 전과된 상황. 내가 개입하는 것은 맞지 않았다. 좀 더 솔직하게 말하면 내가 보고 있는 입원 환자와 외래 환자를 상대하는 것만으로도 충분히 벅찼다. 소금만 봐도 맥박이 과하게 뛰는 필로폰중독 환자, 샴푸를 먹는 것으로도 모자라 양치 컵을 깨서 먹는 지적장애아, 온종일 성경을 써가면서 중얼거리는 조현병 환자를 상대하면서, 그들은 과거의 환자가 되어가고 있었다.

그러던 어느 날, 외래에 익숙한 이름이 접수되었다. 석 할머니. 간호사에게 물었다.

“무슨 일이시래요. 오랜만이네. 혼자 오셨어요?”

간호사가 소리를 낮추며 대답했다.

“아드님이랑 같이 오셨는데요. 예전하고는 조금 달라 보여요. 오늘 검사도 하시겠다고 하고요.”

물을 뽑아달라는 남편의 완력 때문에 손목이 부어 있던 석 할머니의 모습이 순간 스치고 지나갔다. 그사이 새치가 조금 생긴 영철이 어머니 손을 붙잡고 진료실에 들어오고 있었다.

“할머니, 오랜만이네요. 잘 지내셨어요?”

할머니는 고개를 숙이고 아무 말도 하지 않았다. 나를 알아보지 못하는 것이 확실했다. 영철이 대신 대답했다.

“아버지 그렇게 되시고 나서 솔직히 이제 좀 편안하게 지내시면 되겠다 생각했거든요. 그래서 어머니 모시고 여행도 다녀오고 했는데. 제가 멀리 사니까 한 달에 한두 번 들여다보는 게 다거든요. 전화는 자주 하지만. 얼마 전부터 계속 깜박깜박한다고 하시더니, 지난번에는 경찰서에서 연락이 왔어요. 길을 잃으신 것 같다고. 순간 정신이 번쩍 들면서 선생님 생각이 났어요. 검사 한번 받아보려고요.”

진행 양상은 전형적이었다. 그제야 할아버지 이름을 검색해보았다. 고령과 병의 경과로 인해 수술은 하지 못한 상태. 마지막 중환자실에 있을 때는 간성혼수가 수차례 있었던 것으로 보였다. 망상에 사로잡혀 자신의 통증조차 숨기고 있었던 것은 아닐까. 할아버지는 내 예상보다도 훨씬 더 빨리 돌아가셨다. 전과한 지 3개월 만이었다.

"선생님이 말씀하신 대로 아버지 정신은 멀쩡했어요. 어머니만 의심했지 의료진에게도 협조적이었고요. 수술 이야기가 잠깐 있었는데 같은 방 환자 한 분이 배로 변이 나오는 주머니를 찼거든요. 그걸 보더니 자기는 절대 그렇게는 안 할 거라고 하셔서 그 이야기는 접었어요. 어차피 수술로 나아지기 힘든 상황이었고요. 그래도 결국은 별 수 없더라고요."

"배변주머니를 차게 된 거예요?"

"아니요. 결국 수술은 못 하고 항암주사만 맞았는데…. 나중에는 간성혼수가 와서 엉뚱한 소리를 하니 하루에도 몇 번씩 관장을 했어요. 간성혼수라는 게 변에 있는 암모니아라는 독이 올라와서 생긴다면서요. 인간이 참 초라하더라고요. 배변주머니나 관장이나 뭔 차이가 있다고, 노인네 평생 그렇게 깔끔을 떨더니 결국 마지막은 그렇게 가셨어요."

할아버지의 '마지막'을 전하면서 복잡한 심정인지 영철은 눈가에 눈물이 글썽거렸다. 그런데 이상한 것은 할머니의 반응이었다. 할머니는 여전히 아무런 표정이 없었다. 무감각한 얼굴, 이곳에 살고 있지 않은 것 같은 표정이었다. 흔히 착한 치매라고 부르는, 한편으로는 더 쓸쓸한 무감각한 얼굴이었다. 상황이 녹록지 않은 것 같아 가장 기본적인 질문부터 시작했다.

"할머니, 성함이 어떻게 되세요?"

고개를 숙이고 여전히 눈 맞춤은 하지 않는 상황. 입으로 작게 뭔가 옹알거리는 소리가 들렸다. 영철이 나를 보며 말했다.

“아, 영우라고 하시네요. 어머니 어릴 때 부르던 아명이라고 하셨는데, 왜 옛날 이름을 말씀하시지.”

자신의 현재 존재에 대한 낯섦. 이제 할머니는 지금, 이곳에 살고 있지 않았다. 영철은 아직 이 정도는 짐작하지 못하는 것 같았다. 검사에 앞서 대략의 상황을 파악해야 했다.

“할머니, 옆에 이분은 누구예요?”

손…. 뭐라고 하는 말이 들렸다. 손자라고 한 건가. 그럴 수 있었다. 아들과 손자를 헷갈리는 것은.

“손자분이라고요?”

내가 되물었다. 그러자 영철이 끼어들었다. 자신을 알아보지 못하는 것은 상상도 하지 못한 표정이었다. 영철이 크게 소리쳤다.

“나 몰라? 여기 봐. 나 모르냐고?”

영철은 화를 내고 있었다. 내가 눈짓으로 진정하라고 눈치를 주었다. 감정을 흥분시키는 것은 치매 환자에게 좋지 않다. 그러자 아들이 나에게 말했다.

“선생님, 저 결혼 안 했어요. 그러니 손자는 없어요.”

마흔이 넘은 중학교 선생님. 영철이 기혼일 것이라고 나도 모르게 단정하고 있었다. 아들을 알아보지 못하는 석 할머니. 당황한 아들. 어색한 상황을 깬 건 할머니였다. 할머니가 갑자기 울먹거리기 시작했다. 마네킹 같던 얼굴의 주름이 일그러졌다.

“손님이야. 그런데 자꾸 우리 집에 와서 혼을 내.”

작은 목소리였지만 할머니는 비교적 또렷하게 말하고 있었다.

"왜 할머니를 혼내는데요?"

할머니는 말을 잇지 못하고 계속 얼굴을 만졌다.

"아프세요?"

어쨌든 상황을 파악해야 했다. 한참 뒤 할머니가 대답했다.

"안 씻는다고…."

짐작하건대 할머니는 '세수'라는 단어를 떠올리려 했으나 실패한 것으로 보였다.

할머니에게 안 씻었냐고 물으니 고개를 끄덕거렸다.

"왜요?"

할머니의 표정이 굳었다. 다시 침묵. 아마 이유를 설명하기는 어려울 것 같았다. 어쩌면 할머니는 자기 자신도 낯설어하는 단계까지 진행되었을 수도 있다. 진료실에 있던 거울을 할머니에게 비추며 물었다.

"할머니, 이 사람 누구예요?"

할머니가 고개를 가로저었다. 무슨 의미일까. 다시 한번 거울을 비추어보았다. 그러자 할머니가 울먹거리며 말을 이었다.

"너 누구야. 왜 자꾸 나를 따라다녀…."

할머니는 두려워하고 있었다. 모든 것이 낯설기만 한 상황. 거울을 치우고 물었다.

"손님 나가라고 할까요?"

할머니가 고개를 끄덕였다. 이번에는 영철이 고개를 숙이고 진료실을 나갔다. 사람에 대한 지남력까지 손상된 상태. 상당히 진행된 치매임이 확실했지만 검사를 하지 않을 수는 없었다.

임상에서 가장 흔하게 쓰이는 검사는 세 가지다. 한국형 간이정신상태검사, 임상치매척도Clinical Dementia Rating, CDR, 전반적 퇴화척도Global Deterioration Scale, GDS가 주로 사용된다. 이는 전반적인 증상을 평가하고, 증상의 심각도를 결정하기 위해 사용된다. 할머니를 마주하고 간이정신상태검사지를 가장 먼저 펼쳐 들었다.

뒤로 돌아가는 할머니의 시계

사람을 알아보지 못하는 것은 치매의 전형적인 증상이다. 이것은 지남력의 영역이다. 간이정신상태검사에서는 사람에 대한 지남력은 점검하지 않는다. 하지만 지남력은 치매 증상 가운데 가장 기본적인 증상이다. 지남력은 한자로는 指南力, 영어로는 orientation으로 표현된다. 남쪽을 가리킬 수 있는 힘으로 직역되는 지남력은 방향, 좌표 등을 인식할 수 있는 능력을 뜻한다. 조금 더 구체적으로 설명하면 내가 누구이며, 여기가 어디이며, 지금이 언제인가를 판별할 수 있는 능력. 이로써 사람은 자신의 좌표를 설정할 수 있다. 지남력은 크게 시간, 장소, 사람으로 구별할 수 있다.

이 검사는 30점 만점으로 구성되어 있는데, 3분의 1이나 되는 10점을 지남력 점검에 할애하고 있다. 치매를 선별하기 위해 지남력이 얼마나 필수적인지 보여주는 실례다. 자신도 알아보지 못하게 된

석 할머니. 시간 지남력과 장소 지남력은 이미 다 손상되었을 것이다. 지남력은 대개 시간, 장소, 사람의 순으로 손상된다. 아들도 알아보지 못하는 할머니는 시간과 장소에 대해서도 거의 답하지 못했고, 그중 연도에 대해서만 "98년이 아닌가"라고 대답했다.

치매에서 지남력 손상은 기억력 손상과 함께 가장 뚜렷한 증상이다. 손상 순서는 이미 언급했듯이 시간, 장소, 사람. 즉 오늘이 며칠인지 몰라도, 여기가 대한민국 서울이라는 것은 아는 노인을 흔히 볼 수 있다는 말이다. 그러다가 장소 지남력까지 손상되면 자신의 집을 찾아오지 못하는 경우가 생긴다. 사람에 대한 지남력이 손상되면 멀리 사는 자식이 방문했을 때 누구냐며 묻는 장면이 연출된다. 흔히 치매라고 이야기할 때는 노인성·퇴행성 뇌질환인 알츠하이머 치매를 일컫는다. 하지만 치매의 원인은 70가지가 넘는다고 알려져 있다. 가역성 치매의 경우 지남력의 회복은 역순이다. 즉 사람을 가장 먼저 알아보고, 이후 장소, 시간의 순으로 회복된다.

석 할머니의 지남력은 10점 만점에 0점. 기억과 회상에서도 거의 점수를 받지 못했다. 가장 쉽다고 판단되는 사물의 이름을 명명하는 질문을 던졌다. 연필을 들고 물어보니 연필이라고 대답했다. 곽 휴지를 들고 묻자 할머니가 잠시 멈칫했다. 휴지라는 단어가 떠오르지 않는 것 같았다. 할머니는 그래도 맞히기 위해 애쓰고 있었다. 애를 쓰는 모습이 할머니의 증세가 확실히 치매라는 것을 보여주고 있었다. 가성치매, 즉 노인성 우울증에서는 아는 문제도 모른다고 하며 자신의 인지 저하를 보여주려고 하니까. 한참 뒤 할머니가 "통 아닌가…"

라고 대답했다. 사물의 형태로만 이름을 기억하는 할머니. 어쩌면 내년에 검사를 하면서 볼펜을 들고 물어보면 막대기라고 대답할지도 모른다.

가장 난이도가 높은 시공간 구성 능력 테스트. 오각형이 겹쳐진 그림을 보여주고 따라 그리도록 했다. 많은 노인들이 이 검사를 어려워하지만, 애를 써가면서 도형을 그리기는 한다. 겹쳐서 그리지는 못하더라도 사각형을 그리기도 하고 다이아몬드를 그리기도 한다. 석 할머니는 그림을 골똘히 보더니 천천히 타원을 그리기 시작했다. 도형, 선에 대한 개념도 사라진 것 같았다.

문득 인간의 발달 단계를 배울 때 외웠던 기억이 떠올랐다. 두 살이 되며 원을 그리고, 세 살이 되면 삼각형을 그린다고 했던가. 그렇다면 할머니의 시공간 구성 능력은 두 살로 회귀하고 있는지도 모를 일이다. 언어 발달에 대해서도 기억이 났다. '아니오'라고 말하기 시작하는 것이 두 살이며, 세 살이 되면 1000개의 단어를 구사한다고 했다. 〈벤자민 버튼의 시간은 거꾸로 간다〉처럼 할머니의 시간은 점점 더 옛날로 돌아가고 있는지도 몰랐다.

할머니의 최종 점수는 간이정신상태검사 2, 임상치매척도 4, 전반적 퇴화척도 6. 혼자서 생활이 불가능한 상태였다. 대기하고 있던 영철을 진료실로 불렀다.

"지금 어머니 혼자 생활하시죠?"

영철의 얼굴이 어두웠다.

"제가 생각했던 것보다 더 안 좋은가 보군요."

내가 고개를 끄덕였다.

"지금까지 어떻게 혼자 생활하셨는지 모르겠어요. 기본 생활 자체가 쉽지 않을 것 같은데. 방이나 화장실에 들어가 보셨어요?"

영철이 고개를 가로저었다.

"부엌에서 음식을 하는 것도 위험하실 수 있겠어요. 혼자 계시기 어려운 상태입니다."

할머니는 검사가 고단했던지 꾸벅꾸벅 졸고 있었다. 1년 만에 또 다른 인생의 숙제를 떠안게 된 영철은 아버지를 닮아 영민했다. 가장 중요한 질문을 던졌다.

"더 나빠질 수도 있나요?"

간결한 질문이었다. 자기 자신을 못 알아보는 것보다 더 나빠지는 것이 무엇일까. 상상이 되지 않는다는 표정이었다. 구체적으로 예를 들어 설명해주면 이해가 더 쉽겠지만 차마 입이 떨어지지 않았다.

"기능 자체가 점점 퇴행한다고 생각하셔야 해요."

퇴행이라는 말에 영철의 표정이 비장해졌다. 치매 환자를 둔 보호자와 의사는 어떤 면에서는 파트너다. 영철에게 현실을 알려야 한다는 생각이 들었다.

"말을 한다는 건 우리 뇌의 작용이죠. 치매가 더 진행되면 모든 언어 구사 능력을 상실할 수 있어요. 말은 없고, 알아들을 수 없는 소리만 내는 상태가 되죠. 가장 기본적인 활동인 먹는 행위도 사실 뇌의 명령이 있어야 움직일 수 있는 거죠. 숟가락을 인지해야 하고, 들어야 하고, 씹어야 하고요. 먹으려는 시도는 하지만 먹을 수 없는 상태가 될 수도 있어요. 마지막에는 마치 갓난아이처럼 방바닥에 누워 있는 것 말고는 아무 활동도 할 수 없게 될 수도 있죠."

영철이 꾸벅꾸벅 졸고 있는 어머니에게 어깨를 내주며 물었다.

"이 상태를 유지할 수는 있나요? 더 나빠지지만 않으면 좋겠어요. 저를 손님이라고 생각해도 좋으니까. 아버지 돌아가시고 이제 좀 편해지시나 했더니 이렇게 한번에 정신을 놔버릴 줄은 상상도 못 했어요. 아버지가 계셨으면 좀 더 나았으려나요, 선생님. 왜 이렇게 됐는지는 알 수 없는 거죠?"

이제는 이 세상에 존재하지 않는 아버지. 아들은 복잡한 심정인 듯했다. 어머니를 이렇게 만든 것 같아 원망스럽기도 하지만, 자신만큼은 끔찍하게 보살피셨으니 미워할 수도 없었다. 그러나 계속 상념에 빠져 있을 수는 없었다. 당장 학교에 나가면서 어머니를 어떻게 돌봐야 할지 막막해하는 것 같았다.

"어머니는 저희가 말하는 고위험군이기는 해요. 고령, 여성, 고혈압, 낮은 학력, 이런 요인들이 있을 때 알츠하이머가 더 잘 생긴다고 하거든요. 진행 속도를 늦추게 하는 약을 처방해드릴게요. 도움이 될 거예요. 그리고 저희 사회사업실에 연결해드릴 테니 노인장기요양보험 같은 제도에 대해서도 설명을 들어보세요. 치매가 많이 진행되기는 했어도 거동은 가능하시니까요. 지금 어머니 상황에 적응해서 행복하게 지낼 수 있는 길을 같이 찾아보는 게 중요할 것 같아요. 힘내시고요. 2주 뒤에 뵙겠습니다."

영철이 처방전을 유심히 쳐다보았다. 도네페질, 메만틴…. 지금은 낯설지만 앞으로 가장 익숙해질 그 단어들을 읊조리는 영철의 표정이 진지했다. 자신의 유일한 가족, 피 한 방울 섞이지 않은 자신의 어머니에 대한 그의 마음이 보이는 것 같았다. 영철의 진지한 얼굴 위로 수많은 다른 보호자의 얼굴이 겹쳐졌다. 부모가 치매 판정을 받는 순간, 안도의 한숨을 내쉬던 자식들의 환한 얼굴. 치매가 바꾸는 것이 환자의 인격만은 아닐지도 모른다.

건강이자 사회복지의 문제

전체 치매 가운데 절반이 넘는 비율을 차지하는 알츠하이머성 치매는, 1907년 독일의 의사 알로이스 알츠하이머Alois Alzheimer가 처음 발견하여 보고했다. 세상에 알려진 지 100년이 넘었지만 아직 발병 원인과 메커니즘에 대해서는 뚜렷하게 밝혀진 것이 없다. 알츠하이머성 치매는 서서히 진행되는 퇴행성 뇌질환으로, 갑자기 나타나서 다소 호전되기도 하는 혈관성 치매와는 경과가 다르다.

알츠하이머성 치매는 뇌의 퇴행적 변화를 보이는데, 이것은 영상상으로는 뇌의 위축 및 상대적으로 빈 공간인 뇌실의 확장으로 확인된다. 확진을 위해 뇌의 조직학적 소견이 필요하나 환자의 생전에는 불가능한 일. 알츠하이머병을 앓은 환자의 사후 뇌 조직검사를 통해 몇 가지 공통적 특징을 발견했는데, 그중 하나가 바로 노인성 반점이다.

노인성 반점이 의미를 갖는 이유는, 그것이 바로 베타아밀로이드

단백질이라는 물질로 구성되었기 때문이다. 알츠하이머병의 원인은 아직 정확히 알려지지 않았지만 여러 가지 밝혀진 연구 결과가 있다. 가장 많이 언급되는 것은 유전에 관한 것으로, 환자의 40퍼센트에서 가족력이 있다고 보고되었다. 알츠하이머병에 관련된 유전자는 1번, 14번, 21번 염색체에 있다고 추정된다.

베타아밀로이드를 만드는 아밀로이드 전구 단백질Amyloid Precursor Protein에 대한 유전자는 21번 염색체에 있다고 밝혀졌다. 요약하면 알츠하이머성 치매 환자는 21번 염색체에 APP 유전자가 존재하고, 그로 인해 베타아밀로이드라는 물질이 축적되면서, 노인성 반점이 많은 특징적인 뇌를 가지게 된다는 것이다. 말하자면 노인성 반점은 베타아밀로이드 덩어리인 셈. 이는 특히 치매를 앓았던 사람의 해마, 편도체 같은 부분에 더욱 흔하게 발견된다.

위에서 APP 유전자는 21번 염색체에 위치하고 있다고 언급했다. 그런데 21번 염색체는 사실 치매보다 다운증후군에서 더 자주 언급된다. 인간은 22쌍의 상염색체와 한 쌍의 성염색체를 가지고 있는데, 다운증후군은 21번째 염색체가 한 쌍, 즉 두 개가 아니라 세 개가 될 때 발병하는 것으로 알려져 있다. 이 여분의 21번 염색체는 다운증후군 환자의 곳곳에 영향을 준다. 그 결과 다운증후군 환자들은 작고 낮은 코, 큰 혀와 같은 특징적 얼굴 형태, 가로 손금이 긴 한 개의 선으로만 되어 있는 특이한 손금과 발달 지연 등의 특징을 갖게 된다. 그렇다면 21번 염색체에 APP 유전자가 있다면 다운증후군 환자가 알츠하이머병에 걸릴 확률은 일반인보다 높지 않을까. 예상대로 다운증후군 환자들은 중년기에 이르면 거의 예외 없이 알츠하이머병으로 이행된다고 한다.

신경전달물질인 아세틸콜린 분비가 감소하면서 기억력이 떨어진다면 아세틸콜린이 덜 감소하게 만들 경우, 치매의 진행을 막을 수 있지 않을까 하는 생각이 실마리가 되어 항치매약물이 개발되기 시작했다. 대표적인 항치매약물인 도네페질, 갈란타민 등은 신경말단에서 아세틸콜린의 분비를 증가시킨다. 원리는 간단하다. 아세틸콜린을 분해하는 효소를 억제하는 것, 즉 아세틸콜린의 분해를 억제해버리니, 생성량이 많아지게 되는 것이다.

현실적으로 치매 환자에게 병원에서 해줄 수 있는 것은 매우 한정적이다. 치매는 건강의 문제이기도 하지만, 사회복지의 문제이기도 하기 때문이다. 노부부 중 한 사람이 치매에 걸린다고 가정해보자. 자식들은 훌륭하게 성장했지만 모두 객지에서 살고 있다. 정신이 비교적 온전한 한쪽이 배우자를 병원에 데리고 온다. 진단은 치매. 약물을 쓰며 이리저리 버티다가 결국 장기요양보험이라는 제도에 대해 설명을 듣는다. 의사는 장기요양등급판정위원회에 제출하기 위한 소견서를 작성한다. 장기요양보험에는 방문요양, 방문간호, 시설서비스 등 여러 항목이 있다. 등급은 보통 5등급까지 판정된다. 과거에는 1등급부터 4등급까지 구성되었으나 치매 환자에 대한 의견이 대두되면서 치매특별등급이라고 불리는 5등급이 추가되었다.

소견서에는 환자의 증상 외에 보호자와 의사가 상의하여 어떤 서비스가 필요할지 체크하는 항목이 있다. 이른바 노치원이라고 불리는 재가센터의 경우 노인들이 마치 유치원 아이들처럼 센터에 가서 각종 프로그램에 참여하며 시간을 보낸다. 방문요양의 경우 도우미라고 불리는 방문요양사가 가정에 방문하여 일정 시간 동안 노인에게 필요한 서비스, 즉 청소나 식사, 목욕 등을 도와준다.

시설서비스는 말 그대로 요양원에 입소하는 경우를 말한다. 치매검사를 할 때는 분명히 기억력과 지남력이 떨어진 상태였는데, 공단직원이 직접 나와서 검사를 할 때 주민등록번호를 줄줄 외우는 바람에 보호자가 등급이 떨어진다며 발을 동동 구르는 경우도 종종 있다고 한다. '어머님은 이렇게 상태가 좋지 않으세요'라고 항변하면 직원에게 의심의 눈초리를 받을 수 있으니 어쨌든 곤란한 경우다.

결국 이런 모든 서비스는 치매 환자를 돌보는 일을 자식의 효심이나 배우자의 사랑에만 맡기기에는 한계가 있음을 보여주는 증거일 것이다. 실제로 노노 학대, 다시 말해 노인 간 학대가 점점 증가하고 있다. 또한 그 원인도 과거에는 윤리적인 문제가 주를 이루었다면 요즘은 연금 수령과 같은 현실적인 문제로 인해 발생하는 추세다. 갈등이 생기기 때문일까. 치매를 다룬 콘텐츠는 역으로 낭만적인 사랑으로 포장되는 경우가 많다.

고령화 사회에서 피할 수 없는 문제

드라마틱한 것은 현실

역시 가장 드라마틱한 것은 현실이었다. 그것도 우리가 알던 아름다운 배우의 치매에 대한 이야기. 이창동 감독의 2010년 영화 〈시〉에서 배우 윤정희는 서서히 치매가 진행되고 있지만, 존엄성을 잃고 싶지 않은 할머니로 나온다. 영화는 집단 성폭행 피해자인 어린 소녀가 강물에 몸을 던지면서 시작한다. 할머니는 그의 중학생 손자가 성폭행 사건의 가해자 가운데 하나라는 사실을 알게 되면서, 피해자의 가족을 보는 것이 힘들다. 영화는 온전한 정신을 가졌지만 인간적 고뇌가 없는 다른 가해자들의 가족과, 비록 정신은 퇴화해가지만 양심으로 힘들어하는 할머니를 대비시킨다. 영화에서 윤정희는 한 시대를 풍미한 특유의 우아함을 자연스럽게 녹여내 실제인지 연기인지 헷갈릴 정도의 몰입력을 보여주었다. 그리고 2019년 11월, 《중앙일보》에 그의 남편이자 피아니스트인 백건우의 인터뷰가 실렸다. '마지막 작품인데 참 이상하지 않나. 알츠하이머 앓는 역할이라는 게, 그게 참…. 그때 배우로서 자존심 때문에 출연했는데, 긴 대사는 써놓고 읽으며 연기했다. 그 뒤에도 영화를 하나 더 하고 싶어서 시나리오도 같이 보고 구상도 했는데 잘 안 되더라. 상 받으러 올라가기도 쉽지 않았다.'

인터뷰에 동행한 딸 백진희가 어머니의 병을 세상에 밝히는 이유에 대해 이야기했다. '엄마는 요즘도 오늘 촬영은 몇 시냐고 물을 정도로 배우로 오래 살았던 사람이다. 그만큼 오랫동안 대중에게 사랑받았던 사람이다. 이 병을 알리면서 엄마가 그 사랑을 다시 확인했으면 좋겠다는 생각이다. 그 사람들이 이 소식을 듣고 엄마에게 사랑의 편지를 많이 써줬으면 좋겠다. 지금 엄마에게는 그게 정말 필요하다.'

주요신경인지장애와 경도신경인지장애

현재 《정신질환 진단 및 통계 편람Diagnostic and Statistical Manual of Mental Disorders》 5판(이하 DSM-5)으로 진단체계가 바뀌면서 치매라는 용어는 사용하지 않기로 결정했다. 미국정신의학회에서는 2013년부터 치매를 '주요신경인지장애Major Neurocognitive Disorders'라는 용어로 쓰고 있다. 치매를 대신하는 용어가 주요신경인지장애라면, 경도신경인지장애MCI란 무엇일까. 고령화 사회로 접어들면서 치매 못지않게 자주 듣는 용어가 경도신경인지장애다.

경도신경인지장애는 기억력이나 기타 인지기능이 객관적인 검사에서 확인될 정도로 뚜렷하게 저하되었으나, 일상생활을 수행하는 능력은 보존되어 아직은 치매가 아닌 상태를 의미한다. 직관적으로 양성 건망증과 치매의 중간쯤으로 이해되는 경도신경인지장애는, 치매 고위험군 상태라는 점에서 중요하다.

건망증과 경도신경인지장애의 가장 큰 차이는 경도신경인지장애는 기억력 장애뿐만 아니라 계산, 판단력 등의 지적 능력도 떨어진다는 데 있다. 기억력에 관해서도 차이가 있다. 건망증은 잊었던 약속이 나중에는 생각이 나지만 경도신경인지장애의 경우 약속 자체를 잊어버린다. 힌트를 주면 기억해내는 건망증과 달리 힌트가 있어도 약속을 기억할 수가 없다. 중요한 것은 정상 노인의 경우 매년 1~2퍼센트만이 치매로 진행하지만, 경도신경인지장애는 10~15퍼센트가 치매로 진행한다.

경도신경인지장애라는 진단명을 긍정적으로 평가하는 사람은 치매의 조기 진단과 예방이 가능하다고 본다. 실제로 이 상태는 치매를 가장 이른 시기에 발견할 수 있는 단계이며 치료 효과를 극대화할 수 있다는 점에서 임상적으로 중요하다. 하지만 모든 사람을 잠재적 치매 환자군으로 묶는다는 부작용이 있다. 진단 범위가 넓어짐으로써 이득을 보는 집단, 즉 의사와 제약업계의 이기주의적 발상이라는 평가가 있는 것도 사실이다. 진단명의 변화는 양날의 검 같은 효과를 지닌 것으로 보인다.

상반된 평가와는 별도로 일반인이 치매의 대체 용어로 주요신경인지장애라는 긴 용어를 쓰기는 쉽지 않아 보인다. 또한 이 용어는 외우기도 어렵고 직관적으로 다가오지 않는다. 아직 정부기관에서도 치매 국가책임제 등으로 치매라는 용어를 사용하고 있으니, 치매라는 용어의 부정적 어감에도 불구하고 다른 정신과 진단명으로 대체하기는 쉽지 않아 보인다. 라틴어에서 유래한 치매dementia라는 말은, 마음mentia을 잃는다de는 뜻인데 번역 과정에서 어리석다는 뜻으로 단순화되었다. 치매癡呆라는 한자가 어리석을 치, 어리석을 매라는 단어를 반복 사용하기 때문에 진행성 질환이라는 어감을 더 잘 살린다고 반박하는 사람도 있다.

고령화 사회에 관해서라면 우리보다 선배라고 할 수 있는 일본의 경우는 참고할 만하다. 2019년 《메디게이트》 기사에 따르면 일본에서는 국민적 합의를 거쳐 2004년부터 치매를 공식 용어에서 추방했다고 한다. 치매라는 한자어가 갖는 부정적인 이미지(어리석고 미련하다)가 치매 환자들이 차별적 대우를 받는 원인이 되고 있다는 이유에서다. 대신 국민 공모를 통해 '인지증認知症'을 치매를 대체하는 공식 용어로 선정했다. 그 이후 정부와 시민들의 노력에 힘입어 인지증이라는 용어가 자연스럽게 정착되었다. 지역 곳곳에는 '인지증 카페'가 있어 치매 환자 본인과 가족뿐만 아니라 일반인도 함께하면서 대화를 나눈다고 한다. 뿐만 아니라 스타벅스 같은 유명 커피체인점도 정기적으로 인지증 카페 이벤트를 열기도 한다. 이제 일본에서 인지증은 감추고 싶은 질병이 아닌 주변에서 흔히 볼 수 있는 노인성 질환으로 받아들여지고 있다.

이 모든 노력에도 불구하고, 알츠하이머성 치매의 경우 평균 생존율은 10년이 되지 않는다. 가족력이 있거나 조기 발병하면 경과가 빠르다. 결국 핵심은 고령화다. 어떤 보고에 의하면 전 세계적으로 2010년에서 2050년 사이 돌봄을 필요로 하는 노인인구가 약 1억 명에서 3억 명 가까이로 세 배가량 증가할 것이라고 한다.

우리나라의 경우를 보면 10년 뒤인 2030년 치매 유병률은 100만 명을 넘어 120만 명이 된다고 추산한다. 100만 명은 치매 환자만으로 광역시를 꾸릴 수 있는 인구수다. 치매는 고령화 시대를 살아가는 우리 모두의 문제가 되어버렸다. 간병살인에 대해 어떤 평가를 내려야 할까. 치매 환자와 다른 환자의 인권이 상충할 때 어떤 결정을 내릴 수 있을까. 자기 자신도 알아보지 못하는 치매 환자의 인생을 어떻게 아름답게 마무리할 수 있을까. 수많은 숙제를 떠안은 채로, 사회는 점점 늙어가고 있다.

4장

몸과 마음의 어긋난 시간

지적장애

한집에 사는 두 엄마

어디가 불편해서 오셨어요?

"작은어머니는 어떻게 됐나요?"

남자의 목소리는 조금 떨리고 있었다. 흘깃 차트로 나이부터 보았다. 서른여덟. 비현실적으로 흰 피부와 짧은 스포츠머리 때문에 남자는 나이보다 훨씬 어려 보였다. 진료실 바깥에 함께 온 경찰과 나이 든 여자 둘이 초조한 표정으로 기다리고 있었다.

응급입원인가? 경찰을 보자 나도 모르게 입원 유형부터 따져보고 있었다. 응급입원은 자해와 타해의 위험이 커 의사와 경찰관의 동의를 받아 3일 이내로 짧게 입원하는 경우를 말한다. 말 그대로 응급상황. 새벽 2시의 응급입원은 환자의 상태가 그만큼 좋지 않을 것이며, 내 입장으로는 잠은 다 잤다는 뜻이다. 동행한 여자들에 대해서는 아직 정보가 없는 상태. 얼핏 보기에도 일흔은 족히 넘은 것 같은 여자가 좀 더 젊은 여자를 달래고 있는 것처럼 보였다. 응급입원이라면 남자가 가해자이고, 젊은 여자가 피해자인가.

남자는 작은어머니의 안위부터 물었다. 젊은 여자가 작은어머니인가? 그렇다면 나이가 위인 여자가 어머니라는 말이니 보호입원 가능성도 배제할 수 없었다. 보호입원은 환자 외에 보호의무자 두 사람의 신청으로 진행하는 입원 유형이다. 보호입원의 경우에도 가족들이 경찰에 신고해서 경찰을 대동하는 경우가 종종 있다. 정신과는 입원 유형에 따라 입원 기간, 보호자, 치료까지도 바뀐다. 남자는 손을 떨고 있었지만 다행히 입에서 알코올 냄새는 전혀 나지 않았다. 정신과 응급실에 오는 가장 흔한 경우인 알코올의존은 아니었다.

짧은 시간 머리를 이리저리 굴려보았지만 상황을 파악하기는 힘들었다. 피해자인지 가족인지 알 수 없는 여자들, 나이보다 어려 보이는 남자, 술과는 상관없어 보이는 사건, 그리고 동행한 경찰. 그때 경찰이 급하게 말하며 돌아섰다.

"자, 제 임무는 이제 끝난 것 같습니다. 선생님하고 가족분들하고 상담해보시죠."

일단 의문이 하나는 풀렸다. 응급입원이 아니었으며 그들은 가족이었다. 그것만으로도 마음이 조금 편해졌다. 경찰은 가족들에게 먼저 상담을 받으라고 했지만 그럴 수는 없었다. 무슨 일이 있더라도 환자의 말을 먼저 듣는 것이 원칙이니까.

남자와 나는 면담실에 마주 앉았다. 새벽 2시, 면담실은 적막했다. 환자용 침대, 책상 위 컴퓨터, 마주 앉게 되어 있는 의자 둘. 책상 위에는 만일의 경우를 대비한 호출 벨이 놓여 있다. 한바탕 시끄러웠다가 경찰이 떠나자 나도 어쩔 수 없이 졸음이 밀려왔다. 그래도 기본적인 사실을 묻는 게 내 일. 정신과 면담의 순서대로 진행한다.

면담 순서상 가장 먼저 묻는 것은 주호소. 현재 어떤 것이 가장 불편한지 물어봐야 한다. 그리고 현재 정신상태를 살피면서 그 사람의 과거력을 묻는다. 지금 내가 가장 궁금한 것은 가족관계지만 학력, 직업, 가족관계 등을 먼저 묻지 않는다. 초조해하는 보호자들의 모습이 보이지만 지금이라고 예외는 될 수 없다.

"어디가 불편해서 오셨어요?"

사무적인 말투에 남자는 주섬주섬 뭔가를 꺼냈다. 지적장애 2급 장애인등록증이었다.

엄마가 죽지는 않았겠죠?

지적장애 2급이면 아이큐 35~49, 장애인등록증을 보자마자 남자의 아이큐가 머릿속으로 지나갔다. 학업성취는 어렵지만 적절한 감독 아래 단순 작업 정도는 할 수 있고, 의사소통이 가능한 수준이었다. 실제 나이는 서른여덟, 지적 수준은 열 살. 어느 나이로 맞춰서 면담을 진행해야 할까.

교과서적인 답변은 실제 나이로 면담을 진행한다가 정답이다. 아이 취급을 받는다면 면담에 비협조적일 수 있고, 의존적인 환자의 경우라면 점점 더 아이처럼 행동할 수 있기 때문이다. 많이 봐도 20대 후반으로밖에 보이지 않지만, 서른여덟의 성인 남자로 생각하고 면담을 진행하기로 한다. 역시 자신의 상황을 정교하게 표현하지는 못하지만 전체적인 맥락을 파악하는 데는 무리가 없을 정도로 의사 표현을 했다.

"작은어머니가 어떻게 됐나요?"

남자가 작게 흐느끼며 대답했다.

"제가 때렸어요. 너무 화가 나서요."

남자가 자랑거리이자 일손이던 농촌에서 큰어머니는 딸만 내리 넷을 낳았다. 염색체상으로 봤을 때 남아와 여아를 결정하는 것은 남자지만, 그런 지식이 있을 리 없는 남자의 아버지는 다른 여자에게서 아들을 얻었다. 서열상 먼저인 큰어머니와 아들을 출산한 작은어머니. 드라마에서 보는 흔한 스토리대로라면 아버지가 아들을 낳은 작은어머니를 아끼고, 큰어머니는 질투했겠지만 일은 그렇게 진행되지 않았다.

봄볕이 좋던 어느 날, 귀한 아들을 데리고 오토바이를 몰던 아버지는 마주 오던 차와 부딪혀 그 길로 저세상으로 가고 말았다. 큰어머니와 구분해 자신의 어머니를 작은어머니라고 부르라는 위계만 정해놓은 상태였다. 남자의 나이 여섯 살 때였다.

"그때 일은 말하고 싶지 않아요. 아."

30년이 지난 지금까지 남아 있는 남자의 첫 번째 기억이었다. 남자는 얼굴 근육을 찡그리며 신음 소리를 작게 냈다. 남편과 아내 둘, 아이들이 같이 살던 집에서 남편이 떠난 뒤에도 나머지 가족들은 계속 살았다. 모두 다 마땅히 갈 곳도 없었다. 자식의 수가 노동력이던 시절이었다. 품이 넓은 큰어머니는 새로운 가장이 되어 남자와 작은어머니를 거두었다.

"식구들은 잘해줬나요?"

남자는 고개를 크게 끄덕였다. 그때 밖에서 기다리던 젊은 여자가 갑자기 문을 열고 들어왔다.

"선생님, 제가 얘 막내 누나인데요. 얘는 아무것도 몰라요. 착하기만 해가지고. 제가 좀 더 잘해줬어야 했는데."

지능이 떨어지는 남자는 섬세한 감정 표현이 쉽지 않았다. 지금 같은 상황에서 잘해줬냐는 질문에 아니라고 답할 수는 없었다. 막내 누나가 말을 이었다.

굴러들어온 돌. 시샘을 안 하는 게 이상하지 않냐고. 특히 남자보다 다섯 살이 많은 막내 누나는 동생을 돌본다는 핑계로 소소하게 남자를 괴롭혔다고 했다. 동생의 도시락에만 계란 프라이가 들어간다는 것을 알고, 막내 누나는 자신의 도시락과 남자의 도시락을 바꾸기도 했다. 화를 낼 법도 한데, 남자는 아무 말 없이 헤벌쭉 웃기만 했다. 남자가 초등학교 3학년 무렵, 어쩌면 남들보다 머리가 조금 모자랄 수도 있다는 생각을 막내 누나가 가장 처음 했다.

"엄마, 재 좀 모자라는 거 아니야?"

어머니는 하던 설거지를 잠시 멈추고, 작은어머니를 한 번 쳐다보고는 작게 한숨을 쉬었다. 그러고 보니 작은어머니의 목소리가 기억이 나지 않았다. 어렴풋하게 기억나는 것은 동네 남자들에게 놀림을 받던 작은어머니를 아버지가 데려오며 한 말뿐이었다.

"이제는 남자들이 주는 대로 덥석덥석 술 같은 거 받아먹으면 못쓴다. 알겠냐."

배가 불러오기 시작한 작은어머니를 위해 어머니는 이부자리를 마련했다. 꼬마이던 막내 누나의 눈에도 작은어머니는 때가 꼬질꼬질했고, 앙상한 팔다리에 배만 볼록하게 나온 모습이었다. 좋아서 웃는 것 같기도 하고, 무서워하고 있는 것 같기도 했다. 어쨌든 그렇게 집으로 들어왔고 남자를 낳았다.

이후 작은어머니는 어머니가 하자는 대로 그냥 따라 하기만 했다. 그릇을 닦으면 정리해서 놓고, 바닥을 쓸면 뒤에서 따라오며 바닥을 밀었다.

'왜 한 번도 그런 생각을 못 했을까. 사실 작은어머니도 좀 모자란데, 동생에게 유전된 게 아닐까. 우리 딸들은 학교도 잘 다니고 아무 문제가 없는데, 재는 만날 애들한테 맞고 다니는 것도 이상하고.'

갑자기 걱정이 되기 시작한 막내 누나가 남자의 교실로 가보았다. 남자는 동급생들의 심부름을 하는 것인지 양손에 과자를 들고 교실로 뛰어 들어가고 있었다. 그리고 '악' 하는 소리. 사정은 알 수 없으나 남자는 몇 명의 아이들에게 맞고 있었다. 겁이 난 막내 누나는 그 자리에서 뛰어 나와 어머니에게 사실을 알렸다. 어머니는 작은어머니를 쳐다보면서 했던 것과 똑같이 작은 한숨을 쉬며 말했다.

"이제 너도 곧 졸업이니까 언니들 있는 공장으로 갈 준비하거라. 어쩌겠냐. 작은어머니랑 네 동생은 여기에서 계속 살아야지."

관성은 힘이 셌다. 자신이 낳지는 않았지만 아들은 아들이었다. 영리한 딸들은 중학교만 마치고 모두 도시로 보내 일을 하게 했어도, 아들은 고등학교까지 마치게 했다. 이제 남자를 가끔씩 지켜보던 막내 누나도 없었다.

나는 남자의 중고등학교 시절이 내가 상상했던 것과는 다르기를 기대하면서 물었다.

"학교생활은 어땠어요?"

지적장애 환자와 면담할 때 유도신문은 하지 말라고 한다. 당연하다. 사고 구조가 단순하니까. '힘들지 않았어요?'라고 묻고 싶은 마음을 꾹 누르고 열린 질문을 던졌다. 남자는 여전히 떨고 있었지만 의사 표현에는 무리가 없었다.

"일반 학교를 나왔어요."

'특수 학교가 아니고요?'라고 묻고 싶지만, 학교에서 무엇을 하면서 지냈냐고 물었다.

"친구들이랑 축구, 농구 같은 걸 하면서 놀았어요."

성적은 하위권이었을 테고, 누나가 말한 대로라면 왕따를 당한 것 같은데 본인 입으로는 말하지 않았다. 면담으로 불안해진 남자가 달력을 쳐다보기에, 달력의 글자를 읽어보라고 하자 잘 읽었다. 이번에는 종이를 주고, 써보는 시간.

"초등학교 3학년 때 한글을 배웠는데 쓰기는 잘 못 했어요."

초등학교 3학년 무렵까지 한글은 읽을 수 있었고, 사회관계도 그럭저럭 되는 데다가 모두가 바쁘던 시절이니, 남자의 지능을 의심하지 못했던 것은 어찌 보면 당연했다. 그러니까 남자가 일반 학교를 가게 된 것은, 그의 지능이 정상 범주 안에 있어서가 아니라 아무도 의심하지 않았기 때문일 수도 있다.

남자는 중학생이 되었고, 누나들이 모두 객지로 가면서 집에는 어머니 두 분과 남자만 살게 되었다.

시간이 흐르면서 늙은 큰어머니는 가장 노릇에 지쳤고, 이제 더는 작은어머니에게 일을 시킬 수 없었다. 큰어머니의 명령대로 움직이던 작은어머니는 혼란스러웠던 걸까, 아니면 자유를 찾아다녔던 걸까.

"작은어머니의 행동이 어떻게 달라졌나요?"

남자는 생모인 작은어머니보다 큰어머니에게 훨씬 의지했던 것 같았다.

"작은어머니가 어느 날부터 혼잣말을 중얼거렸어요. 무슨 말인지는 모르겠지만. 큰어머니가 아파 누워서 혼자 음식을 만들 때도 맛이 이상했어요. 국이 너무 달았어요. 제가 먹고 퉤퉤 뱉었는데 그걸 보고도 화도 안 내고 멍하니 있었어요."

그저 화가 났을 뿐

남자가 밭일을 마치고 집으로 돌아오는 길에 작은어머니가 남의 집 마루에 앉아 있는 모습을 봤다고 했다. 남자는 부끄러워서 도망을 쳤는데 뒤이어 작은어머니가 그 집 어른에게 맞는 소리가 들렸다고 했다.

"작은어머니가 맞는 게 싫었어요. 아프다는 소리도 안 내고 맞기만 했어요. 그러더니 길가에서 오줌을 쌌어요. 그 모습을 보고 너무 화가 나서 나도 모르게 그만 그렇게 했어요."

지능은 초등학교 3학년에 멈추었지만 남자의 육체는 계속 커가고 있었다. 누가 봐도 건장한 어른인 남자에게 작은어머니 한 명 들쳐 업는 것은 어려운 일이 아니었다. 남자는 길가에서 볼일을 보는 작은어머니를 들쳐 업고, 산으로 가서 때렸다. 남자는 자신이 화가 났던 것 같다고 말했다.

"어떤 게 제일 화가 났나요?"

"모르겠어요. 그냥 다 화가 났어요. 때리다 보니 계속 화가 났어요. 배도 때리고, 팔도 때렸어요."

다행히 산을 오르던 동네 사람이 그 모습을 보고 저러다 사람 죽겠다면서 급하게 연락을 취했고, 작은어머니는 종합병원 응급실로, 남자는 정신병원 응급실로 실려 온 것이다.

이야기를 마치자 남자는 처음처럼 떨지는 않았다. 대신 흐느끼고 있었다. 그러면서 물었다.

"엄마가… 죽지는 않았겠죠?"

남자가 처음으로 작은어머니라고 하지 않고, 엄마라고 부르고 있었다. 자신의 생물학적 모습의 절반을 만들어준 여자, 평생 작은어머니로 불린 여자, 자신처럼 사람들에게 당하면서 맞는 여자. 아들은 원망과 죄책감, 불안감이 뒤섞인 복잡한 감정 속에서 이제 생모의 생사를 묻고 있었다. 남자는 자신이 동급생들에게 맞았던 방식 그대로 자신의 생모를 때렸을 것이다. 어쩌면 남자는 모자란 자기 자신에 대한 화풀이를 그런 식으로 한 게 아닐까.

그때 밖에서 이제는 정체가 밝혀진 환자의 배다른 누나가 자신의 어머니에게 말하고 있는 소리가 들렸다.

"그러길래 아무리 아들이 좋아도, 아버지는 왜 모자란 여자를 데리고 와서 결국 이 사달이 나게 해. 사실 아버지 씨앗인지 알 수도 없잖아. 그 여자, 모자란 남자랑 만나서 쟤한테 다 유전된 거 아니야? 의사 선생님한테 물어봐야겠어."

누나는 이런 일로 새벽에 정신병원에 와 있다는 것 자체가 불만이었다. 동생과 작은어머니의 상태에 대해서는 관심이 없었다.

"네 아버지가 얼마나 총명한 분인데. 그런 말은 하지도 마라."

나는 자신의 아들에게 죽도록 맞고 응급실에 누워 있는 남자의 어머니가 가엽기도 하고, 궁금하기도 했다. 남자의 어머니는 정말 자신의 낮은 지능을 아들에게 물려준 걸까. 아니면 어느 순간 조현병이 발병한 걸까. 젊은 나이에 치매가 왔을 가능성도 있었다. 경계선 정도의 지능으로 살다가 어느 순간 정신병적 증상이 발현하면서, 인격의 퇴행이 가속화되었을 수도 있다.

지적장애의 경우 조현병, 정동장애 등 다른 정신장애 유병률은 일반인보다 서너 배 높다. 지적장애 환자가 정신증상을 보일 때는 크게 두 가지 원인이 있다. 낮은 지능 자체가 원인인 경우와, 학업성취 결여나 대인관계 실패 등으로 인한 환경적 원인인 경우가 있다. 특히 후자의 경우 불안, 분노 등으로 인해 위축되거나 난폭한 행동을 할 때가 종종 있다.

진단이 어떻게 내려지든, 낮은 지능을 물려주었다고 아들로부터 원망을 받는 어머니의 인생은 비극이 아닐 수 없다. 얼굴도 본 적 없는 남자의 어머니에게 당신 때문에 이런 일이 일어난 것은 아니라고 말해주고 싶었다. 아들의 지적장애의 원인이 순전히 어머니 탓이라는 것은 그분을 두 번 죽이는 일이 될 테니까.

머릿속으로 지적장애의 원인이 지나갔다. 그리고 지적장애의 원인을 이야기하려면 먼저 정신과 진단 기준의 역사를 짚고 넘어가야 한다. 수많은 다른 정신병처럼 지적장애도 최근 그 진단 기준이 바뀌었기 때문이다.

무엇이 정상일까?

항상 2퍼센트가 존재한다

과거 정신지체라는 용어가 쓰이다가 2007년 10월 '장애인복지법'을 개정하면서 지적장애라는 명칭으로 바꾸어 쓰고 있다. 일반적으로 우리나라에서는 정신과적 진단을 내리기 위해 미국정신의학회에서 집필한 DSM-5를 따른다. 수치로 계량화하기 어려운 정신과 속성상, 일종의 진단 표준 도서를 정해놓은 것이다. 진단에 참고하는 2대 축은 DSM과 《국제질병분류International Statistical Classification of Diseases and Related Health Problems》(이하 ICD)다. ICD는 모든 질병에 대한 색인 분류로, 세계보건기구WHO가 담당하여 집필한다. DSM은 1952년, ICD는 1949년, 비슷한 시기에 처음 발간되었다. 이 시기는 2차 세계대전이 끝나고 전 세계가 어수선하던 때로, 최초의 DSM-I은 전쟁에 참가할 수 있는 군인을 가려내기 위한 목적으로 집필되었다는 이야기도 있다.

ICD든 DSM든 시대를 거치면서 개정 작업을 하는데, DSM의 최신 버전은 2013년 5월 발간된 DSM-5다. 2013년 DSM-5 이전의 지적 장애는 대체로 아이큐 70 이하의 낮은 지능, 적응행동의 장애, 18세 이전의 발현으로 비교적 간단하게 정의가 가능했다. 지적장애의 심각도 또한 간단하게 나눌 수 있었다. 아이큐 50 이상 경도, 35에서 49 중등도, 34 이하 중도重度. 과거 장애인 급수에 따라 보조금이 주어지던 시절에는, 3급 지적장애아의 보호자들이 2급이나 1급으로 바꿔달라고 하는 경우가 종종 있었다. 낮은 아이큐가 더 많은 보조금을 보장하던 시절이 있었던 것이다. 그렇다면 과연 아이큐의 정체는 무엇일까. 공부를 잘하게 하는 두뇌? 집중력? 문제해결 능력?

아이큐의 가장 본질적인 설명은, 아이큐는 정규분포 곡선을 따른다는 사실이다. 아이큐는 문제를 많이 맞혔다고 올라가는 구조가 아니다. 평균 아이큐가 100이라는 이야기를, 아이큐가 90이면 평균이 못 되는 것처럼 착각하기도 한다. 이것은 분명 잘못된 해석이다. 아이큐는 정규분포 곡선을 이용해 산출한다.

아이큐는 표준편차 곡선에 따라, 85에서 115 사이에 대략 인구의 68퍼센트가 분포한다. 지능은 정규분포 그래프를 따르므로, 지능이 떨어진다고 이야기하는 아이큐 70 이하에는 대략 2퍼센트가 분포한다. 아이큐 70 이하는 우측에 분포한 아이큐 130 이상에 상응하며, 이들이 각각 전체의 대략 2퍼센트씩 차지한다.

지적장애와 지능 편차 구분

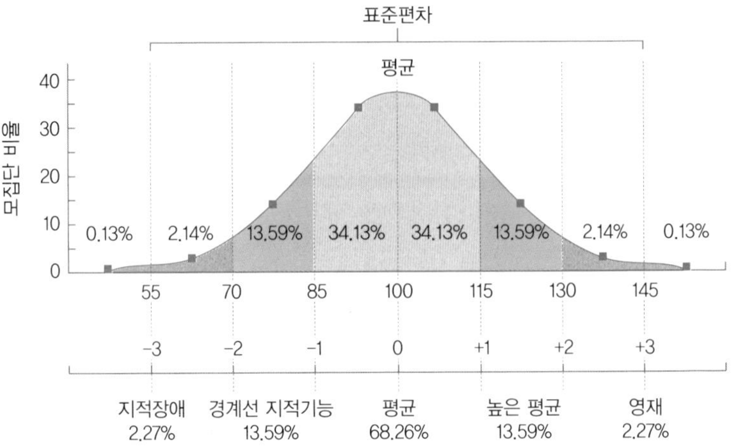

출처: 미국정신의학회

세상의 모든 현상은 대부분 정규분포를 따른다고 한다. 원인이야 다양하지만 결론적으로 100명에 2명은 기본 지능 자체가 떨어질 수밖에 없도록 인간 사회가 설계되어 있는 것이다. 수많은 학습 클리닉이 머리가 좋아지는 여러 가지 방법들을 이야기한다. 집중력이 좋아지는 약도 있고, 뉴로 바이오 피드백이라는 기계도 있다고 한다. 다 좋다. 대부분의 사람들은 오른쪽에 있는 상위 2퍼센트를 지향한다. 그러나 왼쪽에 있는 하위 2퍼센트도 엄연히 존재한다. 그리고 앞으로도 계속 그럴 것이다.

이러다 보니 세월이 흘러 DSM-5로 바뀌면서 지적장애를 아이큐 70 이하에만 근거하는 데 따르는 문제들이 나타났다. 특히 지적장애인이 연관된 사건 사고가 심심치 않게 일어나면서 추상적인 문제에 그치지 않고 형량, 벌금 액수 같은 현실적인 문제가 나타나게 되었다. 그래서 '아이큐가 70이 넘으면 법적 능력이 정상이고, 70 이하면 비정상이라고 할 수 있을까'와 같은 어려운 문제와 직면하게 되었다.

아이큐 48, 지적장애 2급 장애인에 해당하는 수준으로 간단한 의사소통을 하면서 단순 노무직을 하던 사람이 성욕을 이기지 못해 초등학생을 강간했다고 생각해보자. 이 경우 낮은 아이큐를 이유로 면책을 받는 것이 정당할까? 게다가 이 사람이 초등학교밖에 나오지 못해 배움의 기회가 없었다면 아이큐는 실제보다 낮게 측정되었을 가능성이 높다. 그렇다면 아이큐가 이 사람의 사회적 능력을 온전히 반영한다고 할 수 있을까. 물론 아이큐가 70이 넘는다고 법적 능력이 정상이라고 말할 수도 없지만.

결국 DSM-5에는 지적장애의 심각도를 아이큐로 분류하지 않고, 적응 기능에 의해 결정한다고 명시했다. 대신 의사소통 같은 사회적 영역과 옷 입기 같은 실행적 영역 등을 모두 고려하여 지적장애를 진단하고, 심각도를 나누도록 했다. 어찌 보면 의사의 입장에서는 지적장애 진단을 내리는 것이 더 복잡해지고 정교해졌다고 볼 수도 있지만, 지적장애는 여전히 어려운 문제다. 그러나 그보다 더 중요한 것은 진단의 문제가 아니다. 의사에게는 진단의 문제, 검사의 문제일 뿐이지만 환자 당사자와 가족에게는 평생을 함께해야 하는 생활의 문제다. 한 지적장애아의 어머니가 남긴 유명한 문장이 이 상황을 한마디로 정리한다.

"내 소원은 아들이 죽은 다음 날 죽는 거예요."

어머니가 80세가 되면, 아들은 50세에서 60세 정도일 것이다. 결혼은 했을 수도, 못 했거나 안 했을 수도 있다. 결혼을 했다면 좀 나으련만, 어머니는 손주도 아들처럼 '모자란' 사람이 될까 봐 차라리 안 한 게 낫다고 애써 위안을 하고 있을 수도 있다.

이제 응급실에서 남자의 누나가 한 질문에 답할 차례가 되었다.

"유전되나요, 선생님?"

엄마의 잘못일까?

누나는 지금도 동생의 모자란 행동을 작은어머니 탓으로 돌리고 싶은 마음인 것 같았다. 하지만 어떤 질환이 유전된다고 단정하는 것은 간단한 일이 아니다. 나는 얼굴도 모르는, 남자의 어머니가 쓰고 있는 누명을 벗겨주고 싶은 마음이 들었던 걸까. 가족력 질환과 유전성 질환에 대해 간단하게 설명했다.

"당뇨나 고혈압 같은 가족력 질환은 식습관이나 생활습관과 밀접하게 관련되어 있죠. 가족이 같이 식사를 한다면 비슷한 빈도로 발생할 수 있습니다. 직계가족 3대의 병력을 확인해서 두 명 이상이 같은 질병이 있을 경우에 가족력이 있다고 말해요. 할머니가 당뇨인데, 아버지와 본인도 당뇨인 경우에 해당되지요. 이건 유전과 환경이 복합적으로 작용해서 발생하죠. 그런데 유전성 질환은 좀 달라요. 유전

정보가 전달되는 한 가지 기전에 의한 병이고요. 적록색맹은 엄마의 염색체에서 전달되니까 유전된다고 할 수 있지만, 환자분의 경우는 유전이라고 말씀드리기는 어려워요."

새벽 2시가 넘은 시각, 응급실의 보호자에게 내가 지금 무슨 말을 하고 있는 거지. 염색체, 유전…. 하루가 절박한 사람들에게 너무 거창한 이야기를 해버린 것 같았다. 지적장애인들의 가족이 받고 있는 오해를 풀고 싶은 마음이 앞섰던 탓이지만, 지나친 개입이라는 생각이 들자 문득 부끄러워졌다.

누나의 심경 또한 복잡했던 걸까. 다시 한번 내게 물었다.

"그럼 선생님, 도대체 이렇게 떨어지는 사람은 왜 생기는 거예요?"

그제야 누나의 배가 눈에 들어왔다. 정확한 주수는 알 수 없지만 누나는 임신 중이었다. 무의식중에 자신의 자식에게도 이런 일이 생기면 어쩌나 하는 두려움이 누나로 하여금 원인에 더 집착하게 한다는 추리가 가능했다.

말수가 없는 큰어머니는 책임감이 강했다. 그 자신, 누구보다 복잡한 심경일 텐데 남자를 비난하지도 않았고, 작은어머니를 책망하지도 않았다. 남자의 생모가 있는 병원의 전화를 받아야 했고, 남자의 입원을 결정해야 했고, 화가 난 딸을 달래야 했다. 큰어머니가 누나에게 나가자는 손짓을 했다. 누나의 심정이 어느 정도 이해가 간 나는 마지막 한마디를 해줘야 했다.

"보호자분, 혹시 기분 언짢을 때 술 드세요?"

느닷없는 내 질문에 누나도 큰어머니도 살짝 당황하는 표정이었다. 잠깐의 틈을 두고 말을 이었다.

"지적장애의 원인은 수도 없이 많아요. 원인을 명확하게 밝히지 못하는 경우가 절반이 넘는다는 통계도 있고요. 다운증후군이라고 들어보셨죠. 그 경우 염색체 이상이라는 원인이 밝혀져 있지만, 염색체 이상이 생기는 건 그 엄마의 잘못이 아니에요. 그런데 어머니가 부주의해서 지적장애가 생기는 경우도 있어요. 임신 중에 술을 마시면 그럴 가능성이 높아지거든요. 그건 예방할 수 있는 거니까요."

보호자에게 설명을 하다 보니 남자의 어머니가 '남자들이 주는 대로 술 같은 거 받아먹었다'고 들은 기억이 났다. 그렇다면 그녀가 마신 술이 원인이었을까.

이제 이야기는 태아알코올증후군으로 계속된다. 엄마의 배 속에 있는 손가락만 한 아기에게 술이 흡수되면 어떤 일이 생길까.

태아알코올증후군과 다운증후군

증후군은 증상의 복합군으로, 원인이나 기전이 정확히 밝혀지지 않았으나 유사한 증상들이 동시에 나타날 때 명명한다. 임신 중 음주로 인해 태어난 아기에게 발생한 신체적·정신적 이상을 태아알코올증후군Fetal Alcohol Syndrome, FAS이라고 한다. 알코올은 분자가 크지 않아 태반을 통과하기가 수월하다. 엄마가 마신 술이 태반을 통해 태아에게로 전달되는 것. 알코올은 신경행동학적 테라토젠teratogen이라고 부른다. 기형을 뜻하는 tera와 유발하는 물질을 뜻하는 -gen이 합쳐졌으니 테라토젠은 말 그대로 기형 유발인자를 가리킨다.

요컨대 술은 뇌와 척수로 통칭되는 중추신경계에 '직접적으로' 영향을 준다. 뇌는 알코올에 매우 취약한 장기다. 성인의 경우에도 만성 알코올의존이면 뇌병변이 생기는데, 하물며 태아에게 술은 더 위험하다. 태아알코올증후군에 걸리면 태아는 또래보다 뇌의 부피가 작은 소뇌증을 갖게 되며, 이는 필연적으로 인지장애를 일으킨다. 또한 특징적인 얼굴 모양이 나타나는데, 눈 사이 간격이 좁으며 윗입술이 특이하게 얇다. 손가락이 붙은 합지증이 있는 경우도 있다. 유병률과 관련해 음주량, 음주 시기에 대하여 통일된 견해는 없고, 국제적으로 확립되지 않았기에 전 세계 주요 보건 단체들은 대부분 임신 중 '완전 금주'를 강력히 권고한다.

태아알코올증후군이 떠오른 나는 남자의 얼굴을 다시 한번 본다. 손가락의 합지증은 관찰되지 않았으나 얼굴 모양은 전형적이다.

얼굴 모양과 지능으로 추정되는 또 다른 질환인 다운증후군. 21번 염색체가 보통 사람보다 하나 더 생겨서 나타나는 증후군이므로, 어찌 보면 유전성 질환인 것은 맞다. 하지만 간과하는 것은 다운증후군 환자 부모의 염색체는 대부분의 경우 정상이라는 사실이다.

다운증후군은 유전병이 아니냐고? 염색체 질환이라는 면에서는 유전성 질환이지만, 정상인 어머니의 염색체가 감수분열될 때 일종의 불필요한 염색체가 갑자기 나타난다는 점에서는 예측이 불가능하기에 적록색맹과 같은 유전성 질환과는 차이가 있다. 어찌 보면 러시안룰렛처럼 다운증후군이 발병한다는 것이 현재로서는 더 정확한 표현일지 모른다.

그러나 남자가 태아알코올증후군이라면 사정이 다르다. 임신 기간에 음주를 한 어머니의 잘못도 분명히 있다. 물론 임신 기간에도 술을 마셔야 할 정도의 상황이었다면, 그 어머니의 인생도 순탄치는 않았을 것이다. 그러니 그녀에게 100퍼센트 잘못을 묻는 것도 가혹하기는 하다. 하지만 어머니의 음주가 남자에게 직접 영향을 미친 것은 사실이다.

계속되는 수색과 섬멸 작전

지적장애인에게 최상의 삶이란

빈곤한 언어능력, 떨어지는 계산능력, 사고 속도의 지체 그리고 무엇보다 2급 지적장애가 명확하게 기록되어 있는 장애인등록증. 남자의 진단은 고민할 것도 없다. 지적장애에서 문제는 진단보다 진단 이후다. 투약으로 상당 부분 개선이 되는 조현병이나 우울증과는 달리 지적장애에서 인지능력 개선은 투약으로 해결되지 않는다.

조절되지 않는 충동성이나 공격성을 보이는 지적장애인들은 인지능력이 보통인 사람이 보기에는 언뜻 납득이 가지 않는 행동을 하기도 한다. 화가 나지만 표현할 방법을 몰라서 양치하던 물을 습관적으로 먹는 사람도 있었다. 예전에 어떤 병원에서는 이런 지적장애인에게 얼굴에 분무기로 물을 뿌리는 행동을 치료법으로 쓰기도 했다고 한다. 일종의 혐오요법인데, 인권 문제가 제기되면서 이런 식의 행동치료법을 쓰는 일은 거의 없어진 듯하다.

퇴원 후 집으로 돌아간 지적장애인 중에 식욕이 조절되지 않아, 부모가 냉장고에 열쇠를 채운 사례도 있었다. 처음부터 이 지적장애인의 부모가 냉장고에 열쇠를 채운 것은 아니었다. 조절되지 않는 식욕은 통제 불능이고, 사춘기가 겹치면서 결국 10대 후반부터 인슐린이 필요할 정도로 당뇨가 심각해졌다. 설상가상 저혈당과 고혈당의 시소를 타며 몇 번의 응급실행. 결국 부모는 잔인해 보일지 몰라도, 가장 기본적인 욕망인 식욕을 통제하기로 마음먹었다. 냉장고에 열쇠를 채우고, 러닝머신을 달리지 않으면 물을 주지 않았다. 그의 인권에 타인의 관리(부모일지라도 환자가 성인임을 감안하면)가 들어감으로써, 역설적으로 그는 점점 더 건강해졌다. 지적장애인의 인권이 침해되더라도 건강을 찾을 수 있다면 어떻게 해야 할까. 어디에서 균형점을 찾아야 할까. 이는 정말 쉽지 않은 문제다.

어찌 됐든 남자와의 면담은 그럭저럭 끝났다. 남자도 처음보다는 안정을 찾은 것 같았다. 폭행의 피해자가 된 생모는 다행히 위급한 상황은 넘겼다고 연락이 왔다. 형사사건처럼 합의라는 단어를 쓰는 것이 어색하기는 하지만, 어쨌든 가족 간에 합의가 된다면 남자는 구치소를 가거나 정신감정을 받지 않아도 될 것이다. 남자의 운명은 이제 어떻게 될까.

나에게도 남자의 운명에 대해 생각하고 결정해야 할 일들이 던져졌다. 순간 남자가 갑자기 말을 걸어왔다.

"선생님, 저 여기 병원에 있게 해주세요. 저 가기 싫어요. 집에도 가기 싫고요, 동네에도 가기 싫어요. 경찰서에도 가기 싫어요."

정신병원에 있게 해달라니…. 남자는 절실했다. 무시당하는 것이 일상이었을 남자는 병원이야말로 자신이 이야기를 할 수 있는 공간이라고 느꼈던 걸까. 아니, 이야기를 하는 것까지 바라지 않을지도 모른다. 이곳이 자신이 살던 마을, 학교보다 상대적으로 안전한 곳이라고 느끼는 것 같았다.

경제적으로 넉넉한 집안에서는 처음에는 자식이 지적장애인이라는 것을 감추기 위해 장애인 등록을 미루는 경우가 종종 있다. 반면 가족이 없다시피 한 지적장애인이나 시설에서 생활하는 경우는 장애인 등록을 빨리 하는 경향이 있다. 사회적 체면과 실질적 혜택을 두고, 지적장애인의 존재는 거울처럼 주변을 비추는 셈이다. 의사가 섣불리 가족에게 장애인 등록을 권하기는 어렵다. 마찬가지로, 누군가 지적장애인이 받는 혜택을 그에게 돌려주지 않는다는 심증이 있어도 보호기관에 그 사실을 말하기도 어렵다. 보호자가 원할 때 검사를 실시하고, 진단서를 발급한다. 어떤 면으로는 외래에서 의사의 역할은 그것이 전부라고 할 수 있다. 다른 정신질환의 경우보다 지적장애인을 대할 때, 적지 않은 정신과 의사들이 직업의 한계를 더욱 절실히 느낀다.

한번은 사회복지기관에서 함께 방문한 한 학생의 지능검사 결과가 거짓말처럼 71이 나온 적이 있었다. 장애인 등록 후 받을 혜택을 생각하고 있던 기관에서는 당혹스러운 일. 한 번 더 검사를 하면 안 되냐고 기관의 담당자가 조심스럽게 물었다. 이런 경우 검사가 익숙해져 다음번 검사에서 더 높은 점수를 받을 가능성이 높아진다.

"점수가 더 잘 나올 가능성이 큽니다."

기관 담당자가 알 수 없는 웃음을 지으면서 나에게 반문했다.

"과연 그럴까요?"

결국 나는 지능검사를 다시 실시하지 않았다. 그 학생은 다른 병원에서 다시 검사를 받고, 장애인등록증을 받았을 가능성이 크다.

지적장애인 중에는 낮 시간 동안 센터 같은 기관에서 미술 활동을 하거나 바리스타 교육을 받기도 한다. 그들끼리 모여 활동하고, 그들을 돌볼 전문가가 있다고 해도 센터에서 그들이 모두 즐거워하고 보람을 찾는 것은 아니다. 왜 그럴까. 그들의 눈높이에 맞추어 교육 프로그램을 구성하는 것이 아니라, 그들을 계도해야 하는 대상으로 생각하고 프로그램을 짜고 실행하기 때문에 그런 것은 아닐까?

이런저런 생각이 스쳐 지나가는데 남자가 다시 한번 호소했다. 그의 목소리에는 절실함이 묻어 있었다.

"선생님, 저 청소도 잘하고요. 빨래도 잘해요. 여기에서도 심부름 잘할 수 있어요."

남자의 입장에서 생각해보았다. 몇 가구 안 되는 폐쇄적인 농촌 사회. 어릴 때부터 놀림을 받는 것이 일상인 자신과 어느 순간부터 정신이 이상해지면서 아이 같은 행동을 하는 생모. 남자에게 생모는 어쩌면 자신이 가장 싫어하는, 자신의 일부분인 쌍둥이 자아 같은 존재인지도 모른다. 그리고 생모에게서 쌍둥이 자아가 점점 커지는 것을 남자는 받아들이기 어려웠을 것이다. 사람은 누구나 인정받고 싶어 하고 존재 증명을 받고 싶어 하므로. 비록 인지기능이 다른 사람보다 조금 떨어진다고 할지라도 말이다.

1996년 광주의 한 복지원에서 처음 만나 '강력접착제'라는 별명이 생길 정도로 붙어 다닌 지체장애인 최승규 씨와 지적장애인 박종렬 씨가 함께 사는 이야기가 화제였다. 이 실화에 영감을 받아서 만든 〈나의 특별한 형제〉가 2019년에 개봉되었다. 배우 신하균이 까칠하고 현실적인 지체장애인 세하 역을, 이광수가 지적장애인 동구 역을 맡았는데, 둘의 연기 호흡도 훌륭하거니와 영화는 장애인의 삶에 대해 본질적인 질문을 던진다.

평화로운 일상을 보내던 어느 날, 동구의 생모가 찾아온다. 일련의 사건을 거쳐 동구는 생모와 계부, 여동생이 있는 집에서 생활하게 된다. 그런데 여기에서 동구는 역할이 없으며 심지어 여동생은 동구를 오빠로 인정하지 않는다. 결국 동구는 자신의 역할이 있는 세하와 살던 곳으로 돌아간다. 그곳에서 동구는 세하가 욕창에 걸리지 않도록 몸을 돌려 눕혀주기도 하고, 라면을 줄까 말까 하면서 약이 오른 세하를 두고 장난을 치기도 한다.

영화는 사회적 역할이 있는 지적장애인의 모습과 비록 혈연으로 연결되어 있지만 수동적으로 받기만 하는 지적장애인의 모습을 대비시키면서, 무엇이 그를 위해 더 행복한 길인지 생각하게 한다. 마치 정신병원에서 청소도 하고, 심부름도 하면서 지내는 것이 자신에게 최선의 길이라고 생각한 남자처럼.

웃을 수 없었던 아이들

지적장애의 원인으로 알려진 질환 중 가장 널리 알려진 것은 역시 다운증후군이다. 20세에 임신한 여성의 아기가 다운증후군에 걸릴 확률은 1500명에 1명 정도이나, 40세에 임신한 여성의 경우 확률이 100명당 1명이 될 정도로 흔한 질환이다.

《부모와 다른 아이들》이라는 책은 청각장애, 다운증후군, 자폐증 등의 예외적인 정체성을 가진 자녀를 키우는 부모와 그 환경에 대해 이야기한다. 그중 '다운증후군' 장에는 에릭 에릭슨Erik Erikson에 대한 이야기가 나온다. 에릭슨은 인간 발달의 여덟 단계를 설명하고, '정체성 위기'라는 말을 사용한 미국의 정신분석가다. 자신이 구상한 발달 단계의 첫 단추부터 뀔 수 없어서였을까. 에릭슨은 다운증후군이 있는 자신의 아들 닐을 태어난 지 며칠 만에 보호시설로 보냈고, 자신의 다른 자식에게도 비밀로 했다고 한다. 《세일즈맨의 죽음》으로 유명한 극작가 아서 밀러Arthur Miller 또한 자신의 다운증후군 아이를 보호시설에 맡기고 아무에게도 그 아이의 존재에 대해 말하지 않았다고 한다.

최근 지적장애 3급 커플이 결혼을 반대하는 여자의 아버지를 살해한 뉴스가 보도되었다. 뉴스는 이들이 범행 후 버젓이 오락실에서 게임하는 등 '태연함'을 보였다면서 지적장애인들의 무자비함을 부각시키는 쪽으로 보도했다. 성범죄와 관련되면 지적장애인들은 더욱 취약하다. 최근까지도 여성 지적장애인이 집단 성폭행의 피해자가 되는 경우가 있었으며, 남성 지적장애인은 아동범죄의 가해자로 지목되는 경우가 적지 않다.

어쩌면 현재 우리는 지적장애인들에 대해 혼돈의 시기를 살고 있는지도 모른다. 범죄의 영역까지 이야기할 것도 없다. 잠깐의 검색만으로도 지적장애인과 관련한 많은 쟁점들을 볼 수 있다. 지적장애인 자백의 법적 효력, 지적장애인과 세례(대한예수교 장로회 총회에서 2019년 발달장애인 세례지침을 통과시켰다) 등등. 쟁점은 다양하나 그 속에 깔려 있는 전제가 대부분 이들은 우리와 다르다는 점을 부각시킨다는 점에서는 큰 차이가 없다.

에릭슨이나 밀러 같은 사람이 자신의 자식을 보호시설에 맡긴 것을 감안하면 확실히 과거보다 차별의 노골성은 줄어들었다. 하지만 어떤 면으로는 복잡해진 사회만큼이나 지금은 더 교묘하게 차별받고 있는지도 모른다.

영국의 한 지적장애인은 장기이식 대기자 명단에서 제외되어 신장이식을 거부당하게 되자 온라인 캠페인을 펼친 끝에 이식을 받게 되었다. 이 사건에는 엄연히 '지적장애인의 목숨값은 아이큐가 평균인 사람의 목숨값보다 떨어진다'는 폭력적 시각이 깔려 있다.

만약 당신의 아이가 아이큐 60으로 태어났고 신장 기능이 좋지 않은데, 낮은 지능으로 인해 이식 대기자 명단에서 뒤로 밀린다면? 비록 다른 아이들보다 발달은 느렸지만 사랑스러운 아이였다. 설상가상 누군가 당신에게 당신의 아이는 지능이 낮으니 이식 대기자 명단에서 아예 제외하겠다고 말한다. 과연 그런 상황에서도 장애가 있는 아이는 낳지 말아야 한다고 생각할 수 있을까.

임신 중 염색체검사를 하는 것을 두고 어떤 이는 '수색 및 섬멸 작전'이라고 부르기도 한다. 검사를 통해 수색 및 섬멸을 당하는 태아가 늘어나므로 얼핏 보면 다운증후군은 사라질 것처럼 보인다. 그러나 현실은 그 반대다. 노산과 직접적 관련이 있는 다운증후군 인구는 미국의 경우 2025년이 되면 2000년에 비해 두 배로 늘어날 것이라고 한다. 수색 및 섬멸 작전은 지속되고 있으나, 그를 상쇄하고도 남을 만큼 노산의 비율이 늘어서 다운증후군 아이는 늘어나고 있다. 어쩌면 인간의 이기심에 대한 경고를 저 높은 곳에서 하고 있는 건지도 모른다.

행복한 인형 증후군Happy Puppet Syndrome이라는 질환도 있다. 대부분 어머니의 15번 염색체의 문제로 생기는 이 질환의 아이들은 균형 능력이 떨어져서 꼭두각시 같은 인형 걸음걸이를 걷고, 인지능력도 떨어진다. 이들은 쉽게, 과도하게, 조절할 수 없이 '웃는' 특징적인 증상을 보인다. 양수검사로 수색 및 섬멸되었다면 웃을 수 없었을 아이들이다.

너무 순진하게 들릴 수도 있지만, 지적장애로 인해서 할 수 없다고 미리 생각해버리는 것 또한 위험하다. 수백 번의 도전 끝에 운전면허를 기어코 따낸 중복장애인도 있으며, 수영이나 마라톤 같은 운동 분야에서는 더 많은 성공 사례가 있다. 2급 지적장애인인 한 피아니스트는 평창스페셜뮤직페스티벌 개막식에서 첼리스트 정명화와 협연을 했다. 그리고 2020년을 열흘 앞둔 시기, 지구 반대쪽 페루의 20대 다운증후군 청년이 국회의원에 도전한다는 뉴스가 전해졌다. 대학생 때까지만 해도 기자가 되고 싶었다는 이 청년은 정치에 도전하는 이유에 대해서 '패러다임을 깨기 위해서'라고 말했다.

5장

더 이상 엄마의 아바타로 살고 싶지 않다

조현병

결국 여기까지 가는구나

법원 출석 명령

형사 정신감정서를 작성하면 이런 일이 가끔 있다는 말은 들었지만 실제로 나에게도 닥칠 줄은 몰랐다. 치료감호소를 떠난 지 6개월. 그곳과는 먼 지역에서 새로 근무를 하고 있었다. 어느 날 지역번호 041로 전화 한 통이 걸려왔다. 서무과를 통해서 들어온 공문 때문에 걸려온 전화였다.

"귀하께서 정신감정 하신 강철수 씨가 국민참여재판을 신청했습니다. 증인의 자격으로 10월 16일 4시 서울서부지방법원 402호로 출석하시길 요청합니다."

공문에는 증인 출석 명령을 거부하기 위해서는 특별한 사유가 있어야 한다는 협박 아닌 협박까지 적혀 있었다. 증인 출석보다 더욱 부담스러운 것은 그것이 국민참여재판의 형태를 띤다는 것이었다.

나에게는 '증인으로 참석 요망'이라는 문구 외에는 아무런 정보도 없었다. 영화나 드라마에서 보면 증인 출석이라는 것은 대부분의 사람들이 꺼리는 일이다. 평화로운 일상이 깨지는 재판정에 서는 일. 증인으로 출석한 경험이 있는 친구가 한마디 했다.

"아주 불편한 일이지. 당신이 '제정신이 아닌 사람'이라고 감정한 사람이 많은 사람들 앞에서 당신을 쳐다보면서 있을 테니까. 물론 원론적인 이야기는 있지. 의사나 법의학자들이 잘하는 말 있잖아. 우리는 과학적인 팩트만 이야기한다, 뭐 이런 거. 근데 당신은 정신과 의사잖아. 그쪽 자체가 원래 모호하지 않나? 누가 의뢰했고, 무슨 사건인지는 모르겠지만 정신감정을 받은 사람이 국민참여재판을 신청한다는 것 자체도 난센스인 거 같은데. 진단이 뭐였는데?"

친구인 최의 직업은 기자. 최에게 진단명을 말해줄 수는 없었다. 최가 덧붙였다.

"국민참여재판을 신청할 정도라면, 제정신이라고 봐야 하는 거 아닌가?"

최가 유도신문을 하고 있었다. 나 또한 넘어갈 수 없었다.

"제정신이라도 모두 다 하는 건 아니고, 제정신이 아니라고 안 하는 것도 아니겠지."

이렇게 말하고 보니 나도 헷갈렸다.

신청인은 30세 강철수. 조현병으로 이전에도 정신감정을 한 번 받은 전력이 있는 사람이다. 그 당시 사건은 주차되어 있던 윗집의 차를 훼손한 사건이었다. 살인까지 부른다는 층간소음인가. 이전 감정서를 보니 층간소음으로 인해 사건이 발생하기는 했지만, 일반적인 층간소음의 갈등과는 양상이 달랐다. 결국 이웃은 강철수를 경찰에 신고했고, 경찰은 정신감정을 의뢰했다. 그리고 강철수는 꼬리표가 달렸다. 조현병, 심신미약.

다시 시작된 2차 정신감정

철수는 다시 정신감정을 받게 되었다. 일반인은 평생 한 번도 받기 어려운 정신감정을 두 번이나 받게 된 것이다. 구치소에 있을 때 철수의 신분은 미결수. 정신감정이 필요하다는 판단에 따라 치료감호소로 이송되었다. 미결수이던 철수는 치료감호소로 이송되면서 '피감정인'의 신분으로 바뀐다. 판결을 받으면 기결수가 될 것이다.

이번 사건은 철수가 자신의 어머니를 야구방망이로 가격한 폭행건이다. 다행히 어머니는 목숨은 건졌으나 비장이 파열되어 응급수술을 했다. 철수는 어머니를 죽이려는 의도가 있었던 걸까. 아니면 우발적인 사고였을까. 야구방망이로 복부를 때릴 정도로 분노한 상태라면 원인은 무엇일까. 경제적인 이유일까. 아니면 자신을 무시해서? 사건 기록을 검토하다가 경찰은 아마 서류 하나를 봤을 것이다.

다름 아닌 과거 치료감호소에서 정신감정을 받은 사실. 철수의 신분을 확인하면서 보니 정신장애인에게 발급되는 복지카드도 있었다. 조서를 받으며 왜 그랬냐고 물어도 죄송하다는 말 외에 특별한 말이 없었다. 저 정도의 젊은 남자라면 핑계든 항변이든 반성이든 뭐든 하기 마련이다. 역시 정신이 조금 이상한 거 아닐까. 죄송하다는 말만 반복하는 것 또한 흔히 볼 수 있는 일은 아니니까. 경찰은 그를 다른 곳으로 보내기로 결정했다.

철수는 경찰서에서 치료감호소로 이송되었다. 미결수에서 기결수가 되지 않고 그렇게 피감정인이 되었다. 철수의 신분은 이제 약 한 달간 피감정인이다. 죄의 유무와 형량을 따지기 전에, 사건 당시 그의 정신이 온전했냐는 것이 쟁점이 되었다. 그렇게 9개월 전 철수와 면담실에서 만났었다.

이전 정신감정서는 이미 읽은 상태였다. 요약하면 아이큐 95. 지능은 이상 없으나 사고 과정에서 망상이 뚜렷하고 환청으로 의심되는 행동이 보이는 조현병. 심신의 이상 유무에서는 심신미약. 앞으로의 계획에 대해서는 치료감호와 같이 병의 치료가 필요하다는 의견이 붙어 있었다.

환자복으로 갈아입은 철수는 수염을 깎지 않아 수척해 보였다. 이송 과정에서는 포승줄에 손이 묶이지만, 입소가 결정되고 병동에 들어오는 순간 포승줄을 풀고 환자복으로 갈아입게 된다. 기본적인 활력징후 체크가 끝났고, 다행히 활력징후는 안정적이었다. 세 평 남짓한 면담실. 그를 마주 보고 앉았다. 앞으로 내가 정신감정을 담당하게 될 의사라고 이야기한 뒤 첫 질문을 던졌다.

"지금 여기에 왜 오신 건가요?"

서울에서 공주까지 오는 먼 여정. 그는 좀 지친 것 같았다. 그렇지만 초기 면담을 하지 않을 수 없었다.

"판사가 보냈어요."

단답형. 검찰로부터 전달된 사건의 개요는 이미 확인한 상태였다. 사건은 단순했다. 사건을 요약하는 데도 열 줄이 넘지 않았다. 요약하면 이렇다.

'피의자는 과거 조현병 등의 병명으로 통원치료를 받고 있는 자로 무직이다. 피해자(여, 62세)는 피의자의 모친으로 직계존속의 관계에 있다. 피의자는 ○○월 ○○일, 자신의 주거지 내에서 피해자가 자신에게 약을 먹이며 괴롭힌다는 망상에 사로잡혔다. 주거지 마루에서 피해자와 단둘이 있던 중 갑자기 끓는 물을 피해자 좌측 다리에 붓고, 야구방망이를 가져와 살해하고자 하였으나 피해자에게 치료 일수 미상의 복부 출혈 등의 상해를 가하는 데 그쳤다.'

결국 조현병으로 인해 망상이 생긴 아들이 어머니에게 뜨거운 물을 붓고 야구방망이를 휘두른 사건이었다. 이 같은 사건을 들었을 때 사람들의 반응은 두 가지다. 무섭다, 아니면 미쳤다. 나에게도 그런 질문을 하는 사람들이 종종 있다. '무섭지 않으세요?' 대답은 항상 정해져 있다. "경우에 따라 달라요."

물론 정신과 병동에서 흔히 쓰는 말로 '눈빛이 날카로운' 환자들도 있다. 피해망상으로 인해 세상에 대한 방어와 경계가 피부처럼 붙어 있는 이들. 그러나 모든 조현병 환자가 다 그런 것은 아니다. 무의욕, 무감동의 시간을 하릴없이 보내는 사람도 있고, 피해망상이 있다고 해도 모든 사람에게 망상이 있는 것은 아니니까. 실제로 의사 구인 구직 사이트의 광고를 보면 정신병원의 경우 이런 문구를 쉽게 볼 수 있다. '손이 많이 가는 알코올의존 입원은 거의 없습니다. 거의 대부분 만성 조현병 환자입니다.'

어찌 보면 조현병은 정신과에서 가장 어려운 질환이라고 볼 수 있다. 수많은 사건 사고, 묻지 마 살인, 친족 폭행의 주범이 되면서 실시간 검색에 등장하는 조현병. 각종 기괴한 사고와 행동을 보여준다고 알려진 그 병. 그러나 아이러니하게도 조현병은 대부분 만성화될 경우 무의욕, 무감동의 상태로 바뀐다. 당연히 의사에게 불평도 하지 않는다. 사람들과 싸우는 경우도 흔치 않다. 자폐적으로 자신의 세계에 몰두하면서 시간을 보내거나 적은 에너지를 소비하면서 생활한다.

그래서 어쩌면 저 구인 광고가 의사들에게 말하고자 하는 바는 이런 건지도 모른다. '당신이 우리 병원에 취업한다면 환자로부터 면담이나 투약 변경 요구 같은 것을 들으며 피곤해질 확률이 떨어집니다.' 의사를 고용하고자 하는 병원에서 일종의 신호를 보낸 것이다. 환자가 당신을 피곤하게 하지 않을 것이라는 이야기. 물론 저런 광고를 본 정신과 의사는 거의 모두 그 속뜻을 알고 있다. 이렇듯 일반인과 정신과 의사들에게 조현병은 체감하는 온도 차이가 있는 것이다.

철수의 경우도 급성 상태는 지나 이제 만성화 단계를 밟고 있는 걸까. 철수는 그런 '무서운' 눈빛을 하고 있지 않았다. 오히려 만성 조현병 환자 특유의 무표정이 보였다. 어머니에 관한 이야기는 불필요한 자극을 줄 수 있었다. 다른 가족에 대해 먼저 물었다. 영수라는 이름의 형이 한 명 있다고 했다.

"형은 어릴 때부터 월등하게 공부를 잘했어요."

주변의 칭찬은 항상 형인 영수 몫이었을 것이다. 철수는 초등학교 때부터 뭔가 주눅이 들어 있는 것처럼 보였다고 한다. 영수가 중학교에 진학하자 영수의 동생이라는 방패막이가 사라진 철수는 동급생들에게 가장 만만한 사람이 되었을지도 모른다.

"중학교 시절은 어땠어요?"

이번에도 철수는 아무 표정 없이 대답했다.

"왕따를 당했어요."

그 당시를 다시 떠올리면 화가 나거나 슬픈 마음이 들 법도 한데, 철수의 표정에는 감정이 없었다. 조현병에서 흔히 관찰할 수 있는 증상인 무감정의 상태.

중요한 건 조현병으로 추정되는 철수의 감정 상태였다. 철수는 타인의 감정에 공감은커녕 동정조차 하지 않는 상태로 보였다. 그렇다고 철수가 억지로 냉정해지려고 하는 것도 아니었다. 음식으로 비유하면 양념이 적당하지 않아서 맛이 없는 것과 정말로 맛이 없는無味 상태는 다르다. 말하자면 철수의 감정 상태는 후자다. 그는 왕따를 당한 안쓰러운 과거의 자신에게도 전혀 자기연민을 느끼지 않는 것처럼 보였다.

"어떤 식으로 괴롭혔나요?"

철수는 여전히 감정의 미동조차 없었다.

"형이 중학교에 가고 나서부터 나한테 틱이 생겼어요. 처음에는 말하면서 중간중간 아아, 하는 소리를 내는 틱이 생겼어요."

질문에 길게 대답하는 경우가 없었다. 스트레스를 받으면 악화하는 틱. 점점 개수가 늘어났을 것이다. 처음에는 소리만 내다가 나중에는 말하다가 목도 흔들고 발도 흔들고, 눈도 깜박이고 하면서. 그렇지 않아도 놀림감인 아이에게 틱의 개수가 늘었다면 더 치명적이었을 것이다.

"틱의 개수가 늘었나요?"

철수가 조용히 대답했다.

"네."

철수에게는 늘 소소한 사건들이 따랐다. 동급생들에게 가장 만만한 아이. 같은 반 친구들은 체육 시간이 되면 체육복을 들고 복도로 도망가버리기도 하고, 도시락에 벌레를 넣어두기도 했다. 그래도 여전히 친구들과 어울리고 싶은 마음은 한구석에 있었겠지. 또래 집단이 중요할 때니까. 친구들과 무엇을 하고 놀았냐고 질문하자 철수가 이번에는 조금 큰 목소리로 대답했다.

"주로 축구를 했는데요. 친구들이 규칙을 정할 때 자꾸 우겨서 기분이 나빴어요."

"그때 기분이 나빴다고요?"

"네."

철수로 인해 가장 많은 시간을 힘들게 보냈을 사람. 피해자인 어머니는 병원에 있고, 아버지와 형은 보이지 않았다. 가족관계가 철수를 이해할 수 있는 시작점이었다. 아버지는 일찍 돌아가셨다고 했다. 그렇다고 해도 묻지 않을 수 없었다.

"아버지가 어떤 분이셨냐고요?"

예전에 어떤 학자는 조현병을 조기 치매라고 부르기도 했지만, 조현병도 다양한 스펙트럼이 있다. 철수는 현실 검증력이 완전히 깨진 상태가 아니다. 그러나 한 단어로 표현하기가 어려울 수도 있는 질문이었다. 질문을 바꾸었다.

"아버지에 대한 기억이 있나요. 어떤 일을 하셨나요?"

"가족들이 교회에 딸린 건물에서 살았어요. 아버지가 목사였어요."

"엄하셨나요?"

병명과 상관없이 대답은 '예'일 것이다. 거의 그렇다.

"네."

철수도 예외는 아니었다.

면담을 하면 대부분의 환자는 본능적으로 가족을 포장한다. '아버지는 엄하셨지만 저희를 많이 아꼈던 것 같아요.' 대본이라도 읽는 것처럼 많은 사람들이 자신의 아버지에 대해 그렇게 이야기한다. 일종의 집단적 클리셰라고나 할까. 면담이 성공적인 경우, 그 사람의 과거가 머릿속에서 영화처럼 흐른다. 엄한 아버지? 한 컷도 찍을 수 없는 영화다. 질문을 더 할 수밖에 없다.

"때린 적은 있나요?"

"없어요."

철수는 아이러니하게도 조현병 때문인지, 대부분의 환자와는 달리 포장에는 전혀 관심이 없는 것 같았다. 취조처럼 느껴지지만 구체성을 위해 계속 캐물어야 했다.

"욕은 안 했어요?"

"화를 잘 안 내는 성격이셨나요?"

대답이 짧은 경우, 면담의 진행을 위해 계속 질문을 만들어야 한다. 쉽지 않은 일이다.

"화를 크게 낸 적은 있어요."

"어떤 일 때문이었나요?"

이번에는 철수가 조금 길게 대답했다.

"여덟 살 때였나 교회에서 행사가 있는 날이었어요. 어머니와 형은 교회에 있고, 아버지와 제가 행사에서 먹을 계란 프라이를 만들었어요. 그런데 제가 기름을 안 두르고 했다고 크게 화를 냈어요."

여덟 살 남자아이에게 흔히 있을 수 있는 일은 아니었다. 예상하지 못했던 상황.

"어떤 식으로 화를 내던가요?"

"기름을 둘러야지! 그것도 몰라, 소리를 지르면서 화를 냈어요. 그러고는 관사에서 나가더니 교회에 온 아이들에게 웃으면서 계란 프라이를 줬어요."

단언컨대 아버지는 기억에서 까맣게 지워버렸을 그 사소한 일. 아들에게는 상처가 된 것 같았다. 아버지가 화를 잘 내는 무서운 분이셨냐고 한 번 더 질문했지만 여전히 표정의 변화가 없었다.

"글쎄요, 몇 달 있다가 교통사고로 돌아가셔서 사실 기억이 잘 안 나요."

철수의 마음을 알기가 쉽지 않았다. 무표정 속에 감춰진 마음은 화석처럼 굳어 있는 것 같았다. 사건 피해자인 어머니, 어머니에 대해서는 어떨까. 어머니에 대한 감정은 복잡할 것이다.

"어머니는 어떤 분이세요?"

"죄송합니다."

어머니에 대해 묻자 죄송하다는 말로 입을 열었다. 다른 질문을 해야 했다.

"그럼 셋이 살았나요? 아버지 돌아가신 뒤에요."

"아니요. 주로 어머니와 둘이 살았어요. 형은 공부 때문에 기숙사에서 생활했거든요."

공부를 잘했다는 형. 그는 지금 어떤 일을 하고 있을까.

"형은 지금 로컬에서 봉직의를 하고 있어요."

로컬에서 봉직의를 한다는 말을 아무렇지도 않게 하는 모습은 어딘가 낯설다. 일반인은 잘 쓰지 않는 봉직의라는 단어를 철수는 아무렇지도 않게 쓰고 있다. 이 직종에 있지 않고서는 잘 쓰지 않는 용어다. 의사 면허를 취득하면 모두 개업을 하는 것 같지만 실상은 그렇지 않다. 대학에 남아 학생을 가르치기도 하고, 준 종합병원에서 월급제 의사(봉직의)로 일하는 경우도 많다.

그렇다면 봉직의라는 말은 치료감호소에 있으면서 들었을까.

정신감정 기간이 끝나면 피감정인은 다시 신분이 바뀐다. 판사는 정신감정서와 각종 서류, 피의자와 피해자의 입장 등을 종합하여 판결을 내린다. 심신미약이라는 의사의 감정서(의사의 감정서에는 정신과적 진단명과 함께 사건 당시와 현재의 피감정인의 형사책임능력에 대한 평가를 기록한다. 형사책임능력은 크게 심신미약, 심신건재, 심신상실로 구별된다)가 있다고 하더라도, 최종 판결은 판사의 몫이다. 징역형이 내려지면 교도소로 가게 된다. 그러나 벌금이나 징역형이 아닌, 치료감호 명령이 떨어지면 치료감호소로 오게 된다.

공주에 있는 치료감호소 입구에는 두 개의 현판이 붙어 있다. 치료감호소와 국립법무병원. 이 두 개의 현판이야말로 이곳의 정체성을 상징적으로 보여준다. 치료와 감호라는 두 단어가 나란히 있다는 것부터 이 조직의 정체성은 이미 드러난 셈이다. 그러니까 정신감정을 위해 잠시 입소한 사람을 제외하고 치료감호소에 있는 사람들은 치료와 감호를 받기 위해 들어와 있는 것이다. 더 쉬운 말로 풀이하자면 환자이면서 범죄자인 이중의 타이틀을 가진 사람들이 모여 있는 곳이다. 그들의 정체성도 보는 사람에 따라 조금씩 다르게 느낀다. 의사들은 그들을 환자로 보고 싶어 하고, 감호에 종사하는 사람은 범죄자로 보는 시각이 더 강하다.

어쨌든 지금 철수는 아무렇지도 않게 봉직의라는 단어를 썼다. 병원에 있는 환자가 그 단어를 썼어도 어떻게 알게 되었을까 궁금했을 텐데, 피감정인이 쓰니 더 긴장이 되었다. 나는 철수가 봉직의라는 말을 치료감호소의 의사로부터 들었을 것이라고 가정했다. 그가 20대의 육 년을 보낸 곳. 그런데 내가 그와 형의 관계를 과소평가했을 수도 있다는 생각이 문득 들었다. 어쩌면 형은 자신의 동생을 가장 잘 이해하는 사람일지도 모르는 일이었다. 호기심 때문일까. 나는 바로 질문을 던지고 말았다.

"봉직의라는 말은 어디에서 들으셨어요?"

"당연히 형이죠. 형이 외과 봉직의예요."

역시 치료감호소의 의사가 환자를 보면서 봉직의라는 용어를 쓰지는 않았을 것이다.

이어지는 질문은 어쩌면 예정된 것이었다.

"형과 사이는 어때요?"

"그냥 그래요. 형은 계속 따로 살아서요. 그래도 가끔 책도 보내주고 그랬어요."

처음으로 철수가 호의에 가까운 감정을 보인 것 같았다. 내가 되물었다.

"어떤 책인가요?"

"뭐 이런저런 거요. 설비 자격증 책도 보내주고, 과학 잡지도 보내주고요."

가족 중 가장 가까운 사람이 의사라는 게 아무래도 나를 긴장하게 만들었다. 형을 만나봐야 할 것 같았다.

"형이 면회를 오기로 했나요?"

"네."

면담을 마치기 전, 한 번 더 어머니에 대해 물었다.

"어머니한테는 왜 그러셨나요?"

이번에도 대답은 같았다.

"죄송합니다."

분명 무언가 감추고 있는 태도였다. 형을 만나봐야겠다는 마음이 굳어졌다.

하루아침에 발병하지 않는다

형과의 만남

철수와 면담은 병동의 면담실에서 진행했지만 영수는 그곳까지 들어갈 수 없었다. 검사 병동까지 가려면 몇 번의 지문 인식과 열쇠가 필요했다. 영수가 들어갈 수 없는 것은 당연한 일. 외래 진료를 보는 곳에서 영수를 만났다. 철수와 영수는 이미 따로 만나고 난 후였다. 이 또한 병원에서 환자와 보호자가 만난다기보다는, 교도소로 접견을 온 보호자와 수감자가 만나는 것 같은 느낌이 강하다. 둘의 만남은 유리벽으로 가려진 면담실에서 이루어진다. 철수 옆에는 당연히 감독관이 지켜보고 있다. 영수는 이 모든 과정을 익숙하게 받아들이고 있었다.

외래 면담실에서 만난 영수는 폴로 셔츠에 금테 안경을 쓴 깔끔한 모습이었다. 약간 긴 얼굴과 속쌍꺼풀이 둘이 형제임을 보여주었지만 풍기는 인상은 확연히 달랐다. 영수에게는 항상 사회의 인정을 받으며 살았던 사람 특유의 여유로움이 묻어 있었다. 지금 상황을 생각하면 쉽지 않은 태도였다.

"그럭저럭 잘 지내는 것 같더라고요. 수고가 많으십니다."

영수가 먼저 입을 열었다.

"네. 다행히 병동 내에서는 특별한 문제 행동은 아직까지 관찰되고 있지 않습니다. 식사나 수면 상태도 비교적 양호하고요."

"같이 있는 사람들은 어떤가요. 안에서 트러블은 없나요?"

"여기에 온갖 사람이 다 모여 있기는 해도, 대부분 한 달 안에 떠날 사람들이라서 크게 교류가 없습니다. 과거에 조현병 진단을 받았던 사람들 중에는 계속 혼잣말을 하거나 병동 내 다른 사람에게 피해망상이 꽂혀서 공격적인 경우가 있기는 한데, 철수 씨 경우는 그렇지는 않습니다."

영수가 진지하게 내 말을 듣더니 질문을 던졌다.

"약을 먹으니까 진정이 된 거 아닐까요?"

자주 듣는 질문이었다. 여기에는 준비된 대답이 있다.

"증상이 숨겨질 수 있기 때문에 정신감정 기간에는 약은 아주 급하지 않으면 쓰지 않습니다."

영수가 알겠다는 듯 고개를 끄덕이며 짧게 한숨을 쉬었다.

"제가 더 잘 챙겨줬으면 좋았을 텐데. 저도 제 앞가림하느라 바빠서 철수는 신경을 쓰지 못했어요. 조금 다른 이야기입니다만, 저도 그 집에서 벗어나고 싶었거든요. 전 다행히 공부를 잘해서 외지의 기숙사로 나가 살면서 사춘기를 제 나름대로 공부하면서 지낼 수 있었습니다. 철수는 사실 어릴 때 왕따도 당했고, 게다가 어머니와 둘이 지내는 게 쉽지는 않았을 거예요."

영수의 반응은 조금 의아한 데가 있었다. 지금 피해자는 철수의 어머니기도 하지만, 영수 자신의 어머니다. 게다가 비장 파열로 수술까지 받은 상태라고 하지 않았던가. 상식적으로 생각하면 정신병을 앓고 있다고 하더라도 자신의 어머니에게 위해를 가한 동생에 대한 원망이나 어머니에 대한 염려가 지배적인 정서가 되는 것이 자연스럽지 않나. 그런데 지금 영수의 지배적인 정서는 동생에 대한 미안함이었다.

"철수 씨는 주로 중고등학교 때 어떻게 시간을 보냈나요? 본인 말로는 공부는 중간 정도였고, 친한 친구는 두세 명. 그저 평범하게 지냈다고 하던데요."

이 또한 엄격한 아버지만큼이나 흔하게 들을 수 있는 클리셰였다. 거짓말은 아니지만 아무 정보도 주지 않는 서술. 물론 철수의 경우는 자신에 대한 포장이라기보다는 방어에 가까운 진술일 것이다. 본능적으로 자신의 진짜 세계를 사람들이 이해하기는 어려울 것이라는 생각이 낳은. 역시 영수의 반응은 조금 달랐다.

"교회 옆 막사 같은 관사에서 어머니와 둘이 살았어요. 중고등학교 내내요. 그 자체로도 어떤 아이들은 놀리곤 했지요. 그럴수록 어머니는 더욱더 교회 생활 말고는 없는, 폐쇄적인 생활을 하신 것 같아요. 철수도 마찬가지고요. 원래 어울림이 없는 아이였죠. 대신 철수는 책을 많이 읽었어요. 제가 대학생일 때는 책을 사달라는 이야기를 이따금 했거든요."

"책은 주로 어떤 종류였나요?"

"우주, 마음, 심리학, 텔레파시…. 이런 종류가 많았어요. 고등학생이 읽기에는 현실과 동떨어진 내용이었죠."

영수는 그래도 하나밖에 없는 동생이고, 친구도 별로 없는 아이가 하는 부탁이니 자신이 구할 수 있는 대로 보내주었다고 했다. 그런데 나중에 보니 영수가 보낸 책의 절반도 철수에게 전해지지 않았다고 했다. 언뜻 이해가 되지 않았다. 질문을 하지 않을 수 없었다. 영수가 한숨을 쉬었다.

"어머니가 중간에서 일종의 검열을 하신 거죠. 좋게 보면 신앙심이 두터운 분이지만, 어떤 면으로는 통제하는 성향이 강한 분이거든요. 특히 자식을요."

"그렇다면 우주와 관련된 책은 어머니께서 치웠겠군요."

"일순위로 배제했죠, 그런 종류의 책은. 그런데 사춘기의 반항이었던 건지, 아니면 정신세계가 그때부터 조금 달랐던 건지, 철수는 유독 그런 책을 읽고 싶어 했어요. 결국 나중에는 성경 말고는 접할 수가 없게 되었지만요."

전구증상Prodromal Symptom(어떤 질환의 증상이 나타나기 직전에 일어나는 증상. 조현병의 경우 발병 전에 모호한 신체 증상을 보이기도 하고, 철학,

종교 등에 심취하는 경우가 있다)인 건가. '중간 정도의 성적에 평범한 아이였다'고 자신을 표현한 철수는, 고등학교 시절부터 자폐적인 성향을 보인 것 같았다. 목사이던 아버지가 돌아가신 뒤 교회 관사에서 살고 있는 모자. 교인들과 밀접한 관계를 원하는 어머니와 사람들과 사귀는 게 어려운 아들. 어쨌든 아들은 학교도 다녀야 하고, 교회도 다녀야 한다. 사춘기를 지나면서 그의 마음속으로 어떤 생각들이 지나가고 있었을까. 쉽게 짐작되지 않았다. 그때 영수가 무언가를 건넸다.

"도움이 될까 해서 가져왔습니다."

철수의 중고등학교 생활기록부 사본이었다. 성적은 본인이 말한 것보다는 좋았다. 50명 중에 10등 안팎. 자신의 성적을 더 낮게 말하는 것도 흔한 일은 아니었다. '맡은바 성실하고, 교우 관계 원만함. 전 과목 성적 우수한 편이고, 특히 과학에 관심이 많음.' 당시 담임 선생님이 평가한 내용은 판에 박은 듯 별다른 점이 없었다.

"별 도움이 되지는 않죠?"

당연히 영수는 철수의 생활기록부를 읽고 온 상태였다.

"아니에요. 철수 씨의 과거를 볼 수 있는 자료인데요. 고맙습니다. 특히 과학에 관심이 많았다고 하는 부분이 인상적이네요. 다른 쪽을 전공한 것 같던데."

영수에게 어머니에 대해 조금 더 묻고 싶었지만 첫 면담은 거기까지였다. 성과가 없지는 않았다. 정확하게는 알 수 없지만 가정 내 가족의 역학이 철수의 상태에 영향을 주었고, 학창 시절 과학과 우주에 관심이 있었다는 것 등은 참고할 만했다. 특히 후자는 조현병의 전구 증상에 대해 다시 생각해보는 계기가 되었다.

조현병의 전구증상과 성격장애

정신질환을 '여기가 아닌 다른 곳에서 살고 있는 것'이라고 정의한다면, 다시 말해 현실 검증력이 떨어진 상태를 정신질환이라고 한다면 그에 가장 부합하는 질환은 조현병이다. 조현병의 평생 유병률은 전 세계적으로 인구의 약 1퍼센트라고 알려져 있다. 특이한 사항은 조현병의 유병률은 지역에 상관없이 대체로 비슷하다는 것이다.

발병률이 새로 생긴 환자 수의 비율이라면, 유병률은 전부터 있었든 새로 생겼든 현재 그 질병을 앓고 있는 모든 사람의 비율을 말한다. 조현병의 평생 유병률이 전 세계적으로 비슷하다는 것은 조현병을 앓는 사람의 수가 개발도상국과 선진국, 서양과 동양의 차이가 없다는 뜻이다. 심지어 많은 정신질환에서 발견되는 남녀의 차이도 거의 없다. 평균 1퍼센트. 100명 중 1명은 누구나 조현병을 평생 한 번은 앓게 된다.

그렇다면 조현병은 대체로 언제쯤 처음 발병할까. 여기에는 남녀 차이가 다소 있다. 남성은 평균 20대 초반, 여성은 평균 20대 중반으로 여성이 조금 늦다. 남성의 경우 진료실에서 흔히 듣는 스토리는 대략 이렇다. '중고등학교 때까지 좀 내성적이었다. 그렇다고 해도 특별한 문제가 있는 것은 아니었다. 그런데 대학을 가면서 학교생활에 흥미를 붙이지 못하고 군대를 가려고 했다. 신체검사를 받으니 재검을 받으라고 해서 휴학을 하고 기다리고 있다.'

이런 경우 대부분의 의사는 면담하면서 되물을 것이다.

"그렇다면 휴학을 하고 지금은 무엇을 하나요? 아르바이트나 다른 활동을 하고 있나요?"

그에게 조현병의 씨앗이 자라고 있다면 이런 상황에서 일을 한다는 것은 어려울 것이다. 이유는 간단하다. 그에게 바깥세상은 두렵기 때문이다. 자신의 처지가 초라하고, 군대를 마치고 학점을 따고 경제활동을 해야 하는 현실적인 상황 때문에 두려운 것이 아니다. 누군가가 자신을 괴롭히는 것 같고, 정체를 알 수 없는 무언가가 압박을 하며 자신을 옥죄고 있는 것 같기 때문에 두렵다. 존재론적으로 위협을 받는 것 같은 생각에 사로잡히게 되는 것이다.

위암이나 대장암 같은 질환은 발견되기 전에 자각 증상이 있는 경우가 있다. 소화가 되지 않는다든지 혈변을 본다든지 하는. 그렇다면 조현병도 전구증상이 있지 않을까. 초발 연령을 20대라고 한다면 10대 중후반 무렵 그들의 모습에 어떤 공통점이 있지 않을까. 연구결과 그들은 전형적으로 조현성schizoid 내지 조현형schizotypal 성격장애를 보인다고 한다.

먼저 성격장애라는 진단에 대해 살펴보자. 사실 성격장애라는 진단명은 어떻게 들으면 상당히 주관적으로 들린다. '저 사람은 성격이 참 이상해'라는 표현은 우리가 흔히 쓰는 표현이니까. 원칙적으로 장애라는 진단을 붙이려면 대인관계나 정동affect에 있어서 고정된 유형이 있고, 그로 인해 사회적·직업적으로 심각한 기능장애를 초래한다는 것이 전제되어야 한다. 한마디로 사회생활을 하면서 '성격이 나쁘다', '이기적이다' 정도의 평가로는 성격장애라는 진단명을 붙일 수 없다.

성격장애는 크게 세 개의 집단으로 나누고, 그 아래 각각 세 개의 진단 범주로 나눈다. A집단Cluster A Personality Disorder은 주 증상이 괴이하고 별나다. 편집성 성격장애, 조현성 성격장애, 조현형 성격장애가 A집단에 속한다. 이름에서 알 수 있듯이 조현병과 관련이 있는 것은 바로 A집단이다. 먼저 의심이 많고 타인의 동기를 불신하는 편집성 성격장애는 소송꾼, 민원광을 상상하면 이해하기 쉽다. 조현성 성격장애는 고립된 대인관계, 거의 혼자서 하는 활동, 무관심한 모습을 특징으로 한다. 조현형 성격장애는 미신, 텔레파시 같은 마술적 사고에 몰두하는 괴짜의 모습을 종종 띤다.

B집단Cluster B Personality Disorder은 변덕스럽고 극적인 감정 표현이 특징이다. 그 유명한 반사회적 인격장애가 속한 곳이 B집단이다. C집단Cluster C Personality Disorder은 일종의 소심한 사람들의 모임이라고 할까. 다른 사람들에게 거부당하는 것에 과도하게 예민한 사람, 거절에 대한 공포가 있는 사람, 잘못된 결정을 할까 봐 전전긍긍하는 완벽주의자들이 C집단에 속한다.

영수를 통해 들은 철수의 청소년기는 확실히 A집단의 면모가 다분했다. 다른 사람과 감정 교류가 거의 없고, 혼자 있는 시간이 많은 모습은 조현성 성격장애를 연상시켰다. 우주, 심리 관련 책을 사달라는 모습은 조현형 성격장애의 전형적인 형태였다. 물론 이런 성격장애가 있다고 모두 조현병으로 발전하는 것은 아니다. 오히려 조현병 환자의 청소년기 성격장애에 대한 부분은 조현병이 발견된 뒤 후향적後向的으로 발견되는 경우가 대부분이다. 말하자면 20대에 조현병이 발병하고 나서 뒤돌아보니 그의 학창 시절이 남들과 달랐다는 것을 그제야 발견하는 것이다.

나도 이제 철수의 언어로 첫 번째 사건에 대해 들어야 했다. 층간 소음으로 인한 보복 기물파손. 사건의 원인이 과연 그의 조현병 때문이었을까. 면담을 위해 그를 만나러 갔다.

두 번째 면담

입소한 지 3일째. 수염을 깎고 방을 배정받은 철수는 처음보다는 안정되어 보였다.

"방에서 지내는 게 불편하지 않나요?"

다른 피감정인들과 함께 쓰는 방. 자신의 조카를 성폭행한 사람, 술을 마시고 20년 지기 지인을 흉기로 찌른 사람, 필로폰을 하지 않았다고 주장하는 마약 전과 10범이 같이 생활하는 곳이었다. 아마 그 방에서 가장 조용한 사람은 철수가 아닐까.

"괜찮아요."

역시 짧은 답변. 병동 생활에서 특이한 점은 아직 관찰되지 않았다. 병동 간호사들에게 물어보니 혼잣말은 관찰되지 않았다고 한다. 혼잣말은 조현병에서 직관적으로 볼 수 있는 가장 눈에 띄는 증상이다. 주변에 아무도 없는데 혼자 허공에 대고 중얼거린다. 화를 내기도 하고, 욕을 하기도 하고, 웃기도 한다. 솔리로퀴soliloquy라고 표현하는 혼잣말은 사실 혼자 하는 말은 아니다. 왜냐하면 많은 경우 환청에 대한 대답이기 때문이다.

환청에 대응하는 많은 방법 중 하나는 헤드폰을 쓰는 것이다. 음악을 들으면 환청이 들리지 않을 것이라는 무의식이 작용했을지도 모른다. 피해망상에 사로잡힌 경우 마스크나 모자를 깊숙이 써서 정체를 숨기려고 하는 경우도 흔히 있다. 그래서 헤드폰이나 모자를 쓸 수 없기 때문에 피감정인이 더 불안해지는 경우도 있다. 다행히 철수의 눈빛은 처음보다는 조금 편안해 보였다. 사건 이야기를 해도 되겠다는 판단이 섰다.

"감호소가 처음이 아니군요."

"네."

"그때도 정신감정을 받았네요. 어떤 사건이었나요?"

"범죄명을 말씀하시는 건가요?"

사건에 대해 묻자 바로 범죄명을 묻는 것이냐고 답하는 철수. 조현병이 만성화되면 인지기능도 퇴화하는 경우가 있지만, 철수의 인지는 양호해 보였다. 면담에는 무리가 없었다.

"죄명은 기물파손이고요. 윗집에서 발소리와 노랫소리를 너무 크게 내서 제가 찾아갔는데, 도리어 너무 예민한 것 아니냐면서 저를 몰아붙였어요. 그래도 참고 참았는데 하루는 화가 폭발했어요. 몽둥이로 그 집 차 유리를 부쉈어요. 그게 CCTV에 찍히면서 사건이 됐어요. 지나가던 사람한테 소리도 쳤고요."

그때 일을 회상하는 철수의 표정은 의외로 담담했다.

"교회 관사에서 산다고 하지 않았나요. 거긴 단층이 아닌가요?"

교회라는 단어를 꺼내자 철수의 표정이 흔들렸다.

"저와 어머니는 다른 사람들과 함께 교회 관사에 살았어요. 그런데 갑자기 이유 없이 교회 건물에서 물이 샜어요."

'이유 없이'라는 표현을 할 때 철수는 어쩌면 음모가 있다고 생각했을 수도 있다. 피해망상이 있는 조현병 환자의 흔한 사고 구조니까. 피해망상은 흔히 꼬리에 꼬리를 문다. 다행히 철수는 사고의 비약이나 연상의 이완 없이 사건을 풀어놓았다.

"별수 없이 교회 관사에서 살던 사람들이 급하게 몇 달 밖에서 살게 됐어요. 그러면서 다 한 건물에 거주하게 되었어요. 공사 기간 동안에요."

철수는 감정보다 사실을 이야기하는 데 익숙했다. 아직까지는 어떤 면에서는 더 수월한 면담이었다.

"그렇다면 윗집에 살던 사람도 교회분이셨나요?"

대답 대신 고개를 끄덕인 뒤 말을 이었다.

"부목사님 부부하고 세 살짜리 쌍둥이가 살았어요."

순간 철수가 나를 경계하는 표정을 지으며 말했다.

"찬송가를 일주일 내내 밤도 낮도 없이 듣는 거예요. 거기에 맞춰 아이들은 발을 구르고요. 역시 밤도 낮도 없이요. 저는 그냥 어릴 때부터 혼자 방해받지 않고 책 읽거나 우주 다큐멘터리 보거나. 그런 게 편하니 신경이 쓰였어요."

어찌 보면 평범해 보이는 층간소음에 관련된 갈등. 게다가 소음을 일으킨 당사자는 오래전부터 너무 잘 알고 있는 사람이다. 서로 의견을 나누거나, 그게 잘 되지 않을 경우 건물 관리자를 통한 중재를 시도하지 않았을까. 모든 시도가 물거품이 되었다고 치자. 그렇다고 해도 20대의 청년에게 정신감정을 받게 하는 일은 흔치 않다. 다른 이유가 있다는 생각을 하지 않을 수 없었다.

"어떻게 항의를 했나요?"

"처음에는 아이들이 좋아하는 빵 같은 것도 들고 가고 했어요. 그런 일은 정말 하고 싶지 않았지만 층간소음 해결법을 인터넷에 검색해보니 빈손으로 가지 말라고 하더라고요. 그래서 갔는데 부목사 부인이 아니라고 했어요."

"소리를 안 냈다고요?"

"네. 그러면서 매트를 손가락으로 가리키더라고요. 소음 방지용 매트를 깔았다고."

"그래서요?"

"군대 영창이 나온 상태라 예민했어요. 사람들이랑 있으면 불편하니까요. 제가 잘못 들었을 수도 있겠다고 생각했어요."

"사람들이랑 있으면 불편하다…. 왜 그럴까요?"

"그냥요. 그냥 불편해요."

사람들의 시선이 자신을 노려보고 있다고 착각하거나, 사람들이 자신에 대해 좋지 않게 이야기하고 있다고 착각하는 조현병 환자들. 외부 자극에 취약한 것이 당연했다.

처음 한 번은 그렇게 돌아왔다. 낮에 어머니는 주로 교회 일을 보러 나갔다. 철수만 혼자 있는 집. 분명히 쿵, 쿵 하는 소리가 들렸는데. 게다가 소리의 진원지는 교회 부목사 집이었다. 혹시 내가 잘못 들은 걸까. 분명히 들리는데. 환청일까. 실제일까.

철수는 소리를 듣지 않기 위해 헤드폰을 쓰고 음악을 듣기로 했다. 그러나 귀를 막아도 진동은 느껴졌다. 더 이상한 것은 어떨 때는 자신이 듣는 음악에 맞추어 리듬을 타는 것처럼 아이들이 발을 구르는 것 같았다. 이러다가 정말 미쳐버리는 게 아닐까 불안했지만 어머니에게 말할 수는 없었다. 결국 철수는 낮에 하릴없이 동네를 돌아다녔다. 불안한 마음을 숨기기 위해 야구모자를 눌러쓴 채 도서관에서 시간을 보내고, 공원에서 산책을 하고, 저녁이 되면 집으로 돌아왔다.

어머니와 함께하는 저녁 시간도 편하지 않았다. 설상가상 또 소리가 철수의 신경을 긁었다. 윗집에서 나는 소리였다. 시간은 밤 10시였다. 소리의 정체는 찬송가였다. 그것도 온 가족이 부르는 것 같았다. 테너인 부목사의 익숙한 목소리가 가장 크게 들렸다. 부목사의 사모는 피아노 반주를 하고 있었다. 심지어 온종일 뛰어다니던 아이들도 이때만큼은 뛰박질을 멈추는 것 같았다.

'하루이틀도 아니고.'

화가 난 철수가 자신의 방을 나와 마루로 갔다. 어머니는 연속극을 보고 있었다. 유일하게 어머니가 다른 보통의 어머니처럼 느껴지는 순간. 철수는 그 모습이 싫지 않았고, 그 일상을 깨고 싶지 않았다. '내가 잘못 들었을 거야.' 철수가 포기하고 들어가려던 순간, 어머니가 시선은 텔레비전에 꽂은 채 철수의 등에 대고 말했다.

"나가려는 거야? 이 밤에?"

어머니도 분명히 그 소리를 들었다는 생각, 자신이 잘못 들은 게 아니라는 생각에 철수는 이상하게 안도감이 느껴졌다. 철수가 대답이 없자 어머니가 고개를 돌렸다. 철수가 손가락으로 위를 가리키자 어머니가 의아하다는 표정을 지었다.

"위에서 노랫소리 안 들려요?"

어머니는 대답 대신 고개를 가로저었다. 또 나만 들리는 건가. 어머니가 못 들은 척하는 게 아닐까. 철수는 윗집에 가는 대신 헤드폰을 쓰고 볼륨을 더 크게 올렸다. 위에서 나는 찬송 소리, 피아노 소리, 마루에서 나는 연속극 소리…. 머리가 터질 것 같았다. 언제까지 이 생활을 계속해야 하는 걸까. 설상가상으로 교회 보수 공사 기간도 기약 없이 늘어지고 있었다.

그날은 수요일, 저녁 예배가 있었다. 어머니는 일찌감치 교회에 갔다. 주말을 제외하고 가장 평화로운 날. 그런데 조용할 줄 알았던 윗집에서 소리가 났다. 잘 들어보니 어머니 목소리처럼 들리기도 했다.

"교회 가야지, 빨리."

어머니는 벌써 나갔는데. 철수는 혼란스러워서 헤드폰을 끼려고 했다. 같은 소리가 다시 한번 들렸다. 이번에는 남자의 목소리였다. 부목사의 목소리 같기도 하고, 아버지 목소리 같기도 했다. 이제 죽은 사람의 목소리까지 듣게 된 건가.

철수는 더는 자신을 제어할 수가 없었다. 아무 생각 없이 집을 뛰쳐나왔다. 이 모든 것은 부목사가 위에서 살면서 시작되었다. 3층으로 된 작은 빌라. 3층에 사는 부목사는 위층의 소음은 없어서 좋겠지. 아니 하느님의 음성을 가까이에서 듣기 위해 꼭대기 층으로 간 건가. 철수는 빈정거리는 마음이 꿈틀거리는 게 느껴졌다. 그리고 마음 한구석에서 화가 폭발하는 게 느껴졌다.

누구한테 화가 난 것인지도 알 수 없었다. 가장 먼저 눈에 띈 것은 자전거 옆에 세워져 있던 몽둥이였다. 건물 주차장에는 교회 주차 스티커가 붙은 부목사의 차가 주차되어 있었다. 몽둥이를 들고 백미러를 깨고, 차문을 때리고, 보닛을 내리쳤다. 유리창을 쳤지만 깨지지 않으니 화가 더 올라왔다. 너까지 나를 무시해, 하는 생각이 지나갔던 것도 같다. 그렇게 철수는 처음으로 경찰서에 가게 되었다.

극단적인 망상에서 극단적인 무관심으로

조현병의 증상

뉴스를 진행하던 앵커에게 웬 남자가 갑자기 들이닥쳤다. 그는 '내 귀에 도청장치가 있다'라는 유명한 말을 던지고 보안요원에게 끌려 나갔다. 오래전 일이지만 그의 모습은 충격적이었다. 그런데 이 한 장면이 조현병 환자의 전형적인 증상 가운데 하나를 잘 보여준다. 도청장치가 있다면 누군가 자신의 생각을 엿듣게 될 것이다. 그러면 자신의 생각을 말하지 않아도, 사람들이 알게 된다. 누구나 머리에 있는 생각은 도덕적으로 옳지 않을 때가 많다. 그렇다면 생각을 들키는 것은 공포스러운 상황이다.

누군가 자신의 생각을 알고 괴롭히려 한다. 피해망상이 시작된다.

대부분 조현병에서 망상은 방어적인 사고 활동일 때가 많다. 저 사람이 나를 둔기로 공격할 테니 나는 적어도 커터칼이라도 지니고 다녀야 안심이 된다. 망상은 어느 순간 환청과 동행한다. 귀에서 속삭인다. '저 사람이 이리로 올 거야. 위험해.' 이런 식으로 메시지를 주는 소리일 수도 있고, 아무 의미가 없는 소리일 수도 있다.

조현병의 증상은 환청과 망상으로 대표되지만 증상의 스펙트럼은 그보다 훨씬 넓다. 온종일 기괴한 자세로 서 있는 사람이 있는가 하면, 자신만의 언어를 만드는 사람도 있다. 일종의 신조어를 사용하기도 하고, 사고의 흐름이 뒤죽박죽되면서 연상의 이완이 생기기도 한다. 한번은 환자에게 출생지를 물었더니, '삼명으로는 유럽 사이 자갈 언덕이며 도착시간은 그 당시 시계가 없었다고 한다. 바닷가에 소라 캐는 사람들이 생기는데 그 병이 초능력이 생기는 병이다. 초점이 초인종이다. 뇌파검사를 하면 파장이 들리며 우주가 스스로 돌기 때문에 가연이라고 한다'라고 대답했다.

피해망상은 논리적으로 이해될 때도 있지만, 이 정도 되면 사실 이해 자체가 어렵다. 그렇지만 내용의 논리성과는 별도로 특징적인 정신병적 양상은 관찰된다. 일단 이 문장에서 삼명과 가연은 그가 만든 언어로 보인다. 신어조작증Neologism은 자폐적인 세계에 빠지는 조현병에서 볼 수 있는 증상 가운데 하나. 삼명과 가연의 뜻을 묻는다면 대화는 점점 더 미궁에 빠질 수 있다.

또 하나 보이는 특징은 '초'라는 말의 반복이다. 환자는 이 문장에서 초능력, 초점, 초인종으로 이어지는 문장을 구사하고 있다. 이렇게 특징적으로 사고의 흐름이 빨라지면서 소리가 비슷한 단어만을 연결하는 현상을 음연상Clang Association이라고 한다. 이 또한 정신병적 양상의 특징 중 하나다. 연상의 이완, 신어조작 같은 경우는 조현병 환자들의 무너진 사고와 언어를 잘 보여주는 전형적인 양성 증상이다.

만성화가 진행되면 조현병 환자들은 위축된 모습을 보이는 경향이 있다. 이른바 음성 증상. 환자는 조용한 편이지만 원만한 대인관계나 사회관계가 되지 않는다. 외부 사건이나 심지어 자신에게조차 무관심하고 감정이 없는 무감정Apathy 상태가 되기 때문이다. 즐거움이 없고, 의욕도 없다. 환자의 증상을 서술하기 위해서는 접두사 A가 필수적이다. 무엇인가 없다는 뜻의 A-이다. 무논리Alogia(자발적 언어 감소), 무의욕Avolition(동력이 소실되는 상태), 무쾌감Anhedonia(즐거움이 없는 상태, 감정의 진공상태)이 대표적인 증상이다. 음성 증상이 지배적인 환자와 대화는 대략 이런 식이다.

의사: 요즘 식사 잘 하세요?

환자: 네.

의사: 어떻게 드셨어요, 어떤 음식이랑요?

환자: 밥요.

의사: 소리가 들리는 건 어떠세요?

환자: 괜찮아요.

대화의 내용만을 보면 환자의 답변은 무성의하기 그지없다. 귀찮아하는 것 같기도 하다. 하지만 이 경우 환자가 정교한 사고 과정을 거쳐서 이런 답변을 하는 것은 아니다. 단지 환자는 생각이 빈곤해졌고, 의욕이 사라졌다. 좀비 같기도 하고, 도인 같기도 한 그들. 개인 위생에도 무관심하다. 불결한 모습이지만 자신은 크게 불편을 느끼지 않는다.

DSM-5에서는 조현병을 크게 다섯 가지 증상군으로 정리했다. 망상, 환각, 와해된 언어, 혼란스럽거나 긴장된 행동, 음성 증상.

망상, 환각, 와해된 언어 가운데 하나를 반드시 포함하고, 두 가지 이상의 증상이 최소 6개월 이상 지속되면 조현병 진단의 필요조건은 갖추는 셈이다. 진단 자체는 간단해 보이지만 와해된 언어 같은 경우는 이해하기 쉽지 않다. 망상뿐 아니라 환각도 형태가 다양하다. 조현병에서 가장 흔한 환각은 환청. 환청은 무의미한 소리이기도 하고, 한 사람의 목소리일 때도 있지만 그 이상인 경우도 있다.

자신의 배 속에서 일곱 명의 남자가 말을 하고 있어 배가 아프다는 말을 듣고 있으면, 사실 나도 정신이 멍해진다. 둘 이상이 대화하는 환청에 시달리는 환자는 말 그대로 1인 2역, 때로는 1인 3역, 4역까지 하면서 시간을 보낸다. 머리가 아픈 게 아니라 시끄럽다고 표현한 그들의 말은 비유가 아니라 실재였다. '생각'의 문제였던 조현병이 행동화되면 이제 그것은 범죄의 영역으로 들어간다. 철수도 그렇게 소리가 생각이 되고, 생각이 행동이 되었다. 처음 소리에서 시작한 그의 행동은 그렇게 범죄가 되었다.

왜 이렇게 오래 있었을까?

첫 번째 사건에 대해 듣고 나니, 철수가 치료감호소에 수용되어 있을 당시가 궁금해졌다. 진료 기록을 열어보니 정신감정 후 별도의 징역이나 집행유예 없이 치료감호형만 받고 바로 치료감호소에 입소했다. 관례대로 정신감정을 한 의사가 주치의가 되어 철수를 맡았다.

그런데 사건의 경중을 따졌을 때 철수의 치료감호 기간이 길었던 게 아닌가 하는 의문이 들었다. 피치료감호자들은 치료가 필요하다는 법원의 판단에 따라 치료감호소에 입소하는 것이고, 치료가 종료되었다는 나라의 판단으로 퇴소한다. 이는 주치의는 피치료감호자이자 환자(이하 환자)의 퇴소를 결정할 수 없다는 말이다. 그러면 환자의 퇴소 시점은 어떻게 결정될까.

환자의 퇴소 여부는 일종의 그룹 결정을 따른다. 일차로는 의료진이 퇴소가 가능할지 판단하고, 이후 검사, 의사, 학자 등 각종 직군이 모인 법무부 치료감호심의위원회 심사에서 결정 난다. 이 말의 의미는 이렇다. 치료감호형은 입소 당시 퇴소 시점이 정해져 있지 않다. 만약 치료가 덜 되었다고 주치의가 판단한다면 치료감호 기간은 예상보다 훨씬 길어질 수 있다. 주치의가 치료가 다 되었다고 판단해도, 이런저런 이유로 심사를 통과하지 못하면 퇴소는 또 미루어진다. 법에는 최장 15년, 보호자가 원하면 21년까지 치료감호소에서 치료할 수 있다고 규정되어 있다. 이 말은 당신이 자전거 한 대를 훔쳐 절도죄를 저질렀고, 그 당시 심신미약으로 치료감호형을 선고받을 때 20세였다면 출소할 때는 35세가 될 수도 있다는 말이다. 물론 이론적으로.

기록을 보니 철수는 소량의 항정신병약물만 투약받았다. 병동 생활을 하면서 공격적인 행동을 해서 강박되거나 격리된 적도 없었다. 심지어 병동에서 실장으로 있으면서 배식 봉사도 틈틈이 한 것으로 기록되어 있었다. 입소하고 2년 정도 지났을 때의 진료 기록을 보았다. 지금은 퇴사하고 없는 예전 주치의가 남긴 기록이다.

> 현재 환청은 관찰되지 않음.
>
> 식사, 수면 양호.
>
> 쇼핑백 재활 활동(외부에서 끈이나 종이 같은 쇼핑백 재료가 들어오면 그것을 만드는 일종의 단순 노동) 지속 중.
>
> 아리피프라졸 저용량인 2로 유지.

병동에서 별다른 문제 없이 지낸다는 말이었다. 이 정도면 의료심사에 올려 퇴소를 고려해볼 것 같은데, 심사를 본다는 언급이 없었다. 인격이 퇴행된 경우를 제외하고는 치료감호소에 있는 거의 모든 사람의 꿈은 퇴소다. 보통 퇴소심사는 한 사람당 일 년에 두 번씩 할 수 있다. 어쨌든 주치의가 '퇴소 가능함'이라고 말하면서 시작되는 것이 의료심사인데, 철수는 3년간 의료심사를 한 번도 보지 않았던 것이 좀 의외였다. 차트로는 이유를 알 수 없었다. 그러다가 한 문장을 발견했다. '보호자인 어머니가 치료에 관심이 많음. 환자와의 라포르 형성에 어려움이 있음.' 많은 뜻을 품고 있는 문장이었다.

멀리서 병동 수간호사가 오는 것이 보였다. 깡마른 몸에 흰 피부. 창백해 보이지만 순발력 있게 일을 처리하는, 수간호사 중에서도 에이스라고 평가받는 백 간호사였다. 경력 30년의 베테랑 간호사가 본 철수의 생활을 알아볼 필요가 있었다.

정작 환자는 어머니 같았어요

"철수 어머니. 잘 알죠. 정신감정 마치고, 철수가 급성 병동으로 와 있을 때였어요. 그때 제가 병동 간호사였거든요."

백 간호사의 표정이 심상치 않았다. 생각만 해도 지친다는 표정이었다. 정신과 병동에서 근무하면 자주 겪게 되는 상황이 바로 떠올랐다. 환자는 생활을 잘하는데 보호자가 힘들게 하는 경우. 그런 상황이지 않았을까 추측했다. 역시 백 간호사는 한마디로 정리했다.

"정작 환자는 어머니 같았어요. 철수 씨는 실장까지 했었거든요."

간식 배분이나 배식 같은 일부터 같은 병실의 지능이 떨어지는 환자들을 도와주는 일까지. 병동에서 실장을 한다는 것은 적어도 인지기능과 사회기능이 평균은 된다는 증거였다. 백 간호사가 나를 보며 의미심장한 웃음을 지어 보였다. 그녀는 이미 사건을 다 알고 있는 듯한 표정이었다.

"솔직히 이런 말을 하는 게 다친 분께는 좀 그렇지만…. 이번 건 선생님이 정신감정 하시죠? 선생님 입장에서는 어머니가 지금 연락할 수 없는 상황인 게 다행일지도 몰라요."

사람들과 어울림은 없었어도 개인 생활도 양호하고 환청에 반응하는 행동도 없었다. 의료진에게도 협조적인 철수가 예민해지는 순간은 딱 하나, 어머니가 면회 온 날 저녁이었다. 문제는 어머니의 면회가 너무 잦았다는 것이다. 화, 목요일은 정기적으로, 주말에도 시간만 나면 면회를 왔다. 한번은 면회를 마치고 온 철수에게 간식 배분을 하라고 간호사가 말했다. 실장이면 늘 해오던 일. 철수가 간호사를 노려보더니 한마디 했다. 작지만 단호한 목소리였다.

"그만 좀 명령하세요."

철수는 급성 조현병 환자들에게 흔히 보이는 '날카로운' 눈빛이었다. 당황한 간호사가 철수를 달랬다.

그때 병동으로 철수 어머니의 전화가 또다시 왔다. 철수와 헤어진 지 채 10분도 되지 않은 시간이었다. 간호사실을 흘깃 보더니 철수가 작게 읊조렸다.

"미친년."

욕을 하고 난 뒤 철수의 표정은 이전으로 돌아가 있었다. 간호사가 무슨 말을 했냐고 되묻자 철수는 고개를 가로저었다. 아무것도 아니라는 뜻이었다. 철수는 평정을 되찾고 간식 배분을 시작했다. 상황이 심상치 않다고 느낀 간호사가 주치의에게 콜을 넣었다. 주치의 또한 철수 어머니의 집착에 지친 상태였고 병동의 어려움을 잘 알고 있었다. 당시 주치의는 치료감호소에서만 10년 넘게 근무한 노련한 여자 의사였다. 그녀의 기세도 만만치 않았다. 결국 주치의가 철수 어머니에게 직접 연락을 했다. 철수가 조금 안정될 때까지 면회를 자제해달라고. 그러나 그 일은 불에 기름을 부은 꼴이 되고 말았다.

철수 어머니는 이런 무책임한 주치의는 믿을 수 없다면서 주치의를 바꿔달라고 요구했다. 이틀이 멀다고 병동에 전화를 하는 것은 여전했다. 전화 후 이틀 만에 달려온 철수 어머니가 주치의와 병동 수간호사가 동석한 면담을 요청했다. 차라리 만나서 이야기하면 나을까. 주치의와 백 간호사가 면담실에서 철수 어머니를 만났다.

요즘 시대에는 잘 입지 않는 디자인의 검은색 플레어스커트와 짧은 재킷 차림. 머리에는 직접 떠서 만든 듯한 자주색 모자를 쓰고 있었다. 화려함을 추구하지만 유행에는 한참 뒤떨어지는 것이 한눈에 보이는 복장이었다. 대화가 쉽지 않을 것 같았다. 그녀는 앉자마자 낡아서 너덜거리는 수첩을 꺼냈다. 그리고 먼저 말문을 열었다.

"선생님, 지금 쓰는 약의 부작용을 다 먼저 말해보세요."

주치의가 얼마나 당황했을지는 뻔하다. 그날 이후 결국 주치의는 일주일에 한 번씩 그녀를 만나야 했다. 질문은 다양했다. 어떤 날은 아들의 손이 떨리는 것 같은데 리스돈 부작용 아니냐며 약에 대해 물었다. 살이 조금 빠진 것 같으면 (실제로는 빠지지 않았지만) 단백질이 부족한 것 아니냐, 혈액검사 후 테이프가 붙어 있으면 저러다가 빈혈 걸리는 것 아니냐며 따졌다.

한마디로 치료에 개입을 많이 하는 보호자였다. 특이한 점은 이뿐이 아니었다. 올 때마다 항상 비슷한 유의 낡은 정장을 입고 왔다. 그리고 면담 끝에는 항상 기도를 했다. 주치의에게 같이 기도를 해야 자신의 '아이'가 낫는다면서 기도를 종용했다. 주치의가 그것은 어렵다고 하자 주치의를 같은 신앙을 가진 사람으로 바꿔달라고 요구했다고 한다.

"그래서요?"

당연히 그대로 물러설 사람이 아니었다. 국립기관에서도 치료에 이렇게 무성의하니까 아들이 낫지 않는다면서 큰 소리로 울기 시작했다. 주치의를 바꾸지 않을 거면 원장이든 장관이든 만나게 해달라고 하는 통에 면담실이 시끄러워졌다. 당시 주치의의 심정이 이해가 돼서 나도 모르게 목소리가 커졌다.

"다 만나게 해주시지 그랬어요. 그걸 보면 보호자가 병에 대한 이해가 부족하다고 절대 퇴소 안 시켜줄 것 같은데요."

"그런데 참, 왜곡된 자식 사랑이란 게 정말 종잡을 수가 없더라고요. 그렇게 여기에 있는 게 불만이면 애초에 정신감정을 받지 말든지, 퇴소를 시키든지 해야 하는데. 알고 보니 정신감정을 신청한 사람도 그 어머니더라고요. 심사를 계속 안 본 것도 그 어머니고요. 사실 죄에 비해 너무 오래 있었거든요. 어머니가 계속 치료가 안 됐다고 하니. 아무리 주치의가 이제 괜찮을 것 같다고 해도 퇴소할 수가 없었죠."

한 번도 본 적 없는 그의 어머니. 종잡을 수가 없었다. 내 마음을 읽기라도 한 듯 백 간호사가 말을 이었다.

"철수가 여기 있어야 통제하기가 쉽잖아요. 너는 정신이 이상하다. 그리고 아직 낫지 않았다. 나의 보호가 필요하다. 이렇게 할 수 있으니까요."

왜곡된 집착과 모성이라면 충분히 가능한 상황. 철수는 그렇게 심사도 한 번 없이 감호소에서 생활했다. 퇴소에 대해 이야기할 때는 모두 철수보다 어머니를 걱정했다. 의료진은 전반적으로 어머니와 같이 살게 되는 것이 괜찮을지 우려하는 분위기였다고 한다. 당연했다. 면회만 오면 기도 후 아들에게 항상 반복하는 말이 있었다. '넌 죄가 많다. 정신병이다. 엄마가 시키는 대로 기도해야 낫는다.'

어머니 문제 말고는 특별한 것이 없어 보이는 철수. 6년쯤 있다 보니 중간에 남자로 주치의가 바뀌었다. 젊은 남자 주치의도 비슷한 경과였다고 한다. 어머니의 목적은 아들에 대한 주도권을 놓치지 않는 것이니까 당연한 일이지 않냐고 하자 백 간호사가 맞장구를 쳤다.

"맞아요, 선생님. 바로 이렇게 반박을 하더라고요. 나는 내 배 아파서 저 아이를 낳았고, 지금껏 지켜왔다. 아이가 너무 여리다 보니 세상 살기가 쉽지 않다. 치료를 받으려면 그래도 나라에서 하는 게 맞겠다 싶어서 교회분들과 상의해서 여기까지 오자고 했는데, 그러고도 당신이 세금 받을 자격이 있냐."

세금 이야기까지 나왔다. 이후 상황은 짐작되었다. 주치의도 참을성이 바닥이 났고 목소리가 높아져서 감호요원들까지 출동해서 말렸다고 한다. 절대로 바뀌지 않을 것 같던 그 상황. 상황은 결국 제삼자인 형이 등장하면서 바뀌었다. 형은 의사, 주치의와 라포르가 나쁜

지 않았다. 그러더니 어머니가 몸이 좋지 않다고 하면서 형이 보호자로 퇴소심사를 봤고 결국 퇴소했다. 백 간호사가 다시 말을 이었다.

"그런데 이런 사건으로 다시 정신감정을 받으러 올 줄은 상상도 못 했어요. 어머니가 아무리 이것저것 간섭해도 철수가 그 앞에서는 내색을 하지 않았거든요. 착한 줄 알았는데…. 역시 여기에서 아무리 잘 지냈다고 해도 환자는 환자인가 봐요. 아무리 그래도 자기 어머니한테 어떻게…. 그 어머니도 그만하길 다행이지 정말 큰일 날 뻔했다면서요."

역시 사람은 상황의 동물이었다. 백 간호사 자신도 아들을 둔 어머니이니까. 철수의 어머니를 향했던 백 간호사의 화살은 이제 철수를 향하고 있었다. 설마 퇴소하면 모자 사이가 회복되어서 잘 지낼 줄 알았던 걸까.

국회의 법안 날치기 통과를 연상시키는 철수의 퇴소는 확실히 미심쩍은 면이 있었다. 하루가 멀다고 연락하던 어머니는 왜 그 당시 연락이 되지 않았을까. 연락이 되지 않는 어머니 대신 형에게 연락한 것은 누구의 뜻이었을까. 철수일까 아니면 주치의일까. 당시 주치의였던 김에게 힘들게 연락이 닿았다. 예상대로 형인 영수가 적극적으로 퇴소를 원했다고 했다.

퇴소 뒤에 감춰진 비밀

철수가 치료감호소에서 지내는 동안 가족들은 모두 각자의 일상을 살았다. 규칙적이라는 면에서는 평안한 일상이었다. 철수의 하루는 기상-아침 식사-투약-봉투를 만드는 재활 활동-점심 식사-요일에 따라 종교행사 참석, 목욕, 어머니 면담 등-저녁 식사-투약-취침. 어머니도 마찬가지였다. 월, 수, 토, 일요일 오후는 교회 예배와 봉사. 화, 목요일은 아들 면회. 철수가 치료감호소에 있는 동안, 영수는 의대생에서 인턴이 되었다. 정신없이 바쁜 종합병원의 인턴 생활. 철수의 소식은 주로 어머니를 통해 들었을 것이다. 인턴을 마칠 무렵 영수가 어머니에게 물었다.

"철수는 언제 나온대요?"

"치료가 다 돼야 나오지."

"치료가 다 됐다는 건 누가 판단하는데요?"

어머니가 단호한 표정으로 답했다.

"당연히 하느님이지."

영수는 마음이 답답했지만 아무 말 하지 않았다. 자신의 생활만으로도 충분히 벅찼다.

"전공은 정신과를 하는 게 어떻겠니. 아무래도 네가 정신과를 가면 철수를 돌보는 데 도움이 될 것 같은데."

순간 영수는 정신과는 절대 하지 말아야겠다고 생각했다. 모든 상황을 통제해야 직성이 풀리는 어머니는 이제 영수의 미래까지 통제하려고 했다. 정신과를 하면 가장 먼저 어머니를 진료해야 할 것 같아요, 라는 말이 목구멍에서 나오려는 걸 꾹 참았다. 영수가 목소리를 가다듬고 말했다.

"어머니 건강도 챙기고, 교회 사람들 진료도 봐주기에는 내과나 외과가 도움이 될 거예요. 교회 주치의처럼 할 수도 있고요."

'교회 주치의'라는 말에 어머니의 얼굴이 밝아졌다.

"그래. 아직까지는 철수 챙기는 건 내가 할 수 있으니까."

철수를 챙기는 역할을 하면서 어머니와 충돌하고 싶지 않다는 무의식 때문이었을까. 영수는 어머니가 면회를 가는 동안에는 더욱더 자신의 병원 일에 매진했다. 그렇게 전문의가 되었고, 이제 병역 문제만 해결하면 되었다. 영수는 쉽게 갈 수 없는 백령도를 자원했다. 자신이 상황을 회피하는 비겁자라는 생각이 때때로 들었지만 그럴 때마다 '이것만 마치면…'이라는 말로 합리화했다. '철수 치료도 챙기고, 어머니도 치료받게 하고, 이것만 마치면….'

영수는 계획이 다 있었다. 정상적인 가정이 되려면 가장 먼저 자신이 군복무를 마쳐야 한다. 그런 이후에야 어머니도, 철수도 자신이 보호자 역할을 할 수 있다고 생각했다. 그러나 상황은 예기치 못한 방향으로 전개되었다. 백령도에서 복무하고 있던 어느 날, 전화가 걸려왔다. 전화가 온 곳은 뜻밖에도 치료감호소였다. 좋지 않은 일이라도 생긴 걸까. 걱정이 앞섰다. 주치의는 뜻밖의 말을 했다.

"철수 씨 어머니가 최근 면담을 안 오셔서요. 며칠 뒤 퇴소를 위한 심의위원회가 열리는데 보호자가 오셔야 하거든요. 그렇다면 이번에는 형님이 오시는 게 어떨까요. 철수 씨는 병동에서 너무 잘 생활하고 있거든요. 자신의 범행에 대해서도 뉘우치고 있고."

젊은 남자의 목소리였다. 권유의 형식을 띠고 있었지만, 빨리 철수를 자신의 환자군에서 내보내려고 하는 다급함이 느껴졌다. 영수도 호락호락 듣고만 있는 사람은 아니었다.

"선생님도 수고 많으셨죠. 저희 어머니가 좀 별나셔서요."

수화기 너머로 잠시 침묵이 흘렀다. 동종업계의 보호자. 머리를 굴리는 소리가 들렸다.

"네. 철수 씨를 너무 아끼셔서 면회도 자주 오시고 관심이 많으세요. 보통 치료감호소에 들어오면, 감옥에 들어갔다고 생각하면서 방치하는 보호자도 많은데."

관심이 많다는 말이 좋은 뜻이 아님은 누구보다 영수가 더 잘 알고 있었다. 먼저 자신의 패를 내보이는 게 낫겠다는 판단이 들었다.

"의료진 입장에서는 보호자가 너무 관심이 많은 게 꼭 좋지도 않죠. 특히 정신과는 라포르 형성이 중요한데, 라포르 형성에도 도움이 안 될 수도 있고요. 심의위원회라고 하셨나요? 제가 휴가를 내서 가보겠습니다. 그럼 거기 가면 바로 퇴원하는 건가요?"

의사가 퇴원 결정을 하는 것이 당연한 병원에서만 근무한 영수로서는, 퇴원 여부를 주치의가 아닌 다른 사람이 결정한다는 것이 상상이 가지 않았다. 주치의의 설명을 들으니 치료감호심의위원회의 심사가 중요했다. 판사와 검사뿐만 아니라 교수 같은 다양한 직군의 사람들이 퇴소 여부를 논의한다고 했다. 어찌 보면 일차는 환자를 상대로 퇴원 여부를 판정하는 것이고, 이차는 범죄자를 상대로 퇴소 여부를 판정하는 것이었다. 최종 결정은 심사에서 나니까 사실 주치의가 원한다고 철수가 퇴소할 수 있는 것은 아니었다. 의아해진 영수가 되물었다.

"그럼 제가 간다고 크게 상황이 바뀔 것 같지가 않은데요."

주치의는 절박했다.

"심의위원들은 어머니가 보호자인 상황만 봤어요. 이런 말씀드리기 좀 그렇지만, 지난번에는 심의위원들 앞에서 어머니가 아직 치료가 안 됐다고 우시는 통에 회의가 중단되기도 했어요. 감정적으로 불안정해 보이는 보호자에게 환자를 보낼 수는 없으니 당연히 기각됐죠. 이번에는 의사인 형님이 안정적인 모습을 보여주시면, 무난하게 통과할 겁니다. 저도 할 수 있는 건 다 해보겠습니다."

사정을 알고 있는 모든 사람들이 철수의 퇴소에 협조적으로 임했다. 철수도 영수도 심지어 주치의도 누구 하나 어머니의 근황을 묻지 않았다. 그렇게 철수의 6년간의 치료감호소 생활에 마침표를 찍었다.

6개월만 버티자

퇴소하던 날, 철수를 맞이한 것은 영수였다. 백령도에서 배를 타고 어젯밤에 왔다고 했다. "두부를 먹는 거야?" 철수가 물었다. "두부는 무슨, 네가 먹고 싶은 거 먹자." 영수가 답했다.

치료감호소에서 10분 거리에 있는 중국집. 짜장면을 앞에 두고 철수가 말했다.

"고마워, 형."

영수는 대답 대신 탕수육을 시켰다. 아직까지 철수는 왜 어머니가 최근에 면회를 오지 않았는지 이유를 알지 못했다. 궁금했지만 먼저 물어서는 안 될 것 같았다. 철수의 심정을 짐작했는지 영수가 말을 이었다.

"형이 내일까지 부대 복귀라서 시간이 없어. 어서 먹고 어머니한테 가보자."

그제야 영수가 어머니의 상태를 설명해주었다. 얼마 전, 갑자기 힘이 빠진다고 말하면서 어머니가 쓰러졌다. 바로 구급차를 타고 병원에 갔고 뇌출혈 진단을 받았다. 어머니의 뇌출혈은 다행히 정도가 심하지 않아 수술을 하지 않아도 되었고, 손과 발에 빠졌던 힘도 서서히 회복되고 있었다. 처음에는 전혀 알아들을 수 없었던 말도 이제 상당히 호전되었다.

처음 철수를 본 어머니는 당황하는 기색이 역력했다. 꿈이 아닌가 생각했을 것이다.

"꿈 아니야, 엄마. 철수 이제 괜찮아."

영수가 애써 다정한 말투로 말을 꺼냈다. 침대에 누워 있다가 철수를 본 어머니가 더듬거리며 입을 열었다.

"치료가 아직 다 끝나지 않았을 텐데."

어머니의 정신은 모성과 집착 그 중간 어디쯤에 있었다. 영수가 억지웃음을 지으며 말을 이었다.

"우리 어머니, 또 막내 걱정이십니까. 제 걱정도 좀 해주세요. 철수 너 뭐 해. 뭐 들고 왔다며."

철수가 고개를 숙이며 과일바구니를 내밀었다. 영수가 덧붙였다.

"거기에서 얘가 그렇게 생활을 잘했다고 하더라고요. 재활 활동으로 100만 원도 넘게 벌어서 지금 이 옷도 철수가 사준 거예요. 부목사님한테도 너무 죄송하다고…."

부목사라는 말에 어머니가 와락 눈물을 쏟았다.

"목사님이 어제도 오셔서 기도해주고 가셨다. 이제 너랑 나랑 교회 생활 더 열심히 하면 앞으로는 그런 일 없을 거다. 부목사님이 은혜로우셔서 목사님으로 승격되신 건 형에게 들었지? 우리 둘이 같이 관사에 들어가면 은혜가 두 배가 되는 거라고 목사님이 그러셨는데. 정말 그렇게 됐네."

어머니는 감격의 눈물을 흘린 걸까. 영수가 조용히 철수에게 귓속말로 덧붙였다.

"철수야, 6개월만 어머니랑 잘 견뎌봐. 곧 제대하니까 자리 잡으면 이제 정말 형이 도와줄게."

그렇게 퇴소 후 철수는 다시 교회 관사로 들어갔다. 어머니의 퇴원과 철수의 퇴소가 거의 동시에 일어났다. 교회에서는 모든 사람들이 철수를 부담스러울 정도로 환영했다. 부목사가 목사가 된 것처럼, 어머니도 신 권사라는 타이틀로 불리고 있었다.

모든 사람들이 잘 지냈다고 말한 치료감호소에서의 6년. 교회 관사에 누워 있으니 지난 6년이 주마등처럼 지나갔다.

철수가 보낸 6년의 세월

내색은 하지 않았지만 치료감호소의 생활은 철수에게는 고역의 세월이었다. 가장 힘든 것은 자유가 없다는 사실이 아니었다. 무슨 수를 써서라도 교도소에 갔어야 했다. 징역형은 형기가 정해져 있다. 치료감호소에 있으면서 가장 힘든 것은 언제 나갈 수 있을지 알 수 없다는 것이었다.

원칙적으로 치료가 어느 정도 되어야 하고, 사회에서 재범 가능성이 낮아야 한다는 정도의 가이드라인이 있지만 변수는 항상 존재했다. 병동에서 생활하면서 다른 환자와 싸움이라도 하게 되면 6개월마다 돌아오는 심사는 시작조차 못 할 수도 있다. 그 모든 상황이 완벽한 것 같아도 퇴소일은 아무도 알 수 없다. 희망 고문. 이곳에 있는 사람 모두가 가장 힘들다고 말하는 희망 고문. 철수도 그것이 가장 힘들었다.

설상가상 어머니는 상황을 악화시켰다. 주치의가 좋아하지 않는 보호자는 퇴소의 걸림돌이었다. 어머니의 성격을 누구보다 잘 아는 철수는 면회할 때마다 어머니가 최대한 조용히 있다 가기만 바랄 뿐, 아무 말도 할 수 없었다.

“이번에는 성경 어디까지 읽었니?”

첫 질문은 항상 같았다. 기계처럼 철수가 답하면 어머니는 철수를 스캔했다.

어느 날은 귀에 난 작은 흉터를 발견했다.

“왜 그런 게 생긴 거니?”

철수도 발견하지 못한 것이었다. 소리에 유독 민감한 철수였다.

일주일 전에 입소한 김은 밤만 되면 환청으로 소리를 질렀다. 옆 병실에서 불만이 폭주하면 간호사는 김에게 주사를 놓았다. 김이 철수에게 조용히 말했다.

“나 사실 환청 같은 거 안 들려. 잠이 안 와서 코끼리 주사 맞으려고 그러는 거야.”

긴 머리에 100킬로그램도 더 나갈 것 같은 뚱뚱한 체격의 김은 항상 눈곱이 끼어 있었다.

“정신병이 처음 생겼을 때는 소리도 들리고, 누가 따라오는 것 같고 쳐다보는 것도 같았는데. 이젠 그런 거 없어.”

의아한 표정으로 쳐다보는 철수에게 김이 물었다.

“설마 코끼리 주사도 몰라?”

전통의 항정신병약물 할로페리돌. 2세대 정신병 약물이 나오기 전까지 최강자였던 할로페리돌에 역시 전통의 진정제인 로라제팜을 섞는다. 주사용으로 나온 두 개의 투명한 액체를 섞는다. 덩치가 큰 코끼리도 맞기만 하면 기절한다고 해서 코끼리 주사라고 불린다. 심지어 이 주사를 맞기 위해서는 혈관을 찾을 필요도 없다. 대부분 근육주사라 주사를 놓으면, 아무리 난폭했던 사람이라도 십중팔구 흥분이 가라앉고 잠이 오게 된다. 로라제팜이 들어 있는 코끼리 주사 또한 당연히 중독성이 있다. 환청 연기를 해서라도 맞고 싶을 정도로.

철수는 김의 비밀을 알았지만 말할 수는 없었다. 그런 식으로 병동 환자에 대해서 '고자질하는' 행동은 심사에 불리할 것 같았다. 대신 철수는 몰래 휴지를 접어서 자신의 귀에 넣었다. 귀에 난 상처는 그때 생긴 것 같았다. 철수는 제발 어머니가 주치의를 찾지 않기를 바랐지만, 그런 일은 일어나지 않았다.

첫 번째 사건은 부목사의 차를 파손했지만 사람이 다친 것은 아니었다. 잘만 하면 합의가 가능한 일이었다. 나쁜 영을 치료해야 한다는 어머니의 믿음만 아니었으면 치료감호소까지 들어올 이유도 없었다. 이제 처음으로 희망이 생겼다. 이번 심사에는 형이 보호자로 왔기 때문이다. 보통 심사에서 최종 퇴소까지 걸리는 시간은 두 달 정도. 6년을 있으면서 이렇게 시간이 느리게 흐른다고 느낀 적은 없었다.

철수가 긴 두 달을 보내는 동안 31병동에서는 또 한 명의 퇴소자가 나왔다. 인격장애라는 진단명이 붙은 장은 사기죄로 치료감호소에 입소했다. 치료감호형만 받은 철수와 달리 그는 징역 3년에 치료감호형까지 선고받았다. 치료감호소에 입소한 지 1년 반 만의 퇴소. 그는 남은 형기를 교도소에서 보내야 했다.

"저만 먼저 가게 돼서 죄송합니다."

장의 말에 다른 환자들이 부러운 듯이 쳐다보았다. 철수 또한 부러운 마음을 감출 수 없어 한마디 했다.

"형님, 축하드립니다."

장이 흥분을 감추지 못하면서 대답했다.

"자네도 빨리 퇴소해야지. 여기 생활 6년쯤 하고 나니까 자네도 이제 여기 사람 다 됐구먼. 교도소 간다고 축하를 다 해주고."

치료감호소는 퇴소일이 결정되어 있지 않은 데 반해 교도소는 출소일이 정해져 있다. 희망 고문이 없는 그곳, 교도소. 병동 수간호사도 장에게 와서 축하의 말을 건넸다.

"축하해요. 교도소로 가게 됐다면서."

교도소로 가면서 축하 인사를 받는 곳이 또 있을까. 문득 철수는 그런 생각이 들었다. 자신은 치료감호형만 받았으니 남은 형기 같은 것은 없다고. 퇴소만 하면 바로 집으로 갈 수 있다고. 그게 불과 한 달 전이었다. 장에게 축하 인사를 해주고, 한 달 뒤 철수가 같은 인사를 받았다.

그렇게 퇴소를 하고, 드디어 철수는 6년 동안 하루도 빠지지 않고 생각했던 자신의 집으로 돌아왔다. 그리고 다짐했다. '이번에는 정말 잘 지내야지. 6개월만 버티면 형이 데려가 준다고 했어. 그러면 교회 관사에서 나갈 수 있어. 6개월만 어머니와 충돌하지 않으면 돼.'

철수는 자신의 방에 누워 모처럼 찾아온 자유를 만끽하고 있었다. 방문을 닫고 있으니 정말 오랜만에 마음이 편안했다.

조현병을 만드는 어머니

어머니가 내 생각을 읽고 있다

첫 사건은 대학 1학년 때 일어났다. 지방대학 행정학과 1학년생. 치료감호소 입소의 좋은 점 중 하나는 어쨌든 병역은 자동 면제된다는 사실이었다. 사건이 터지고 6년. 학교생활을 다시 한다는 것은 상상도 할 수 없었다.

학교에서는 알게 모르게 자신의 험담을 하는 사람들이 있을지도 모른다. '군대를 갔다던데.' '아니야. 사람을 죽여서 교도소에 있다던데.' '그럴 애는 아니었어.' '학교 수업도 잘 안 들었는데, 뭐.' '누가 그러는데 걔 집도 교회 안에 있대. 무슨 사이비종교 같은 데 빠진 거 아닐까.' 상상인지 망상인지 알 수 없는 것들이 자라면서 복학은 해서는 안 될 일이라는 생각이 들었다.

원래부터 왕따에 아웃사이더인 주제에 무슨. 철수는 고개를 저었다. 설상가상으로 치료감호소에 있었던 6년은 진한 낙인이 되어 자신을 짓눌렀다. 사회에 나간다는 생각 또한 할 수 없었다. 인터넷으로 세계 7대 불가사의, 사이코패스와 소시오패스의 차이, 쌍둥이가 지구 반대쪽에서 태어난 이야기 같은 동영상을 보면서 시간을 보냈다. 어머니가 원하는 대로 교회는 일주일에 세 번씩 갔다. 관성을 바꿀 수 있는 것은 아무것도 없었다.

그나마 가장 마음이 편한 때는 형에게서 연락이 올 때였다. 항상 우등생이던 영수는 철수의 인생에 대해 걱정스러운 말투로 말하곤 했다. 구체적으로 무슨 이야기를 하는 것은 아니었다. '답답하지?'가 영수가 가장 자주 묻는 말이었다. 그러나 요즘 영수는 '기다려'라는 말을 더 자주 했다.

"형이 곧 제대하니까 너도 이제 교회 관사에서 나올 수 있어. 그러니까 조금만 더 기다려."

철수도 어머니와 지내는 것보다는 영수와 지내는 편이 훨씬 나을 것 같았다. 더 솔직하게는 어머니로부터 탈출할 수만 있다면, 그 어떤 것도 다 좋았다. 치료감호소로 들어가는 것만 빼고는.

어느 날 문득 철수는 영수가 왜 의대를 갔는지 궁금해졌다. 치료감호소에서 만났던 자신의 주치의들이 떠오르면서.

"의사, 멋있지 않아?"

잘 이해되지 않는 답변이었다. 철수가 침묵하고 있자 영수가 이어서 말했다.

“의사는 사람을 살리잖아. 물론 사람을 죽일 수도 있지만.”

수화기 너머로 영수는 자신의 직업에 대해 그렇게 말하고 있었다. 담담한 영수의 말투에서 철수는 순간 영수와 죽음은 멀지 않다는 느낌을 받았다.

“의사들은 어떻게 사람을 죽여?”

불필요한 호기심이었다. 수화기 너머로 영수가 어이없다는 듯 답했다.

“진료를 잘못하면 그런 불행한 일이 생길 수도 있다는 거지. 철수 너 지금 무슨 말을 하는 거야. 너 형이랑 지내고 싶으면 앞으로 더 조심해야겠다. 어머니가 그런 말 듣고도 널 그냥 놔둘 것 같아?”

갑자기 영수가 정색하며 화를 냈다. 협박처럼 들리는 형의 말은 이상하게 어머니가 했던 말과 비슷하게 들렸다. 어머니도 그런 말을 했었다. ‘너, 행동 잘해라. 그렇게 행동하면 하느님이 가만두지 않으셔. 하느님은 다 지켜보시니까.’

철수는 문득 가슴이 서늘해졌다. 마침 어머니가 들어오는 소리가 들렸다. 전화를 끊고 애써 반가운 얼굴로 어머니에게 인사했다.

어머니는 철수가 새로운 인생으로 거듭났다는 것을 사람들에게 증명하고 싶어 했다. 첫 번째 제안은 교회에서 중고등학생에게 영어 문법 과외를 하라는 것이었다. 지방대학도 다니다 만 주제에 무슨 과외. 그러나 그렇게 말할 수는 없었다. 어머니가 한숨을 쉬며 말을 이었다.

“혹시 편의점 같은 데서 일할 생각을 하는 건 아니겠지.”

철수는 안 그래도 편의점에서 일해볼 생각을 하고 있었다. 어떻게 알았지? 치료감호소에 있으면서 어머니에게 말한 적이 있나 생각해 봐도 그런 기억은 없었다. 6년이 지났지만 자신의 의지대로 되는 건 여전히 하나도 없었다. 사실은 첫 사건부터 그랬다. 부목사 집에서 내는 층간소음을 두고, 어머니는 네가 잘못 들은 것이 아니냐고 말했다. 어느 순간부터 철수는 자신이 들은 것이 환청이라고 믿게 되었다.

판사에게 치료를 위해 치료감호소로 보내달라고 한 것도 어머니였다. 어머니는 하느님의 설계대로 우리가 움직이고 있다는 말을 자주 했다. 철수는 자신의 인생이 어머니가 설계하는 대로 움직이는 것 같았다. 철수는 이제 어머니가 자신의 생각을 모두 알게 된 것인지, 자신이 어머니의 생각대로 움직이고 있는 것인지 알 수 없었다.

정말 내가 제정신이 아닌 걸까. 머리가 시끄러워지는 이 느낌. 산책이나 하고 와야겠다고 생각하고 있던 순간, 어머니가 철수의 등 뒤에 대고 조용히 말했다.

“밤에 산책하면 춥다. 잠바 꺼내놨다.”

어머니는 이번에도 철수의 동선을 예상하고 있었다. 동선을 알고 있다는 것은 마음을 알고 있다는 것. 그렇지 않아도 철수는 요즘 어머니가 자신의 마음을 다 아는 것 같아서 불편했다. 가슴이 답답했다. 맥주라도 한잔 하고 싶었다. 냉장고 문을 열기도 전에 어머니가 말했다.

"밤에 맥주 먹어서 좋은 거 없다. 차라리 이걸 마셔라."

쟁반에는 정성껏 갈아서 만든 과일주스가 있었다. 주스를 보자 왜 그랬을까. 철수는 독약이 떠올랐다. 기도의 근육이 마비되는 독약. 질식감이 몰려와 철수는 급하게 집을 나섰다. 어머니는 내가 하는 생각을 읽고 있고, 내가 할 행동을 알고 있다. 사고 전에도 그랬는데, 6년간의 치료감호소 생활로 자신은 더욱 증발된 것 같았다. 빈껍데기가 된 육체. 그곳에 어머니의 생각이 하나하나 똬리를 튼 채 앉아 있었다.

철수가 컴퓨터 게임을 할까 생각하면 '게임하지 마라'라고 이야기하고, 산책을 하려고 하면 '씻고 나가야지'라고 말했다. 어머니의 말은 틀린 말은 아니지만 대부분 시시했다. 설상가상으로 어머니와 둘이 보내는 시간이 점점 길어졌다. 이러다가 자신이 어머니의 아바타가 되어버리면 어쩌나, 어머니가 말하는 대로 화도 내야 하고 밥도 먹게 되면 어쩌나 하는 생각이 들었다.

교회 옆에는 주택 단지가 있었다. 층간소음이 없어서 다행이라고 생각했는데, 옆 주택의 부부가 자주 언성을 높였다. 부부가 크게 소리를 내며 싸울 때마다 어머니는 신성한 곳에서 웬 싸움질이냐며 얼굴을 찌푸렸다. 어머니가 짜증을 내면서 재들이 이사를 가야 내가 살 수 있을 것 같다고 말을 하면, 철수는 자신도 모르게 어머니의 저 말은 무슨 신호일까 해석하느라 분주해졌다. 어쩌면 저 부부를 제거하라는 건가.

철수는 혼란스러웠다. 지금까지 그 집 부인에게 자신은 나쁜 감정이 없었다. 산책을 할 때 자신에게 음료수를 건네기도 했다. 그러나 어머니가 조종하는 대로 움직이게 될 것 같은 느낌이 들면서 철수는 그 부인을 보면 마음이 편하지 않았다. 언제부터인가 산책을 할 때 멀리서 그 부인이 보이면 모자를 푹 눌러썼다. 그리고 다른 길로 돌아서 산책을 마쳤다. 철수의 주머니에는 편의점에서 산 커터칼이 들어 있었다. 그 부인을 본다면 어머니의 마음이 자신에게 지시를 내릴 것 같았다. '저 여자가 우리 가정의 평화를 깨고 있어. 자, 어떻게 할래.'

철수는 그 부인을 만나게 되면 어떻게 하나 두려운 마음이 들어 뛰듯이 산책을 마치고 집으로 돌아왔다. 긴장한 탓인지 허기가 몰려왔다. 어머니가 물을 끓이고 있었다. 가스레인지 옆에 라면이 놓여 있었다. 철수는 자신이 배고프다고 말하지도 않았는데 라면을 끓이려는 어머니를 보자 다시 두려워지기 시작했다. 철수는 라면을 먹고 담배를 피우러 나가는 습관이 있었다. 물이 끓기를 기다리던 어머니가 한마디 했다.

"사람들이 볼 때 담배 피우면서 침 뱉지 마라."

어머니는 철수의 행동을 예측해서 또다시 지시하고 있었다. 물이 점점 끓고 있었다. 저 물이 다 끓으면, 어머니는 또 무엇을 자신에게 명령할까 두려웠다. 밖에서는 옆집 부부가 싸우는 소리가 들렸다. 어디선가 '저 물을 옆집 여자한테 가서 부어버려'라고 말하는 소리가 들리는 것 같았다. 이제 더 이상 이렇게 살 수는 없어. 철수는 사라져 가는 자신을 지켜야 했다. 어떻게 해야 하지. 어머니가 철수를 부르는 순간, 뜨거운 물이 어머니의 허벅지로 쏟아지고 있었다. 놀란 어머니가 비명을 질렀다. 그러나 아프다고 소리치지는 않았다. 대신 이렇게 말했다.

"너 다시 미친 거니. 아직도 치료가 안 된 거야?"

'미친 거니'라는 말을 듣는 순간, 철수는 어머니가 자신을 다시 가두려고 한다는 것을 직감했다. 한번 들어가면 언제 나올지 기약이 없는 곳. 철수는 이성을 잃었다. 돌아보니 야구방망이가 보였다.

"이제 그만하세요."

철수가 소리쳤다. 철수가 소리치면 칠수록 어머니도 지지 않고 비명을 질렀다.

"드디어 네가 나까지 죽이려 드는구나. 제대로 악령이 쓰였어. 목사님에게 빨리 전화해야겠다."

철수가 그날 들은 어머니의 마지막 말이었다.

어머니가 정신을 차렸을 때는 어떻게 알았는지 벌써 경찰차가 와 있었다. 또 한 번 그 일이 반복되는 건가. 경찰에 가서 조서를 쓰게 되면 정신감정을 받으라고 할 것이다. 내가 원하지 않는다고 해도 정신감정을 피할 방법은 없다.

이미 조현병이라는 낙인이 찍힌 철수. 이번에는 판사가 직접 정신감정을 신청했다. 퇴소한 지 3개월이 막 지난 시점, 철수는 그렇게 다시 치료감호소로 들어오게 되었다.

단순하게 생각하세요

정신감정서 제출까지 남은 시간은 일주일. 그 무렵 영수가 찾아왔다. 영수 또한 백령도 생활이 거의 막바지라고 했다. 세 모자의 생활이 또 다른 국면으로 접어들고 있었다. 감정서가 마무리될 무렵 찾아온 보호자. 감정서에 대해 이것저것 물어볼 것이다. 반갑지만은 않았다. 면담실로 걸어가고 있는데 백 간호사와 마주쳤다.

"선생님, 철수 씨 곧 감정 기간 끝난다면서요. 신경 쓰이시겠어요."

먼저 말을 걸어왔다. 정보가 많은 사람은 이유가 있다.

"이전에도 조현병, 심신미약으로 해서 치료감호를 받았더라고요. 특별히 다르게 진단하기는 어렵겠지만, 이번에는 직계가족을 폭행한 사건이니까 아무래도 가중처벌이 되지 않을까 싶어요."

백 간호사가 내 고민을 읽었는지 한마디 덧붙였다. 역시 30년 경력의 내공이 만만치 않았다.

"단순하게 생각하세요, 선생님. 조현병에서 가족에 대한 피해망상은 정말 흔하잖아요. 엇나간 양육 방법에 대한 반발, 이런 식으로 보면 되지 않을까요."

어쨌든 결론을 지어야 하니까. 그녀의 말대로 가족에 대한 피해망상은 주로 입원과 관련된다. 입원에 대한 거부감으로 생긴 피해망상은 종종 피독망상으로 발전된다. 피독망상은 약이나 음식에 독을 탔다는 망상. 피독망상이 생기면 상황은 점점 더 미궁이 된다. 복잡한 내 마음과는 달리, 면담실의 영수는 예의 그 차분한 표정이었다.

"철수는 잘 지내는 편이죠?"

영수의 첫마디였다. 당연할 것이라는 말투. 흔치 않은 경우였다. 영수가 갑자기 화제를 바꾸었다.

"선생님도 철수가 조현병이라고 생각하세요?"

영수의 의도가 궁금했다. 게다가 상대 또한 의사. 이유 없이 그런 질문을 하지는 않았을 것이다. 그렇지만 정신감정 결과를 미리 이야기할 수는 없었다. 같은 질문을 내가 던져보았다.

"그렇게 생각하지 않으시는 건가요. 정말 궁금해서요. 이유가 있을 테니까요."

영수가 머쓱한 표정을 지으며 대답했다.

"아닙니다. 그냥 지난번 정신감정 결과가 그렇게 나와서요. 저야 전공이 외과니까 사실 잘 모르죠. 주제넘은 질문에 기분 상하셨다면 죄송합니다."

죄송하다는 말을 하면서도 전혀 주눅이 든 표정이 아니었다. 사회화된 사과. 진심이 아니라는 것은 알 수 있었다. 나 또한 사회화된 반응이면 충분했다. 영수가 본 부모에 대해서 물어보고 싶었다. 내 질문에 영수가 벽에 붙은 시계를 흘낏 쳐다보았다. 다행히 외래가 없는 날이라 밖에서 대기하는 환자도 없고, 당연히 간호사도 없었다.

"시간 됩니다. 편하게 이야기하시면 돼요."

영수가 그제야 한숨을 푹 쉬며 말을 이었다.

"선생님, 제가 왜 의대를 갔는지 아세요?"

전혀 짐작이 가지 않았다. 고개를 젓자 영수가 자신의 어린 시절을 담담하게 이야기했다. 목사이던 아버지의 사고로 어머니는 갑자기 신분이 바뀌었다. 사모님에서 평신도가 되면서 어머니는 견딜 수 없어 하는 것 같았다. 어머니는 남들에게 보여지는 모습이 중요한 사람이었다. 어머니는 점점 더 교회 생활에 매달렸다. 영수는 이 상황을 한마디로 정리했다.

"몸으로는, 할 수 있는 모든 교회 봉사를 했어요. 입으로는, 우리를 통제하기 위한 모든 말을 했고요."

영수가 초등학교 5학년 무렵, 세 모자의 아침 루틴은 새벽 기도와 성경 공부로 시작되었다. 등교 전 루틴은 이것으로 끝이 아니었다. 성경 공부가 끝나면 교회를 한 바퀴 돌면서 쓰레기를 주웠다. 어머니가 영수와 철수를 데리고 쓰레기를 줍는 일은, 비가 오는 날에도 계속되었다. 물론 영수와 철수는 어머니의 루틴을 따르는 것이 좋지 않았지만 거부할 수는 없었다. 이유는 간단했다. 그들이 그런 행동을 할수록 주일마다 어머니는 신도들에게 인정을 받았기 때문이다. '역시 달라. 목사님이 안 계셔도 저렇게 바르게 키우고….' 어머니의 루틴은 점점 더 가짓수가 많아졌다.

젊은 부목사가 새로 들어오면서 영수는 분위기가 바뀌기를 기대했다. 그러나 어머니의 강박은 더 심해졌다. 음악을 전공했다는 부목사는 찬송 활동에 애정이 많았다. 하교 후 추가되는 합창단 연습. 음치인 철수는 그것만은 정말 안 하고 싶다고 어머니에게 말했다. 그때 어머니의 차가운 표정을 영수는 잊을 수 없다고 했다.

학교는 영수에게 유일한 탈출구였다. 교회도, 교회 옆 관사도 아닌 곳이었으니까. 지긋지긋한 현실을 떠날 수 있는 유일한 마법이 공부였다. 영수도 철수처럼 과학을 좋아했다. 자석을 가지고 자동차를 만드는 실험을 하거나 같이 별을 보는 날이면, 둘은 흥분하며 좋아했었다. 그런데 철수와 영수는 결정적인 차이가 있었다. 영수는 공부로 도피할 수 있었는데, 철수는 그렇지 못했다.

초등학교 6학년, 영수가 전교 1등을 했다.

"어떤 일이 생겼을까요? 선생님."

동생의 정신감정을 하고 있는 사람에게 왜 이런 말을 할까 싶은 마음이 한편으로 들기도 했지만, 가족의 역학을 알아두는 것은 필요한 일이다. 당연히 자랑거리가 되겠지만, 어머니가 칭찬을 했을 것 같지는 않았다.

"칭찬만 해주시지는 않았을 것 같아요."

"칭찬요?"

영수의 표정이 냉소적으로 변했다. 금테 안경 뒤에 숨겨져 있던 순해 보이던 눈이 갑자기 차가워 보였다. 어머니가 음치인 철수에게 보였던 표정이 저랬을까. 어딘지 섬뜩한 느낌. 네가 정신과 의사라는 이름표를 달고도 상황 파악이 그렇게 순진해 빠졌냐, 라고 말하는 것 같았다. 그와의 라포르를 위해 순발력을 발휘해야 했다.

"한번 일등 했다고 자만하지 말고 더 열심히 해라, 그런 말씀을 하셨을까요?"

어머니는 성적표를 받고 한동안 말이 없었다. 왜 그러시지. 너무 좋으셔서 그런가. 영수가 되물었다.

"어머니, 너무 기뻐서 그러세요?"

신이 나서 묻는 영수에게 어머니가 다시 차가운 표정을 지었다. 철수가 합창단에 들어가기 싫다고 했을 때의 그 얼굴. 말이 안 되잖아, 이건. 영수는 화가 났지만 아무 말도 할 수 없었다. 어머니가 진지한 표정으로 입을 열었다.

"과학에 비하면 국어가 좀 처지는구나."

그 말에 멍해진 영수를 보며 어머니가 덧붙였다.

"이제 너도 곧 중학생이 되니 심화학습을 좀 하자. 물론 제일 좋은 교재는 성경이지. 성경에는 인간의 모든 희로애락이 다 녹아 있어. 걱정 마라. 내가 집사님들이랑 상의해서 성경 공부와 글쓰기 공부를 한꺼번에 할 수 있도록 프로그램을 만들어보마."

그의 어린 시절은 내가 상상했던 것보다 훨씬 암울했다. 어머니로부터 꾸중을 들은 다음 날, 영수는 철수를 데리고 자신들의 도피처, 과학실로 갔다.

"철수가 학교 화장실 뒤에서 쥐를 잡아 왔어요. 살아 있었는데 꼬리를 파닥거리는 모습을 보고 철수가 웃었어요. 그런데 이상하게 철수의 심정이 이해가 됐어요. 같이 막 웃었는데 실험실 한쪽에 칼이 보였어요. 누가 먼저랄 것도 없이, 같이 쥐를 해부하기 시작했어요. 궁금하기도 했고요. 도움이 될까 해서 말씀드리는 건데, 역시 선생님께는 좀 이상하게 들리겠죠."

그러나 영수의 표정은 변화가 없었다. 잔인하게 느껴지기도 했지만 그 내면을 보면 쓸쓸한 이야기였다. 그 당시 그들은 쥐를 자신들과 동일화했을 수도 있다. 살기 위해 꼬리를 파닥거리는 모습. 질식할 것 같은 그들에게도 탈출구가 필요했을 것이다. 왕따였던 철수, 가장 약한 동물에게 그의 공격성이 향했다. 1등을 해도 인정받지 못한 영수, 이 사건에서 그는 동조한 것인지 주도한 것인지는 알 수 없었다. 누가 주범이고, 누가 공범인지 알 수 없는 사건. 궁금한 점이 많았지만 영수가 기숙학교로 화제를 바꾸었다.

영수가 찾는 기숙학교의 조건은 딱 하나였다. 집으로부터 멀어서 휴일에도 오지 않아도 되는 곳. 그것이 영수가 찾는 유일한 조건이었다. 처음에는 어머니가 반대했지만, 공부를 하겠다는 우등생의 고집을 꺾지는 못했다.

"그렇게 중학교 때부터 탈출해서 지금까지 지내고 있죠."

그는 '탈출'이라는 단어를 쓰고 있었다.

"그렇지 않았으면 저도 철수처럼 됐을지도 모르지요. 철수는 점점 왕따가 되어갔으니까요. 사정을 뻔히 알았지만, 저도 사춘기에 공부에…. 집은 그냥 잘 돌아가겠지 합리화하면서 지냈습니다. 핑계겠지요. 지금도 여전히 핑계만 대고 있으니까요."

영수의 얼굴이 어두워졌다. 문득 안쓰러운 마음이 들어 그의 편을 들었다.

"기숙사에 있는데 어떻게 동생까지 신경을 쓰겠어요. 게다가 어머니가 밀착 방어를 하고 계신데."

밀착 방어라는 말에 영수가 풋, 하고 웃었다. 자조의 웃음 같기도 하고, 나에 대한 비웃음 같기도 했다. 어쩌면 영수는 도파민 가설에 밀려 지금은 거의 버려지다시피 한 '조현병을 만드는 어머니'에 대해 이야기하고 있는 걸까. 그녀는 정말 조현병을 만드는 어머니였을까.

그렇다면 먼저 조현병의 실체를 조금 더 구체적으로 살펴봐야 한다. 무서운 병, 미친병 정도로 알고 있는 조현병은 사실 그렇게 단순하지가 않다.

100퍼센트 피해자도,
100퍼센트 가해자도 없는

조현병의 원인

현대적 의미의 조현병 개념에서 중요한 두 학자는 독일의 에밀 크레펠린Emil Kraepelin과 스위스의 오이겐 블로일러Eugen Bleuler다. 1896년 크레펠린은 기존의 긴장증, 파과증(와해증)에 망상치매를 추가하여 이 모두가 '조발성 치매'라고 주장했다. 그는 이 병에 대해 청소년기에 일찍 발병하여 결국 인격의 황폐화로 끝난다고 기술했다. 조현병의 경과에 대한 그의 통찰로, 결국 조발성 치매라는 병명은 독일 정신과 교과서에 실리게 된다. 그로부터 15년 뒤, 블로일러는 그리스어로 '분열된'이라는 뜻의 스키조schizo와 '마음, 정신'이라는 뜻의 프레니아phrenia를 합쳐 '스키조프레니아schizophrenia'라는 용어를 처음으로 사용했다.

이후 여러 과정을 거쳐 조현병의 기본 증상은 앞에서 제시한 다섯 가지 정도로 정리되었다. 그러나 100년이 넘는 시간 동안 여러 학자들이 조현병의 속성을 연구하고, 원인을 파악하려고 하였으나 뚜렷하게 밝혀진 것은 없다. 이는 하나의 원인으로 조현병을 파악하고 설명하는 것은 현재의 과학기술로는 어려움을 보여주는 증거일 것이다. 결국 최근에는 '스트레스-소인 모형Stress-Diathesis Model'이라는 이론으로 원인을 설명한다.

스트레스-소인 모형은 조현병에 대해 특별한 취약성을 가진 뇌, 즉 소인이 있으며, 이러한 뇌가 환경적이든 생물학적이든 어떤 종류의 스트레스를 받아 발병한다는 이론이다. 초가 있어도 불을 붙이지 않으면 불이 나지 않는다. 소인이 있어도 모두 조현병으로 발병하지는 않는다는 뜻이다. 단열재와 같은 경우는 불을 붙이려고 해도 붙일 수 없다. 점화는 점화가 되는 대상과 불이 모두 있을 때 일어난다. 조현병 또한 마찬가지라는 것이 이 이론의 주장이다.

신경전달물질의 측면에서는 조현병 병인론으로 가장 대세인 것은 현재까지는 도파민 가설이다. 간단하게 설명하면 도파민 활동이 과다해지면서 조현병이 발생한다는 것이다. 당연히 항정신병약물 중 많은 수가 도파민을 차단하여 약리작용을 한다. 도파민 가설은 신경회로의 장애와도 연결되어 있다.

정신분열병이라는 용어가 처음 사용된 것은 지금으로부터 100년 전이었다. 도파민 가설이나 신경회로와 같은 과학적 도구를 이용하여 원인을 찾을 수 없었던 과거에도 조현병에 관해서는 다양한 가설이 있었다. 프로이트는 구순기에 고착된 인격을 언급했고, 대상관계이론 학파인 마거릿 말러Margaret Mahler는 아이와 어머니의 미분화로 조현병을 설명하기도 했다. 1950년대에 이르면 조현병과 관련한 각종 가족 이론이 등장한다. 그중 프리다 프롬 라이히만Frieda Fromm-Reichmann이라는 학자는 '조현병을 만드는 어머니Schizophreniogenic Mother'라는 이론을 주장했다.

라이히만은 불안하고 때로는 과보호적이며, 냉정한 어머니에 의해 양육되면 자식은 조현병에 걸릴 확률이 높다고 주장했다. 다소 급진적으로 들리는 이 이론은 곧바로 공격을 받았다. 공격의 논거는 간단하다. 조현병 환자의 어머니에게 불필요한 죄책감을 느끼게 하고, 비난의 화살을 돌렸다는 점이다. 물론 특정 가족 형태가 조현병 발병의 원인이 된다고 할 수는 없다. 그러나 스트레스-소인 모형에 따르면 불안정한 가족 형태의 양육은, 조현병에 취약한 소인을 갖고 있는 사람에게는 충분히 발병의 원인이 될 수 있다는 점도 부인할 수 없다. 철수, 영수, 어머니로 둘러싸인 삼각형. 어쩌면 그들의 삼각형에서 100퍼센트 가해자도, 100퍼센트 피해자도 없을지도 모른다.

최종 정신감정서

두 번째 정신감정은 수월하리라는 생각은 나의 자만이었다. 게다가 첫 번째 정신감정의 주 정보원이던 사람이 두 번째 정신감정에서 피해자가 된 상황이었다. 첫 번째 정신감정에서 등장하지 않았던 새로운 정보원인 영수의 입장 또한 파악하기가 쉽지 않았다. 피해자를 측은해하는 마음과 가해자를 안타까워하는 마음이 동시에 존재하는 것처럼 보였다. 영수는 심정적으로 가해자 편에 더 가까이 있는 듯했다. 과거 정신감정서에 진술된 정보로도 그렇게 보였다. 시간이 갈수록 명확해지기는커녕 너무 많은 정보로 인해 더욱 혼란스러웠다.

정신감정서에서 가장 중요한 것은 진단명이 아니다. 그보다는 형사책임능력에 대한 정신의학적 의견이 감정서의 핵심이다. 피감정인의 상태가 심신건재, 심신미약, 심신상실 등 어디에 속하는가에 대한 의견이 가장 중요하다. 심신 상태를 규정하기 위해서는 사건 당시와 현재의 사물변별능력과 의사결정능력 여부가 중요하다. 사물변별능력이란 사물의 선악과 시비를 합리적으로 판단하여 정할 수 있는 능력을 말하고, 의사결정능력은 사물을 변별한 바에 따라 의지를 정하여 자기의 행위를 통제할 수 있는 능력을 말한다.

대부분 조현병의 급성 상태에서는 심신미약인 경우가 많으며 심신상실 상태는 흔하게 볼 수는 없다. 6년 전 철수의 감정서 또한 진단명은 조현병, 심신미약 상태로 결론짓고 있었다. 치료감호소에서의 생활도 특기할 점이 없었다. 고민에 빠진 나에게 선배가 조언을 했다. '지금 상태보다 중요한 건 사건 당시가 아닐까. 사람을 보지 말고, 사건을 봐. 사건이 그 사람의 정신상태의 그림자 같은 거니까.'

작정하고 부은 것은 아니라고 하지만, 어쨌든 뜨거운 물이 어머니의 허벅지에 쏟아졌다. 비명을 질러도 멈추지 않았다. 그것도 모자라 자신을 책망하는 어머니의 복부를 야구방망이로 가격했다. 반항하던 어머니는 벽 모서리에 부딪혀 정신을 잃었다. 사건 당시 정황을 미루어볼 때 확실히 철수의 심신이 건재하다고 말할 수는 없었다. 이미 조현병이라는 진단을 받은 사람. 정확히 조현병은 아닐지라도 정신병적 상태가 있는 것은 분명해 보였다. 자신할 수 없었던 나는 조현병에 '의증'이라는 진단을 붙이고, 심신이 미약했을 가능성이 크다는 의견을 냈다.

그 후 몇 건의 정신감정서를 더 제출했고, 이직을 하게 되었다. 그리고 그곳에서의 생활은 까마득히 잊고 지낸 지 6개월. 갑자기 법원에 증인으로 출석하라는 명령이 떨어진 것이었다. 새 직장에서 새롭게 시작하며 한참 바쁘게 지내고 있을 때였다. 그것이 증인 출석 명령을 거부할 이유가 될 수는 없었다.

서울서부지방법원 402호

법적 다툼

서울서부지방법원 402호. 공항에서나 본 검색대를 통과하고 법정 앞에 서 있었다. 드라마나 영화에서 보던 법정은 대부분 법정 내부 모습이었다. 법정 바깥은 일반 사무실의 풍경과 다를 바가 없었다. 다만 문 앞에 테이블이 하나 마련되어 있었고, 양복 차림의 남자가 나에게 계좌번호를 물었다. 의아해하는 나를 보며 남자가 증인 출석비가 입금될 것이라고 건조하게 말했다. 입금이 반갑지 않은 경우도 있겠구나, 라고 생각하고 있는데 낯익은 얼굴이 보였다.

"교수님, 여기 웬일로…."

의대생일 때 보고 처음 보는 한 교수였다. 세부 전공이 조현병이고, 치료감호소에서 근무한 적도 있다는 이야기를 들었다. 자신의 이력으로 인해 법정신의학회에서 나름 영향력이 있었다. 노회한 교수는 익숙한 사회적 얼굴로 자신이 온 이유를 말했다.

"나 여기 증인으로 왔어. 좀 도와달라고 해서 말이지."

나를 증인으로 부른 것은 검사 쪽이었다. 검사는 30대 초반이나 될까, 젊고 마른 남자였다.

"조현병 진단으로 치료감호소에서 퇴소한 지 얼마 안 돼 어머니를 폭행한 사건이잖아요. 선생님도 잘 아시다시피. 그런데 저쪽에서 범행 시점에 심신미약 상태가 아니었다고 들고 나오고 있어요."

순간 영수의 얼굴이 스쳐 갔다. 철수 혼자 여기까지 진행하지는 못했을 것이다.

"진단을 뒤집겠다는 의도인가요?"

법정에 증인으로 나온 상황만으로도 충분히 부담스러운데 설상가상 내가 첫 번째 증인으로 불렸다. 텔레비전에서나 보던 증인 선서, 진실만을 말하겠다는 맹세를 하고 증인석에 앉았다. 재판장의 양쪽으로 두 명의 배석판사가 내 앞에 있었다. 왼쪽으로는 검사 둘, 오른쪽으로 변호사와 수의를 입은 철수가 보였다. 철수와 가까운 쪽에는 낯익은 얼굴 둘이 앉아 있었다. 영수와 한 교수였다. 내가 조현병이라고 진단을 내린 철수의 얼굴을 법정에서 보는 것은 유쾌한 경험은 아니었다. 변호사 또한 낯익은 얼굴이었다. 이상하다. 내가 변호사를 봤을 리가 없는데.

어수선한 법정을 재판장이 정리했다. 판사는 판결을 내리는 사람으로만 알고 있었는데, 재판장은 사회자처럼 진행하는 역할도 중요한 임무인 듯 보였다.

"오늘 사건은 피고인 측의 요청으로 국민참여재판으로 진행됩니다. 여러분은 이미 사건에 대해 숙지를 하고 오셨지만 제가 다시 한 번 설명하겠습니다. 이후 먼저 정신감정을 한 의사가 증인석으로 나와 양측의 질문을 받겠습니다. 질문은 먼저 검사 측, 이후 변호인 순으로 진행하겠습니다. 그런 다음 피고인이 요청한 증인이 나와 질문을 받는 순서로 진행하겠습니다. 질문 순서는 이번에는 역순을 따르겠습니다."

검사가 사건 현장을 파워포인트로 띄웠다. 재판정의 모든 눈이 모니터로 향했다. 평범해 보이는 주택 마루 한구석에 피 묻은 야구방망이가 있었다.

"증인은 피고인을 정신감정 하셨죠. 정신과적으로 어떤 증상이 보였으며, 어떻게 진단했습니까?"

검사가 나에게 첫 질문을 던졌다.

"피고인을 한 달간 검사 병동에서 관찰하여 감정서를 작성했습니다. 감정 기간 동안 피고인은 어머니에 관해서 면담할 때 유독 예민한 모습을 보였습니다. 심리검사 결과에서도 어머니에 의해 조종당하고 있다는 생각이 잠재한 상태로 나왔습니다. 자신의 생각이 어머니로부터 주입되었다는 사고의 주입, 자신의 생각이 조종당하고 있다는 조종망상이 기저에 있으면서 결국 어머니가 자신을 해할 수도 있다는 피해망상으로 발전한 것으로 보입니다. 범행의 기저에는 피해망상에 대한 방어가 작용했을 것으로 보이고, 이는 조현병의 전형적인 증상으로 보입니다."

금테 안경을 쓴 재판장은 양쪽의 두 판사보다 열 살은 많아 보였다. 나직한 목소리로 재판장이 다시 한번 정리했다.

"오늘은 국민참여재판이니까 여러분을 위해 제가 정리를 한번 하겠습니다. 그러니까 증인에 따르면 피고인은 조종망상, 피해망상으로 범행을 저질렀다, 망상은 조현병의 전형적인 증상이다, 이런 말씀이시죠. 그렇다면 또 다른 증상은 어떤 것이 있나요?"

이번에는 재판장이 나를 보며 질문했다. 진단 기준이라면 망설일 이유가 없었다.

"제가 감정서에도 기술했듯이 조현병은 크게 다섯 가지 증상 가운데 두 가지 이상이 존재할 때 진단합니다. 자세히 말씀드리면 환각, 망상, 와해된 언어, 극도로 와해된 행동이거나 긴장성 행동, 음성 증상 중에서 두 가지 이상이 해당되어야 하며, 앞의 세 가지 중 한 가지 증상은 반드시 포함되어야 합니다. 그리고 증상의 지속적 징후는 최소 6개월은 있어야 합니다. 피고인의 경우 이전에도 정신감정을 받은 적이 있는데, 그 당시에는 망상보다는 환청을 포함한 환각이 주 증상이었던 것으로 보입니다. 층간소음으로 인한 갈등으로 이웃의 차를 훼손한 사건을 볼 때 그즈음부터 발병한 것으로 추정됩니다."

치료감호소에서 한 달 동안 자신의 이야기를 가장 잘 들어주던 사람이 자신은 제정신이 아니라고 말하고 있다. 철수의 심정은 어떨까. 철수가 나를 쳐다보는 게 아니라 노려보는 것처럼 느껴졌다. 나도 모르게 두려운 마음이 들었다. 그때 변호사가 나에게 질문을 던졌다. 예상치 못한 질문이었다. 정신이 번쩍 들었다.

"선생님은 얼마나 많은 정신감정을 하셨습니까?"

나는 검사 측의 증인이었다. 재판의 승패는 나와 무관하다고 동료 의사들은 말했지만 승부욕이 발동했다. 이길 수는 없더라도 지기는 싫었다. 한 달 평균 정신감정 횟수에 근무한 기간을 곱했다.

"대략 200건 정도 했습니다."

변호사의 질문은 그게 아니었다.

"그중 조현병으로 진단한 경우는 몇 퍼센트나 됩니까?"

무슨 질문을 하려는 걸까. 의도를 알 수 없었다.

"정확하게 퍼센트로 말씀드리기는 힘듭니다."

"그러면 질문을 바꾸겠습니다. 이전 정신감정에서 조현병으로 진단받은 경우, 선생님이 다른 진단명으로 번복한 경우가 있습니까?"

이제야 변호사의 의도가 명확해졌다. 이전 정신감정서를 그대로 따라 하지 않았냐는 논리였다. 어쨌든 솔직히 대답해야 했다.

"그런 경우가 흔치는 않지만, 기억하는 한에서 크게 다른 진단명을 내린 적은 없는 것 같습니다."

검사가 눈을 찡그렸다. 변호사가 자신이 요청한 증인인 한 교수를 증인석으로 불렀다. 다음 질문은 예상한 대로였다.

"같은 질문을 하겠습니다. 증인은 지금까지 몇 건의 정신감정을 하셨습니까?"

계산된 질문이 틀림없었다. 개수를 계산하느라 시간이 걸렸던 나와는 대조적으로 한 교수는 기다렸다는 듯이 답변했다.

"대략 2000건 정도 됩니다."

판사가 한 교수의 말을 받아 적는 것이 보였다. 변호사가 말을 이었다.

"그렇다면 교수님도 정신과 전문의인데, 교수님이 보시기에 강철수 씨가 조현병이라고 확진할 수 있습니까?"

변호사는 '확진'이라는 단어를 힘주어 말했다. 한 교수가 답했다.

"정신과 진단명은 짧은 시간에 내릴 수 있는 것이 아닙니다. 다시 말해 시간의 경과에 따라 변할 수 있다는 것입니다. 피고인의 경우를 보면 6년 전 진단 이후 치료감호소에 있는 내내 상당히 모범적인 생활을 한 것으로 보입니다. 6년이라면 조현병의 특성인 인격의 퇴행이 이루어지기에는 충분한 시간입니다. 그렇다면 인격의 퇴행이 이루어지지 않았다고 볼 수 있지 않을까요? 따라서 조현병 가능성은 떨어진다는 것이 제 견해입니다."

검사 측에서도 듣고만 있을 수는 없었다.

"교수님의 말씀 잘 들었습니다. 그러면 교수님이 마지막으로 정신감정을 하신 것은 언제입니까?"

"10년 전쯤으로 기억합니다."

검사가 다시 한번 파워포인트를 띄웠다. 파워포인트에는 시대에 따라 정신감정의 변화를 보이는 논문이 요약되어 있었다. 과거에는 알코올의존으로 인한 범죄도 심신미약으로 판정하는 경우가 많았으나, 비난 여론으로 인해 최근에는 심신미약으로 판정되는 경우가 급

격히 줄어들고 있다는 내용이었다. 검사가 말을 이었다.

"10년 전이라면 짧은 시간이 아닙니다. 정신과 진단이 시간의 흐름에 따라 이루어지듯이, 정신감정 또한 시대에 따라 변할 수 있다는 것을 이 자료는 보여주고 있습니다. 변호인 측 증인의 논리대로 인격의 퇴행이 이루어지지 않았다면 좀 더 약한 진단으로 번복될 수 있는 것이 최근의 추세입니다. 그런데도 피고인의 진단명은 6년 전과 같습니다. 그것은 그만큼 피고인의 정신상태가 큰 차이 없이 유지되었다는 것 아닙니까?"

그러자 변호사가 이번에는 책 표지를 자료화면으로 띄웠다. 귀여운 고양이가 있는 그림이었다. 장내 모든 사람의 시선이 그림 속 고양이에게 향했다.

순간, 변호사가 낯이 익었던 이유가 생각났다. 한 교수를 섭외한 것만 해도 놀라운데 의사 출신 변호사까지. 조현병 진단을 두 번이나 받은 사람이 국민참여재판을 신청할 때는 그만한 준비가 된 상태였다. 모두가 그림에 집중하고 있을 때 변호사가 판사에게 물었다.

"판사님은 이 그림이 무엇으로 보입니까?"

판사가 대답했다.

"고양이 아닙니까?"

변호사가 다른 고양이 그림 두 개를 이어서 보여주었다. 두 번째 그림의 고양이는 두려움에 눈동자가 커진 상태였다. 그리고 마지막 세 번째 그림은 형체가 완전히 무너져 고양이라고 볼 수 없는 상태였다. 변호사가 배심원단을 보며 말을 꺼냈다.

"이 그림들은 고양이 화가로 유명한 영국의 루이스 웨인Louis Wain의 작품입니다. 그는 조현병을 앓고 있었고, 그의 마음은 고양이에 반영됩니다. 조현병이 진행될수록 그의 고양이는 모양이 바뀝니다."

배심원단에서 웅성대는 소리가 들렸다. 조현병에 대한 수많은 설명보다 조현병을 한마디로 느낄 수 있게 해주는 그의 고양이 그림. 첫 번째 고양이는 산책을 하거나 테니스를 치는 귀여운 모습. 두 번째 고양이는 놀란 눈이 되어 눈동자가 커졌고 불안해하고 있다. 이는 피해망상이 자리 잡은 그의 심리를 반영한다. 주변의 모두가 자신을 공격할 것 같고, 욕하는 것 같다. 망상이 점점 커지면서 결국 그는 현실과 비현실, 자아와 비자아의 경계가 무너져버린다. 정신병의 가장 뚜렷한 증상인 현실 검증력의 손상. 마지막 고양이는 이제 일종의 추상화처럼 되어버렸다.

검사가 미간을 찌푸리고 화면을 보는 사이, 화면에는 새로운 그림 두 개가 떴다. 누가 봐도 철수와 닮은 그림이었다. 그제야 변호사의 의도가 짐작이 갔다.

"피고인이 그린 자화상입니다. 처음 그림은 그가 첫 사건으로 조현병 진단을 받고 치료감호소에 수감되었을 때 그린 자화상입니다. 그리고 두 번째는 피고인이 이번 정신감정을 위해 감호소에 수감되었을 때 그린 그림입니다. 제가 보기엔, 오히려 두 번째 그림이 피고인과 더 닮게 그린 것처럼 보입니다. 한 교수님, 조현병으로 진단받고도 이런 표현이 가능한가요?"

평소 한 교수는 정신병은 고칠 수도, 고치지 않을 수도 없다는 말을 자주 했었다. 지금은 피고인이 유리하도록 답변해야 했다.

"물론 조현병 진단을 받은 사람이 그림을 잘 그릴 수 없다, 그런 논리는 아니죠. 그런데 지금 보시는 그림은 그냥 그림이 아니라 자화상입니다. 심리검사 중에 HTP 검사라는 것이 있습니다. 집, 나무, 사람을 그리는 것으로 그 사람의 현재 상태를 알아보는 검사지요. 그 말인즉 자화상이라는 것은, 그 사람의 현재 심리를 가장 잘 반영한다는 의미입니다. 특히 루이스 웨인의 그림에서 보듯이 외부 세계에 대한 불신과 의심이 있을 때는 보통 동공, 즉 눈동자가 커지죠. 그런데 피고인의 그림은 오히려 사진처럼 닮은 것으로 보입니다. 이는 자기 객관화가 된 것으로 보이고, 현실과 자신의 경계가 무너진 조현병에서는 어려운 것으로 보입니다."

배심원 가운데 몇몇은 HTP 검사에 대해 들어본 적이 있는지 고개를 끄덕거렸다. 철수의 자화상은 심지어 나조차도 당황할 만큼 정교했다. 그림 그리는 재주가 있었구나. 면담의 한계를 다시 한번 느꼈다. 참고 증인으로 온 나는 재판의 승패에 관심이 있다고는 해도 검사와 같을 수는 없었다. 검사는 조현병으로 심신미약 판정을 받은 사람이 국민참여재판을 신청했다는 것부터 심기가 불편한 일 같았다. 전반전은 피고인 측이 유리해 보였다. 잠깐의 휴정 뒤 후반전이 시작되면서 그가 다른 카드를 꺼내 들었다. 이번에는 검사가 한 교수에게 먼저 질문을 던졌다.

"한 교수님이 정신감정을 한 2000건 가운데 조현병을 앓는 사람인 경우, 피해자가 가족인 경우와 완전히 모르는 타인인 경우 어느 쪽이 많았습니까?"

검사의 질문은 누가 들어도 의도가 명확했다. 가족이 폭력의 대상이 되는 경우가 많지 않냐는 것을 전제한 질문이었다.

"물론 많은 경우 가족이 피해자가 됩니다. 그런데 그것은 조현병에만 해당하는 경우라고 말하기에는 무리가 있습니다. 알코올의존도 그렇고, 조울증도 그렇고, 가장 가까이에 있는 사람이 피해자가 됩니다. 가장 약한 고리이기 때문이죠."

맞는 말이지만 물타기를 하는 측면이 있었다. 검사가 다시 한 교수에게 질문을 던졌다.

"피고인은 층간소음과 환청을 구별하지 못해 이웃의 차를 훼손하고, 어머니에 대한 피해망상으로 어머니에게 뜨거운 물을 부었습니다. 이런 경우 조현병이 아니라면 한 교수님이 생각하는 진단명은 무엇입니까. 피고인의 심신이 건재하다고 생각하시는 겁니까?"

변호사가 이의를 제기했다.

"검사는 지금 추측을 사실인 것처럼 말하고 있습니다."

그러나 판사는 한 교수의 생각이 궁금한 것 같았다. 변호사의 이의는 기각되었다. 한 교수가 입을 열었다.

"저 또한 피고인을 만나봤지만 개인적인 소견으로는 정신병적 양상이라기보다는 일종의 뉴로시스 계열이 아닌가 싶습니다. 지금 병석에 있는 어머니에 대해서도 계속 미안한 마음을 내보이며 뉘우치는 것으로 보아 사물분별능력은 큰 문제가 아닌 것으로 보입니다. 물론 저는 주치의가 아니었지만, 제가 면담할 때는 사이코시스의 양상을 관찰하지는 못했습니다."

한 교수의 말이 끝나자 판사가 잠깐 주위를 살폈다.

"저 말고 여기 있는 분들 중에도 궁금해하는 분들이 계실 것 같은데. 증인, 사이코시스와 뉴로시스가 어떻게 다른가요?"

역시 판사는 날카로웠다. 한 교수가 답했다.

"정신과에서 가장 기본이 되는 분류로 사이코시스는 현실 검증력이 떨어진 상태, 뉴로시스는 현실 검증력은 살아 있는 상태로 봅니다."

"피고인 측 증인은 이번 사건에서 폭행의 동기는 현실 검증력이 떨어진 것은 아니라고 본다는 말씀인가요. 그렇다면 무엇 때문으로 보십니까?"

충분히 의문이 들 만한 질문이었다. 진단명을 묻자 일종의 뉴로시스 계열이라고 빠져나간다. 자신은 주치의가 아니라는 식으로 또 출구를 만들어두면서도 사이코시스 양상은 보지 못했다고 눙쳤다. 그러나 판사는 모두가 궁금해하지만 말로 쉽게 표현하기 어려운 질문을 간단하게 정리했다. 모두의 눈이 한 교수의 입으로 향했다.

"정신과 입원을 오래 하다 보면 보호자가 미워지는 순간이 있죠. 입원 이야기가 나올 것 같아 우발적으로 폭행한 것으로 보입니다. 그러니 흉기는 그냥 손에 잡히는 것을 썼겠지요. 망상이라면 칼을 몸에 지니거나 했을 겁니다."

한 교수의 말이 떨어지자 철수가 희미하게 웃었다. 저 미소의 의미는 무엇일까. 병동에서 보던 것과 달리 깔끔하게 머리까지 빗은 모습. 덥수룩한 머리에 환자복을 입고 있을 때는 몰랐는데, 하얀 피부와 갸름한 얼굴이 눈에 들어왔다. 양복을 차려입은 영수 또한 흡족하다는 듯이 고개를 끄덕이고 있었다.

가족이 아니면 누가 믿어주나요

국민참여재판을 신청했다는 것만으로 자존심이 상한 검사가 다시 한번 구석에 몰렸다. 이번에는 자신에게 유리한 증언을 해줄 수 있는 나에게 질문할 차례였다.

법정은 새로운 국면으로 접어들고 있었다. 처음에는 피고인의 정신 상태에 대한 질문이 주를 이루었는데, 이제 사건의 핵심 인물인 어머니에 대한 질문으로 바뀌고 있었다.

"증인은 정신감정을 하기 전, 과거 피고인의 진료 기록을 모두 검토하셨다고 하셨죠?"

"네, 맞습니다."

"그렇다면 혹시 이전 입원에서 특이한 점이 있었습니까?"

순간 머릿속으로 철수의 어머니가 지나갔다. 그녀를 아는 사람 모두가 고개를 절레절레 흔들었다는 그 어머니.

"실은 진료 기록상으로는 치료감호소에서 생활은 무난하게 한 것으로 봤습니다. 그러나 피고인에게는 특이한 점이 하나 있었는데, 어머니와 면회한 날에는 날카로운 모습을 보이거나 불면을 호소하는 일이 많았다고 기록되어 있습니다. 나중에는 어머니의 아바타가 될까 두려웠다고도 말했습니다. 어머니가 자신의 생각을 읽고 조종하는 것이 무서웠다고 합니다."

"그러니까 증인의 말에 따르면 어머니를 만나는 것은 피고인의 입장에서는 자아가 사라지는 무서운 경험이겠군요."

"네. 그렇게 보입니다. 타인이 자신의 생각을 읽고 조종한다는 망상은 조현병 환자에게 아주 흔하게 볼 수 있는 증상입니다. 사고의 주입, 사고의 조종으로 표현하는데 결국 환자는 사고를 주입하는 주체와 자신 사이에서 혼란스러워하다가 종종 주체를 공격하기도 합니다."

기세는 50 대 50이었다. 판사가 상황을 한번 정리했다.

"제가 이해한 내용을 한번 정리해보겠습니다. 변호인 측 증인은 피고인이 어머니에 대해 후회, 죄책감을 느끼는 상태로 보셨습니다. 반면 검사 측 증인은 어머니에 대해 조종망상에 따른 두려움이 지배적인 상태로 보셨습니다. 그렇다면 검사 측 증인, 제가 질문을 하나 하겠습니다. 어머니의 훈육이 조현병을 야기하는 요인이 될 수도 있나요?"

판사가 나에게 질문을 던졌다.

"조현병의 원인은 참으로 많습니다. 최근에는 도파민 가설이 가장 많이 언급되지만 여러 원인이 복합적으로 작용합니다. 1950년대 독일의 프리다 프롬 라이히만이라는 학자는 '조현병을 만드는 어머니'라는 표현을 쓰기도 했습니다. 불안하고 때로는 과보호적이며, 냉정한 어머니에 의해 양육되면 자식은 조현병에 걸릴 확률이 높다고 주장했습니다. 가족관계가 인간관계의 뿌리가 된다는 점에서 간과할 수 없는 측면이 있습니다."

변호사가 반격을 시도했다.

"저는 변호사이자 의사입니다. 검사 측 증인께서 말씀하셨듯이 현재 조현병에 관해서는 도파민 가설이 가장 유력한 이론입니다. '조현병을 만드는 어머니'라는 이론은 과학적 근거가 희박할 뿐만 아니라 조현병에 대한 부정적인 선입견을 갖게 하여 논점을 흐릴 수가 있다고 생각합니다. 여기에서 배심원들께 한 사람 소개해도 되겠습니까, 판사님."

변호사가 앞으로 가서 설명하자 판사가 받아들였다.

"이분은 피고인의 형이자 제 후배인 강영수 씨입니다. 영수 씨는 현재 외과 전문의로서 이번 일을 누구보다 마음 아파하고 있습니다. 판사님, 증인으로 강영수 씨를 채택해도 되겠습니까?"

판사들끼리 의논한 뒤 기각 선언을 했다. 공정성에 해가 된다고 판단한 것 같았다. 그러자 변호사가 말을 이었다.

"강영수 말에 따르면 어머니는 자식 교육에 누구보다 헌신적인 사람이었습니다. 안타깝게도 이번 사건으로 병석에 누워 있지만, 피고인의 교육에도 자신이 할 수 있는 최선을 다했다고 합니다. 피고인에게는 그것이 역풍이 되어 압박으로 느껴진 반면, 영수 씨 경우는 자극이 되어 우등생의 길을 가게 된 것이고요. '조현병을 만드는 어머니'라는 이론이 맞는다면 영수 씨가 이렇게 어엿한 의료인이 될 수 있었을까요?"

어느덧 개정한 지 4시간이 지나고 있었다. 조현병, 피해망상, 루이스 웨인의 고양이, 도파민, 조현병을 만드는 어머니. 이런 간단치 않은 단어들로 모두 지칠 대로 지쳐 있었다. 판사가 시간을 보더니 폐정을 선언했다.

"오늘은 전문가인 양측 증인들의 말씀을 집중적으로 들어봤습니다. 그럼 오늘 재판은 여기까지 하겠습니다. 다음 재판 날짜는 추후 알려드리겠습니다. 모두 수고하셨습니다."

그렇게 나도 자리에서 일어났다. 처음 겪어보는 증인 출석은 예상보다도 훨씬 더 진이 빠지는 일이었다. 앞으로 더는 이곳에 오고 싶지 않다는 생각이 들었다. 그리고 과연 철수는 어떻게 될까 하는 궁금증이 일었다. 지금까지로 봐서는 아무것도 알 수 없었다. 빨리 이 무거운 공기에서 벗어나고 싶었다. 발걸음을 옮기려던 순간, 익숙한 목소리에 나도 모르게 발길이 멈추었다. 영수였다. 작지만 확실히 알아들을 수 있는 영수의 목소리였다.

"비피(혈압)가 계속 떨어지고 있다고요? 일단 에피(에피네프린) 좀 주면서 지켜보시고요. 제가 가서 어머니 컨디션 체크하겠습니다."

혈압이 계속 떨어지고 있다니. 영수의 어머니는 내가 생각한 것보다 상태가 좋지 않았다.

"잘 지내셨죠. 이렇게 또 만나네요. 어머니는 좀 어떠세요?"

예상치 못한 나의 인사에 영수는 놀란 기색이 역력했다.

"수술 잘 마치고 회복 중입니다. 선생님 덕분입니다."

"저는 아무것도 한 게 없습니다. 어머님이 작은아들 때문에 고생을 하셨어도 큰아들 덕은 확실하게 보시네요. 주치의 보신다면서요?"

영수가 불쾌한 표정을 숨기지 않고 말했다.

"지금 제 가정사를 선생님에게 이야기할 이유는 없지 않습니까. 제가 어머니 주치의를 보든 철수의 보호자가 되든 다 저희 집안 문제입니다."

맞는 말이지만 한때 내 환자였던 사람의 일이다.

"재판 결과에 따라 철수 씨의 정신과 치료가 어떻게 될지 결정 날 텐데, 여러모로 신경 쓰이는 게 많으시겠어요."

영수가 냉소적으로 받았다.

"정신과 의사들은 진단 붙이고 약 주는 게 다니까, 진단을 번복하는 게 더 쉽지 않겠죠. 다른 과들처럼 수술 전과 후에 진단명이 바뀌는 경우도 없겠고요. 조직검사 같은 걸 하는 것도 아니니까요."

범행 당시 철수가 조현병이 아니었음을 입증하려는 영수. 그는 명망 있는 교수, 의사 출신 변호사를 선임했어도 승리를 확신할 수 없다는 것을 잘 알고 있었다. 그 순간 나는 하지 않아도 될 말까지 덧붙이고 말았다.

"저희 과에서는 진단 붙이고 약을 주면 그 진단은 다시 강화되죠. 번복될 가능성은 드물어요."

이번에는 영수가 하지 않아도 될 불필요한 말을 덧붙였다.

"그래서 저는 이번에 철수가 심신미약으로 판정받지 않으면 정신병원에는 안 보내려고요. 일단 심리치료소 같은 곳에서 약 없이 면담만으로 진행해보면 어떨까 싶기도 하고요."

병원을 가지 않을 생각까지 하고 있을 줄은 몰랐다.

“선생님은 철수 씨를 믿으시는군요.”

영수가 엷은 미소를 띠며 말했다.

“당연하죠. 가족이 믿지 않으면 누가 믿어주겠어요.”

어디선가 들어본 저 말. ‘가족이 믿지 않으면 누가 믿어주겠어요.’ 철수도 예전 면담에서 비슷한 말을 했었다. ‘어머니도 예전에 그런 말을 했었는데요. 가족이 믿지 않으면 누가 믿겠냐. 그런 말을요.’

영수에게 그의 어머니도 비슷한 말을 했다고 이야기하고 싶었지만, 그러면 영수는 불쾌해할 것이 뻔하다. 수술은 잘되었다고 했는데, 그녀의 정신상태가 궁금했다.

“어머니가 빨리 좋아지셔야 할 텐데요.”

순간 영수의 표정이 싸늘하게 식는 것이 느껴졌다.

“그럼 이만 바빠서 가봐야겠습니다.”

이로써 영수가 어머니의 상태가 나빠지고 있는 것을 숨기려 한다는 내 추측은 어느 정도 확인이 되었다. 그러자 생각이 꼬리를 물었다. 어쩌면 영수는 어머니의 주치의를 자원했을지도 모른다. 왜, 무엇 때문에 영수가. 철수의 진단명만으로도 아무 결론이 나지 않은 상태였다. 영수까지 의심하고 있자니 문득 나 자신이야말로 환자 같다는 생각이 들었다. 환청이 들린다는 환자를 계속 상대하다 보면, 의사도 때로는 이러다가 나도 환청이 들리면 어쩌나 하는 두려움이 생기기도 한다. 서둘러 법정을 나섰다.

마지막 이야기

한 권의 그림일기

이직한 지 6개월이 지났다. 이곳은 노인 인구가 많아서 치매 환자가 주를 이룬다. 폭풍 같던 증인 출석 후 다시 일상으로 복귀했다. 전혀 다른 도시에서 전혀 다른 환자군을 보는 생활. 가끔씩 과거의 환자들이 생각날 때가 있지만 그 빈도는 점점 줄어들고 있었다. 그러던 어느 날, 백 간호사가 동료의 부음을 전하기 위해 오랜만에 연락을 해왔다. 이런저런 이야기를 하다가 갑자기 생각난 듯 말을 꺼냈다.

"참, 저희가 이번에 병동을 옮기게 되었거든요. 물품을 정리하다가 강철수 씨가 남긴 일기장 같은 걸 하나 발견했어요. 정신감정도 끝났고, 선생님도 퇴사하셔서 그냥 치울까 하다가 증인으로 불려가셨다는 이야기를 서무과 통해 들어서요. 혹시 참고가 될까 해서요."

까마득하게 잊고 있던 기억이 되살아났다.

"혹시 재입소했나요?"

"아직은 안 했는데, 곧 하겠죠."

30년 경력의 간호사인 그녀는 환자를 일종의 휴화산으로 보는 것 같았다. 언젠가는 반드시 터질…. 나는 이직하여 평화롭게 연착륙하고 있었다. 재입소, 보호관찰 같은 단어들이 평화를 깨는 소리가 들렸다. 철수의 일기장. 나는 더 이상 그 사건을 생각하고 싶지 않았지만 호기심은 나를 내버려두지 않았다. 왜 판도라가 상자를 열었겠는가.

"러브레터인가요, 또?"

정신과 병동에서 주치의로 근무하다 보면 수많은 편지를 받는다. 대부분은 퇴원하고 잘 지낼 테니 나를 빨리 퇴원시켜달라는 내용이다. 그러나 환자의 정신상태에 따라 때때로 편지의 내용은 상상을 벗어난다. 사람인지 동물인지 알 수 없는 그림 옆에 17세기 고전시에서나 볼 법한 단어를 쓴 경우도 있었다. 'you'를 'thy'라고 표현하는. 자신의 손가락을 깨물어 이름 옆에 손도장을 찍은 편지를 받게 되면 으스스한 기분마저 든다. 어쨌든 확인하기 전까지는 알 수 없는 것이 이 업계의 편지다. '러브레터'라고 부르는.

나는 조현병이라고 주장했고, 나보다 권위 있는 다른 증인과 변호사는 어머니의 감정 폭력의 희생양이라고 주장한 철수. 사실 영수에 대해서는 알기 어려웠다. 처음 면담에서는 어머니로부터 자신만 도피했다는 부채 의식이 있는 상태로 생각했다. 철수를 아끼는 의젓한 형으로만 생각했는데, 법정에서 만난 영수는 달랐다.

어머니가 했던 과잉보호를 이번에는 영수가 하고 있는 건 아닐까. 게다가 업그레이드된 버전으로. 영수는 철수를 보호하는 데 어머니가 걸림돌이 된다고 생각하는 건 아닐까. 어머니의 주치의를 맡고 있는 영수. 그녀가 내일 죽는다고 해도, 아무도 그녀의 죽음에 의문을 갖지는 않을 것이다. 아니다. 그럴 리가. 다시 미궁에 빠지는 기분이었다. 수화기 너머 백 간호사가 되물었다.

“선생님, 그냥 보내드리지 않는 게 마음이 편하시겠죠?”

철수의 일기장에는 어떤 단서가 있을까. 정신감정은 끝났고, 심지어 증인 출석까지 했지만 완전히 끝난 게 아닐지도 모른다. 내가 단호하게 대답했다.

“보내주세요. 저 괜찮아요.”

그리고 이틀 뒤 얇은 일기장이 도착했다. 철수 어머니의 마음은 가장 먼저 파악이 되었다. 영수의 마음은 아직도 뭔지 모르겠다. 또한 일이 진행될수록 철수의 마음은 더욱더 미궁이었다. 어쩌면 그런 것이 환자라는 증거인 걸까. 급한 마음에 일기장을 펴들었다.

첫 장에는 단 두 문장이었다. ‘답답하다.’ ‘무섭다.’

별달리 새로운 정보가 되지 않을 문장. 날짜도 적혀 있지 않았다. 작은 글씨체와 흘려 쓴 모양이 그의 자아가 위축되어 있고, 혼란스러워한다는 것을 보여주고 있었다.

그다음 장은 그림이었다. 첫 그림은 병실에 있는 관물대. 옆에 링거를 맞고 있는 사람이 있었는지 링거를 그려놓았다. 특이한 점은 링거는 매우 자세하게 그린 반면, 정작 링거를 맞는 사람은 몇 개의 선으로 대충 그려놓았다.

다음 장부터는 얼굴 그림이 나왔다. 환자복을 입고, 수염이 나 있으며 무표정한 얼굴이지만 철수임을 알 수 있는 그림이었다. 그림 그리는 재주가 있었다. 약간 긴 얼굴과 좁은 이마, 속쌍꺼풀이 누가 봐도 철수였다. 철수의 자화상은 거의 사진 수준으로 정교했다. 강박적인 그의 성격이 보이는 것도 같고, 어찌 보면 자신에 대한 객관화가 이루어지고 있다고 볼 수도 있었다. 나르시시즘이 있는 환자는 자신을 미화해서 그리고, 우울감에 지배된 환자는 자화상 또한 회색으로 그린다. 그러고 보니 법정에서도 그의 그림을 봤다. 현실 검증력이 있다는 논거로 제시된. 그것이 배심원들에게 설득력이 있었던 걸까. 그는 어쨌든, 지금까지는, 재입소하지 않았다.

한 장을 더 넘겨보았다. 이번에는 여자 그림이었다. 짧은 파마머리에 주름진 얼굴. 어딘가 초조해 보이는 눈빛. 그의 어머니로 보였다. 그런데 이상하게 앞의 그림과는 달리 그녀를 닮은 것처럼 보이지는 않았다. 익숙하기는 한데. 앞의 그림을 다시 자세히 보고, 다시 보았다. 복사, 붙여넣기. 머리 모양을 바꾸기는 했지만 앞의 그림과 이목구비는 똑같았다. 마치 아바타처럼.

철수의 목소리가 들리는 것 같았다. '어머니가 제 생각을 다 읽는 것 같아요. 어머니가 제 행동을 다 알고 있어요. 다 알고 있으니 이제 저의 나쁜 생각도 아시겠죠. 그럼 저는 껍데기인 거고, 아바타가 되

는 거겠죠. 어떻게 하죠?'

불안해하는 그의 마음이 보이는 것 같았다. 지금 그의 어머니는 살아 있을까. 아니면 다른 곳에 있을까. 그렇다면 다음 장에는 영수가 있을까. 철수의 새로운 보호자. 페이지를 넘겼다. 그런데 또다시 철수가 있었다. 긴 얼굴, 속쌍꺼풀이 자화상 속 얼굴과 같았다. 얼핏 봤을 때는 앞의 자화상과 아무런 차이가 없는 것 같았다. 자세히 보니 차이가 있었다.

가장 큰 차이는 안경. 이번에는 얇은 금테 안경을 쓰고 있었다. 왜 안경을 그렸지. 자세히 보니 또 다른 차이가 있었다. 두 번째 자화상에는 환자복 대신 폴로 셔츠를 입었다. 단정한 평상복을 입고 있어서 그런지 인상이 좀 더 밝아 보였다. 사복은 갑호수를 나가고 싶은 마음의 반영인가. 순간, 영수가 면담 왔던 때가 떠올랐다. 폴로 셔츠를 입고, 금테 안경을 쓰고 있던.

그다음 그림도 다시 복사, 붙여넣기. 얼핏 보면 영수처럼 보이지만 철수 자신이었다. 그러니까 세 그림은 모두 자신의 자화상이었다. 그렇다면 철수는 어머니에게 조종당한다고 느끼는 것처럼, 영수에게도 같은 감정을 느꼈던 걸까. 일기장의 마지막 장을 펼쳤다. 앞에 나온 글씨체와 달리 정자로 또박또박 써놓았다.

> 형이 면회를 왔다. 모두가 같다. 어머니는 치료가 끝나지 않았으니까 보호를 해야 한다고 했다. 형은 어머니로부터 보호를 해야 한다고 했다. 어머니는 목사님은 모두 옳다고 했다. 형은 형이 모두 옳다

고 했다. 모두가 같다. 나는 아바타다.

나는 어머니의 아바타고, 형의 아바타다. 어머니는 이제 곧 없어질 것이다. 형이 조종간을 잡기 위해서는 그렇게 되는 것이 순서상 맞는다. 형은 의사다. 의사는 사람을 살릴 수도 있고 죽일 수도 있다. 나는 이제 형의 아바타가 될 것이다. 형이 조종하면 내가 그것을 견딜 수 있을까. 형은 누구를 죽이라고 할까. 모두가 같다. 그래서 형이 없어지면 또 어떤 사람이 나를 조종할까.

나쁜 조현병은 없다

얼마 전 불행한 사건이 연이어 일어났다. 의료인을 폭행한 사람의 처벌을 강화하는 이른바 '임세원법(정신건강증진 및 정신질환자 복지서비스 지원에 관한 법률 시행규칙 개정안)'이 제정된 지 1년도 되지 않아 부산의 한 정신병원 의사가 퇴원에 불만을 품은 환자에 의해 사망했다. 그로부터 며칠 뒤 서울 신림동에서 밥에 약을 탔다는 망상으로 아들이 어머니를 살해한 사건이 일어났다. 30여 년 전 시험관 시술로 얻은 귀한 아들이었고, 원룸 월세 100만 원을 주지 않자 범행을 저지른 패륜 범죄로 언론은 보도했다.

임세원 교수를 살해한 가해자는 조울증을 앓았던 것으로 보도되었으나, 이런 유의 사건이 터지면 대부분 사람들이 일차적으로 떠올리는 병명은 조현병이다. 조현병 환자들은 자신도 모르게 신들림, 광증, 정신 나간 사람 등으로 다시 한번 낙인 찍히고 있으니, 이런 뉴스가 보도되면 그들의 마음속 낙인은 점점 더 선명하게 남는다. 2016년, 20대 여성을 흉기로 살해한 강남역 살인 사건의 경우 피고인이 무기징역에서 심신미약임을 감안해서 징역 30년형으로 확정되자 비난 여론이 빗발쳤다. 범행 당시 그의 나이가 30대 초반. 징역 30년이면 그가 출소해도 70세가 되지 않는다며 두렵다고 이야기하는 사람도 적지 않았다. 비슷한 사건들이 보도되면 나에게도 전화가 걸려온다. 질문은 대부분 비슷하다.

'선생님, 미친 사람들이 갑자기 흉기를 들고 진료실로 오면 막을 수도 없을 텐데. 어떻게 해요.'

여기에는 흉기를 들고 온 사람이 미친 사람이며, 그는 조현병 환자라는 전제가 깔려 있다. 그러면 나는 그들의 걱정을 덜어줘야 한다. 진료실에 비상벨이 설치되어 있으며, 유리로 되어 밖에서 볼 수 있다고 설명해도 그들의 불안을 잠재우기에는 역부족이다. 갑옷이라도 입고 진료를 봐야 할까 봐요, 라고 한마디 하면 그제야 다소 안심한다. 물론 내가 갑옷 같은 것을 입고 진료를 볼 리는 없다. 만약 누군가 안전을 위해 입으라고 해도 입지 않아야 한다는 것이 내 생각이기 때문이다.

이유는 간단하다. 나를 걱정하는 이들을 안심시키려고 한 내 말이, 실은 내가 보는 환자를 잠재적 범죄자로 보는 시각을 담고 있기 때문이다. 언제 무슨 일을 할지 모르는 위험한 사람들. 다른 사람은 몰라도, 적어도 정신과 의사라는 나는 그들을 그렇게 단정하면 안 된다. 내가 한마디 덧붙인다.

"정신과 환자들이 다 위험한 건 아니에요. 실제로 조현병 환자의 범죄율은 일반인보다 낮아요. 오히려 조현병 환자의 자살률은 일반인에 비해 20배나 높아요. 조현병 환자의 10퍼센트가 자살로 생을 마감하니까요."

이렇게 말해도 그들은 안심하지 못한다. 사실 그들의 걱정도 이해는 된다. 조현병 환자의 폭행이나 살인은 동기를 예측하기 어렵다. 치정도 아니고 돈도 아니다. 많은 경우 망상이나 환청이며 그것은 보이지 않아 더 두렵다. 또한 이런 사건들은 예측 불가능할 뿐만 아니라 자주 일어나는 것처럼 보인다. 요즘은 자주 조현병이 실검에 오른다. 당장 최근 몇 년만 봐도 강남역 살인 사건, 서울역 묻지 마 폭행 사건, 진주 아파트 방화 살인 사건 등이 조현병과 연관되어 있다. 갑자기 나에게도 닥칠지 모른다는 불안감과 조현병으로 인해 끊이지 않는 사건 사고들.

나 또한 그들의 걱정에 대해 반론이 있다. 조현병 환자의 범행 동기를 예측할 수 없다고 말한다. 그런데 많은 경우 다른 범죄처럼 동기는 비슷하다. 그것은 다름 아닌 '무시'다. 조현병의 경우 피해망상 수준으로 발전하여 납득하기 어렵기는 하지만, 일반인들의 범죄에서도 무시당해서 홧김에 살인을 했다는 보도를 종종 접할 수 있다. 무시가 범죄의 동기가 된다고 해도 물론 일반인과 조현병 환자의 핵심 감정은 다르다. 앞서 언급했듯 강력범죄를 저지른 조현병 환자의 범행 동기는 두려움이고, 일반 범죄자의 심리는 분노다. 이런 차이로 인해 사실 조현병 환자가 강력범죄까지 가는 경우는, 일반인이 분노 상태에서 강력범죄를 저지른 경우보다 적다는 통계도 있다.

두려움 때문이든 분노 때문이든 사회 전반에 무시당하는 느낌을 받는 사람이 많아진다면, 사실 그 자체가 조현병보다 더 공포다. 조현병 발현에 취약한 사람은 조현병으로 발전할 것이고, 그렇지 않은 사람이라도 분노를 조절하지 못해 폭행을 저지를 수 있다. 비관적으로 예측한다면 사회가 점점 그런 식으로 흘러갈 경우, 조현병 유병률이 1퍼센트로 고정된 것이 다행이라는 생각까지 들 수도 있다.

발생 빈도에 관해서도 한 가지 놓친 점이 있다. 수많은 사건 사고가 있지만, 조현병으로 인한 사건은 그 내용의 충격성 때문에 대부분 언론에 보도된다는 사실이다. 고교 동창 모임에서 술을 마시다가 싸움이 벌어져 한 사람이 중태에 빠졌다는 이야기보다는 피해망상에 시달리던 아들이 어머니를 살해했다는 이야기가 훨씬 더 자극적이다. 따라서 조현병으로 인한 사건은 다른 일반 사건보다 훨씬 더 자주, 선정적으로 보도된다. 대중이 현혹될 만한 자극적인 소재를 언론이 다루지 않을 이유가 없으니까.

그러나 조현병은 무서운 병도 아니고, 미친병도 아니다. 비과학적으로 들리겠지만 어찌 보면 러시안룰렛 같은 병이다. 전 세계 어디를 가도 인구의 1퍼센트는 걸리며, 발병 원인에 대해 수많은 가설이 있지만 확실한 인과관계는 미궁이다. 그러니까 우리 주변의 누군가는 걸려 있을 수 있고, 또 걸릴 수 있는 질환이다.

미친 사람에 이어 잠재적 범죄자라는 굴레까지 쓰게 된 조현병 환자들. 그러나 조현병의 본질은 이것 또한 '질환'이라는 사실이다. 고혈압과 당뇨 같은. 인구의 1퍼센트라면 우리나라에도 어림잡아 50만 명. 50만 명 중에는 물론 내 환자도 있을 것이다. 외래에서 한 달에 한 번씩 만나고 있는 조현병 환자들의 얼굴이 하나씩 떠올랐다.

항상 모자에 헤드폰을 눌러쓰고 겁에 질린 표정으로 오는 남자 환자도 있고, 일상생활은 잘하고 있는데 텔레비전만 틀면 자신이 도청당하고 있다고 생각하는 여자 환자도 있다. 언론에서 조현병 환자가 동물을 학대하는 내용까지 보도되는 경우가 있지만, 내 환자 중에는 5년째 애견 미용을 하고 있는 젊은 여자 사장님도 있다. 첫 직장에서 동료들과 마찰로 망상이 생기면서 조현병이 발병한 그녀는, 이제 단골도 여럿 둔 어엿한 사장님이다.

새로운 직장에서 만난 조현병 환자 가운데는 생각지 못한 경우도 있었다. 요약하면 조현병 환자가 보호자가 되는 상황. 언뜻 생각하기는 쉽지 않지만, 꽤 여러 경우가 있었다. 40대 미혼의 조현병 환자 정. 그녀는 항상 어머니를 대동하고 진료를 받으러 온다. 언론 보도에 흔히 나오는 경우를 떠올리면 둘의 사이가 나빠야 할 것 같지만, 그렇지 않다. 물론 다정한 사이는 아니다. 그녀의 어머니는 중증 치매로 이 세상에서 알아보는 사람은 딸뿐이다. 그녀는 꾸준히 약물을 복용하여 현실에 최소한의 적응을 하면서 지내고 있다. 은행이나 병원, 사회복지에 관련된 업무 처리는 모두 그녀의 몫이다. 요컨대 그녀가 어머니의 보호자다.

모든 정신질환이 그렇지만 조현병은 더욱 간단한 문제가 아니다.

사회적으로 뉴스의 중심이 되는 것은 자극적인 사건들이다. 그러나 조현병 환자의 절반이 저소득층 '의료급여' 수급자라는 것을 아는 사람은 흔치 않다. 월급제 의사 입장에서 의료급여 환자의 수가를 생각하면, 비싼 약을 처방할 때 병원에 손해를 끼치는 구조도 생각하지 않을 수 없다.

그보다 심각한 것은 투약순응성이다. 조현병 환자는 자신이 환자라는 의식, 즉 병식이 없는 경우가 많다. 피해망상이 있으면서 병식이 없으면, 투약 거부로 이어지는 것은 정해진 순서다. 이런 경우 가장 효과적인 것은 장기 지속형 주사제. 한 달에 한 번 투여로 투약과 같은 효과를 낸다. 문제는 가격이다. 저소득층 환자가 절반인 현실에서 30만 원 정도 하는 주사제는 그림의 떡 같은 이야기다.

입퇴원을 몇 번 반복하다 보면 환자나 보호자는 자연스럽게 비용과 시간의 문제를 생각하게 된다. 진료를 보는 의사 또한 예외는 아니다. 처음에는 질환의 역학, 원인, 진행 정도 등을 설명하던 의사는 이제 좀 더 현실적인 일을 해야 한다. 정신장애인 등록, 근로능력평가용 진단서부터 운전면허증, 보험 신청 관련 업무까지 관여하게 된다. 앞의 경우처럼 의사가 형사사건의 정신감정을 했다면 증인 출석 같은 부담스러운 일까지 해야 할 수도 있다.

조현병은 환자 본인에게는 자신이 원하지 않는 낯선 세상에서 사는 두려운 경험이고, 보호자에게는 언제 자신이 피해자가 될지 모른다는 공포 속에 살면서도 환자의 보호자가 되어야만 하는 이중의 어려움을 주는 질환이다. 정신과 의사에게 만성 조현병 환자는 세상에서 가장 말이 없는 사람이고, 급성 조현병 환자는 세상에서 가장 이해하기 어려운 사람이다. 그러나 환자-의료진-보호자의 삼각 편대가 힘을 합쳐야 관리가 가능한 병이라는 사실에는 변함이 없다. 100퍼센트 가해자도, 100퍼센트 피해자도 없는 병. 상태가 심각한 조현병은 있어도 도덕적으로 나쁜 조현병은 없다.

6장

죽을 것 같지만,
죽지 않습니다

공황장애

정말 정신질환은 존재할까?

퇴근 후에도 계속되는 근무

여느 직장인들처럼 나 또한 퇴근 후 가장 큰 즐거움은 집에서 좋아하는 사람과 마시는 맥주 한 캔. 옆에서는 강아지들과 고양이가 재롱을 부린다. 또한 텔레비전을 켜고 봄부터 가을까지는 야구를, 야구 시즌이 끝나면 배구를 보며 좋아하는 팀을 응원한다. 다른 직장인과 비슷한 퇴근 후 일상이다.

갑자기 전화벨이 울린다. 모르는 번호다. 받아야 하나? 잠깐 고민했지만 받지 않는다. 이 평화를 깨고 싶지 않다. 다시 한번 벨이 울린다. 계속해서 전화벨이 울리고, 그 소리에 신경을 쓰느니 차라리 받는 게 나을 것 같다. 전화를 받으니 낯선 목소리의 남자가 바로 자신을 소개한다. 그는 예전 직장에서 잠깐 같이 근무한 후배, 몇 년 만에 걸려온 전화였다. 경조사를 전할 가능성이 컸다.

"민수 씨, 오랜만이네. 잘 지내? 회사는 여전히 잘 다니고."

"네, 선배님. 저야 뭐 비슷한데요. 뭐 좀 하나 물어보려고요."

그는 상대방의 안부조차 묻지 않을 만큼 급했다. 그 순간 바로 떠올렸다. 나에게 오랜만에 오는 전화는 경조사가 전부가 아니라는 사실을. 아니 경조사보다 훨씬 더 자주 벌어지는 일이 있다는 것을 잠깐 잊고 지냈다.

맥주는 반이나 남았고, 야구는 6회 초로 접어들고 있었다. 이제야 흥미진진해지는 상황이지만 어쩔 수 없다. 다시 출근이다. 민수가 바로 말을 이어간다.

"선배님, 죄송한데요. 선배님이 퇴사하고 정신과 의사를 한다는 말을 들어서 연락을 드렸어요. 제 아내가 요즘 밥 먹는 양도 줄어들고 신경질도 많이 내는데, 이게 우울증인지 갱년기 증상인지 모르겠어요. 병원을 가는 것도 좀 그렇고요. 심리센터 같은 곳은 어떨지 모르겠어요. 병원을 가봐야 할까요? 어디가 좋을까요? 아니 그 전에 선배님이 봐주시면 좋겠지만, 병원에 가면 기록이 남게 될 테니 좋지 않겠죠?"

정확하게 그 당시의 나는 정신과 전문의를 위해 수련 과정에 있었지만, 아직 수련 과정이라는 이야기를 전할 시간조차 주지 않았다. 민수의 사례처럼 대부분 이렇게 시작하는 이야기가 10분 동안 이어진다.

이건 퇴근 후 진행되는 외래의 반복이다. 나는 분명 퇴근했는데, 다시 일을 한다. 차이가 있다면 이것이다. 정식으로 일이라고 인정되면 지지적 정신요법이라는 코드를 매기고, 국민건강보험공단에 진료비를 청구할 수 있다. 간단히 말해 정식 상담은 비용을 매길 수 있다. 하지만 잘 알지도 못하고, 그렇다고 모른다고도 할 수 없는 사람에게 걸려오는 퇴근 후 상담은 무보수 자원봉사다. 내가 원하지 않았으니 심지어 자원한 것도 아니다.

많은 사람들이 정신과 의사는 해주는 것이 없다고 생각하는 건 아닐까? 그렇기 때문에 퇴근 후 늦은 시각에 전화해서 상담을 해도 된다고 생각하는 건 아닐까? 짙어지는 회의감. 나 자신이 절망의 늪에 빠지지 않으려면, 내가 가진 의문을 정리해볼 필요가 있다.

정리하니 크게 세 가지로 요약되었다. 첫째, 광증이라고 부를 수 있는 상태 외에 우울, 불안 같은 정서들이 정말 존재하는 현상인가. 둘째, 사람들이 정신과 의사에게 불쑥 전화해 무보수로 상담하는 것을 당연히 여기는 이유가 정신과 의사가 하는 일이 없다고 생각하기 때문이라고 가정한다면, 과연 정신과 의사들이 하는 일은 무엇일까. 셋째, 전화를 걸어 정신과 의사와 개인적으로 이야기할 때와 병원에서 정식으로 상담할 때의 차이는 무엇일까. 비용이 가장 큰 차이라고 하면 그 차이는 어느 정도일까.

정리하고 나니, 어쩐지 길이 보이는 것 같았다. 진단을 위한 진단이든, 엄격한 진단 기준에 따른 진단이든 간에 먼저 불안이라는 것의 실체를 알고 싶었다. '환자들이 말하는 이러한 상태를 장애라고 명명

할 수 있고, 장애라고 판단하면 치료를 해야 한다. 그런 일을 도와주는 것이 정신과 의사가 하는 일이다.' 그렇지만 나를 고민하게 만드는 감정의 실체를 알아야만 이런 말을 할 수 있을 것 같았다.

그러나 당시 나에게 오는 환자들은 조현병, 지적장애, 조울증, 치매가 90퍼센트였다. 의사로서 연차가 쌓일수록 불안, 우울의 실체를 생생히 마주하고 싶은 욕망은 더 커졌다. 제대로 아는 것이 정신과 수련을 여는 첫 열쇠가 될 것이다. 기회가 언제 찾아올까.

진단을 위한 진단

정신과 전공의 시절, 실상 진단명으로 분류할 수 있는 환자들은 많이 만나지 않았다. 누가 봐도 인지기능 저하가 확실한 지적장애와 치매 환자, 외계인이 신호를 보낸다는 말을 만날 때마다 하는 조현병 환자, 술만 마시지 않으면 정상이라고 주장하는 알코올의존 환자 정도. 마약 병동으로 특화되어 있어 필로폰중독 환자들을 자주 보기는 했지만, 물질중독이라는 측면에서는 알코올의존 환자와 크게 다르지 않았다.

필로폰중독 환자들이 이 말을 들으면 자존심 상해할 수도 있다. 자신들이 훨씬 비싼 물질에 중독되어 있다고 생각하는 일종의 허세가 있으니까. 그들은 작대기(주사기 한 개에 필로폰이 가득 들어 있는 분량), 한 칸(주사기 눈금 한 칸) 같은 자신들만이 아는 은어를 사용하면서 때로 의사를 당황하게 만들기도 한다.

정신과 입원 병동의 '빅 3'는 망상, 인지저하, 중독 환자다. 개인차는 있지만 대부분 그들의 증상은 명료하다. 처음 본 택시 운전사가 자신을 해칠 것이라고 확신하면서 커터칼을 사는 사람이 정상이 아니며, 위험하다는 사실은 초등학생도 알 수 있다. 학교를 졸업했는데도 자신의 이름을 쓰지 않고 '그리는' 40대 여성의 아이큐는 70이 되지 않을 것이다. 황달로 누렇게 된 눈동자에 떨리는 손을 보면 알코올의존도 한눈에 알 수 있다.

병동에서 이들과 지내다 보면 외래에서 만나는 이른바 뉴로틱한, 즉 현실 검증력은 있는 환자들의 증상은 훨씬 일반적이면서 모호하다. '언젠가부터 슬퍼요.' '불안해요.' '입맛이 없어요.' '스트레스가 쌓여요.' '잠이 안 와요.' 이런 이야기는 정신과 의사만 듣는 이야기가 아니라 친구나 가족들도 항상 들을 수 있다. 증상과 원인이 모호한 만큼 결론도 명쾌하지 않을 때가 많다. 그러다가 어느 날 문득 의문이 들었다.

'우울증이니 불안증이니 하는 것들, 다 사실은 그냥 제약회사에서 만들어낸 병 아니야? 진짜 정신병이라고 부를 수 있는 것들은 조현병, 치매, 지적장애 정도밖에 없지 않나. 누가 봐도 환자여야 환자지, 누군가에게는 조금 기운이 없는 사람으로 보이고, 누군가에게는 멀쩡한 사람으로 보인다면? 제약회사는 약을 팔아서 좋고, 물론 병원도 마찬가지다. 또 기운 없다고 말하는 사람들도 은근히 자신이 환자이길 바랄 수도 있지. 우울이나 불안이 어떤 경우에는 액세서리가 된

다고 하면?'

말하자면 이런 식이다. '나는 온갖 스트레스도 다 이겨내는 강한 정신의 소유자예요!' 이제 이런 말은 촌스러워 보인다. 그보다는 '내가 겉으로는 괜찮아 보여도 꼭 그렇지는 않아요'라고 말하는 게 더 신비스럽고 개성 있어 보인다고나 할까. 기분이 울적하니까 우울증이라고 말하고 싶지만 우울증은 흔하고, 그렇다고 자신을 조현병이라고 할 수는 없는 노릇.

이런 고민을 하고 있을 무렵, 때마침 연예인들이 앞다퉈 자신이 공황장애 환자라고 대중에게 고백했다. 그들은 방송에서 이런 대화를 주고받는다. '너는 공황 몇 년 차냐?' '3년 차.' '3년 차라고? 그럼 내가 공황 선배다.'

방송용 농담이겠지만, 이런 말을 듣다 보면 잘나가는 사람이라면 공황장애쯤은 있어야 할 것 같은 착각이 들기도 한다. 게다가 공황장애는 다른 신경증에 비해 증상도 좀 더 직관적이다. 숨이 막히고, 가슴이 답답하고, 죽을 것 같고…. '어, 이건 출근할 때마다 나도 느끼는 건데? 나도 연예인들이 말하는 공황장애가 생긴 건가?' 이런 생각이 공황장애에 깔려 있는 게 아닐까 의심스러웠다. 말도 어려운 공황장애. 당연히 공항장애로 잘못 쓰는 경우도 흔하다.

공황장애라는 말이 어렵다면, 비슷한 의미를 가진 '사회공포증'으로 해석해보자. 그렇다고 해도 상황은 다르지 않다. 사회공포증은 사회적 상황, 즉 회의나 발표 등의 여러 상황에서 불안과 공포를 느끼는 질환이다. 땀이 나고, 목소리가 떨리고, 얼굴이 붉어지는 등 신체적 변화가 일어난다. 사회공포증이라는 진단명을 떠올리면 연예인들이 자주 하는 증언 하나가 생각난다. '학창 시절 너무 내성적이어서 아무도 제가 이렇게 무대에 오를 줄 몰랐어요. 제가 방송 생활을 오래 했어도 아직도 무대공포증이 있어요.' 흠, 이 말은 뭔가 앞뒤가 안 맞는 것 같은데.

공포증을 뜻하는 포비아phobia 앞에 다양한 단어를 붙여 특정 공포증을 만든다. 물을 두려워하는 하이드로포비아hydrophobia(공수병), 탁 트인 광장을 두려워하는 아고라포비아agoraphobia(광장공포증), 동물공포증은 주포비아zoophobia 등등. 사회공포증은 소셜포비아socialphobia. 대중 앞에 서서 활동하는 사람들이 사회공포증이 있다는 말을 들으면 정신과에서 말하는 병이 혹시 진단을 위한 진단이 아닌지 의심이 든다.

정신과 의사라는 정체성을 뒤흔든 질문

건강염려증이라는 진단명을 접하게 되면 한술 더 뜬다. 실제로 있는 진단명이냐고? 물론이다. 영어로는 '히포콘드리아시스hypochondriasis'로 표현하는데, 철자만 보고는 도저히 뜻을 짐작조차 할 수 없다. 이 말의 어원은 hypochondrium. 하이포hypo는 아래라는 뜻이고, 콘드리움chondrium은 갈비뼈라는 뜻이다. 과거에 환자들이 복부가 아프다는 증상을 호소하는 일이 많아서 이런 이름이 붙었다고 한다. 건강염려증은 최근 질병불안장애로 개명했으나 내용은 같다.

증상은 간단하다. 사소한 신체적 아픔에도 심각한 질병이 있을지 모른다고 불안해한다. 나아가 병원을 전전하는 경우도 많다. 건강염려증이라는 진단을 접하면 주변의 60대 이상 모든 어른들이 떠오른다. 텔레비전과 유튜브 등을 통해 접한 알 듯 말 듯한 건강 정보를 맹신하는 분들. 건강염려증은 어떻게 치료할까. 《최신정신의학》 6판에서 건강염려증의 치료 부분을 보면 가장 먼저 언급되는 말은 이렇다. '치료가 어렵다.'

앞서 언급한 질환들의 진단상의 범주를 한번 훑어보자. DSM-5에는 20개 정도의 큰 범주로 진단할 수 있다. 앞서 언급한 조현병, 치매, 지적장애는 모두 별도의 큰 범주에 속한다. 그렇다면 그다음 언급한 질환들은 어떨까. 우울감은 우울장애, 발표를 못 하는 사회공포증이나 공황장애는 불안장애, 그리고 건강염려증은 신체 증상 관련 장애라는 큰 범주에 속한다. 그러니까 이들은 각각의 다른 질환으로 나뉜 셈이다. 내과적으로 비유하면 호흡기내과, 순환기내과, 소화기내과로 나눈 것과 같다.

모두 다 꾀병처럼 보였던 우울장애, 불안장애, 신체 증상 관련 장애에 대해 풋내기 의사인 내가 다른 정신과 의사들에게 '그런 거 다 어떤 의미로는 병을 만들어내는 거 아니에요?'라고 물을 수는 없었다. 다른 정신과 의사들은 아무도 나와 같은 의문을 품지 않는 걸까. 언젠가 외과 의사가 노골적으로 '정신과 의사들은 멍하니 약만 주거나, 멍해지는 약을 주거나 하는 거 아니냐'며 비웃듯이 말한 적이 있다. 의사들이 다른 과를 비하하는 일은 드물지 않지만, 나도 모르게 얼굴이 화끈거렸다. 약간의 진실이 담겨 있었으니까.

그렇지만 동료든 선배든 간에 앞서 말한 질문을 던질 수는 없었다. 이유는 세 가지다. 첫째, 질문 자체가 정신과 의사의 정체성에 대한 부정으로까지 확장될 수 있는 문제였다. 둘째, 내가 만난 정신과 의사들은 어떤 면에서는 폐쇄적이고 권위적이었다. 이런 질문을 들으면 본능적으로 자기 존재를 부정당한다고 느낄지도 모른다. 그들의 반응은 크게 두 가지일 것이다. 화를 내거나 아니면 무식하다고 무시하거나. 세상의 어느 바보라도 알면서 혼날 짓을 하지 않는다. 셋째, 이것이 어찌 보면 가장 중요한 이유였다. 없는 병을 만들어서 약을 먹게 하는 일이 정신과 의사의 본질이라면, 나는 왜 힘들게 공부하면서 이 일을 하려고 하는가.

물론 이 질문에는 나름의 다소 영악한 답변이 준비되어 있기는 했다. 남들과 달리 불편한 몸을 가진 나는 휠체어를 타고 많은 시간을 보냈다. 대학 졸업 후 2년가량 사회생활을 하면서, 이 핸디캡이 만만치 않음을 실감했다. 믿을 만한 자격증을 따야겠다고 결심했고, 의사가 되었다. 몸을 많이 쓰지 않으면서 오래 일할 수 있는 과를 공부해야겠다고 생각했고, 정신과를 지망했다. 다행히 다른 사람의 이야기를 듣는 것도 좋아하는 편이었다. 하지만 이런 의문이 생기면서 나의 직업 정체성에 회의를 품게 될 줄은 생각도 하지 못했다.

의문은 마음속에서 곪아갔다. 전공의 연차가 쌓일수록 궁금하지만 차마 할 수 없는 질문들은, 연차가 쌓이는 만큼 덩치를 더 키워가고 있었다. 공부를 거듭할수록 아는 진단명은 더 많아졌다. 머리카락을 강박적으로 뽑는 발모광, 내가 다른 사람인 것처럼 느낀다는 이인증, 무단결석 같은 '비사회적이고 공격적인' 행실을 반복적으로 한다는 행실장애 등등. 머리카락을 남들보다 자주 뽑는다는 이유로 저런 진단명까지 붙이다니, 좀 과하다는 생각도 불쑥불쑥 들었다. 진단의 홍수 속에서 회의감은 더 커졌다. 그러던 어느 날, 전공의 3년 차였던가. 병원에 출근하여 주차하던 중 전화벨이 울렸다. 전화를 받으니 정의 목소리였다.

선생님,
저 공황 맞지요?

세상에서 가장 노련한 사람

"숨이… 안 쉬어져요. 가슴이 너무 답답하고…."

주차를 마치고 차에서 내린 시간은 오전 8시. 놀란 내가 말할 새도 없이 전화가 끊겼다. 순간 정의 얼굴을 떠올렸다. 그는 오전 8시에 불쑥 전화를 걸 사람이 아니다. 그는 내가 지금껏 만난 이들 중에 세상에서 가장 노련한 사람이었다. 게다가 체격도 180센티미터에 100킬로그램이 넘는다고 했던가. 머릿속에서 바로 심근경색이 스치고 지나갔다. 심장으로 혈액을 공급하는 혈관이 막혀서 심장이 작동을 멈추게 되는 병. 그렇다면 매우 긴급한 상황이었다. 가슴을 부여잡고 쓰러진 그를 위해 119에 먼저 연락해야 하나, 그의 가족에게 알려야 하나 고민하는데 다시 그에게 전화가 걸려왔다.

"선생님, 죄송합니다. 아침부터 많이 놀라셨죠? 실은 제가 얼마 전부터 이런 일이 있어요. 아직 미경이도 모르고, 아무도 모릅니다. 지금은 괜찮으니 걱정하지 마세요. 바쁘신데 죄송합니다. 요즘 별일은 없으시죠? 나중에 서울에 오실 일 있으면 한번 봬요."

채 5분도 지나지 않아 다시 걸려온 전화 속 목소리는 내가 원래 알던 정으로 돌아와 있었다. 출근길에 그런 전화를 받긴 했지만, 이후 정에 대해서는 까마득하게 잊어버렸다. 평소 내가 생각하던 정의 인상 때문에 걱정하지 않았던 것일 수도 있다. 정을 생각하면 가장 먼저 핸들을 잡고 있는 모습이 떠올랐다. 만남이 있을 때마다 그는 늘 운전석에 앉아서 운전을 했으니까.

내가 직접적으로 아는 사람은 정의 부인이다. 정의 부인인 미경은 나와는 먼 친척 관계다. 미경은 나와 이야기가 잘 통해 친척이지만 친구처럼 지냈다. 가족이나 친구끼리 모임이 있을 때면 미경의 남편인 정은 식당 선정부터 예약, 운전까지 모두 도맡아 했고, 시작부터 마무리까지 항상 완벽했다. 저 사람은 처음 가는 식당이 없는 걸까. 어딜 가도 가장 좋은 자리에 주차하고, 매끄럽게 모임을 진행하는 그를 보면 정말 노련한 사람이라는 생각이 들었다.

한번은 내가 정에게 어떻게 운전을 그렇게 잘하느냐고 물어본 적이 있다. 그가 하는 말은 필요한 말, 아니면 분위기를 띄우는 말이었다. 그는 이번에는 분위기를 띄우는 말로 답을 하기로 결정한 것 같았다.

"다음에도 정 기사를 이용해주시면 감사하겠습니다."

갑작스럽게 걸려온 그의 전화를 받고 회상해보니 나는 정이라는 사람 자체, 다시 말해 정의 내면에 대해서는 전혀 모르고 있었다. 내가 아는 정은 미경이라는 필터를 통해 걸러진 모습이었다. 문득 둘은 어떻게 만났을까 궁금해졌다. 시원시원한 성격의 미경은 남편과의 만남에 대해서도 깔끔하게 정리했다.

"나는 빨리 친정에서 떠나고 싶었고, 남편은 어린 부인을 만나고 싶었으니까. 서로 필요가 맞았지."

결혼을 필요라고 간단하게 정의하는 미경. 나이 차가 열 살인 그들은 만난 곳도 남달랐다.

가든 파티, 케이터링, 도기 백

미경은 베이커리 학원에서 정을 알게 됐다고 말했다. 미경이 직접 만든 레몬마들렌을 오븐에 넣으며 덧붙였다.

"이스트를 쓰지 않고 자연 발효로 빵을 만드는 곳이었어."

그때 정의 나이는 30대 후반이었다. 30대 후반의 남성이 제빵을 배우러 다닌다니, 독특하다고 생각했다. 거구의 정이 오븐에서 빵을 꺼내는 모습은 상상이 잘 되지 않았다. 내가 모르는 섬세한 면이 있을 수도 있겠다는 생각이 잠시 스쳤다.

누가 봐도 키가 크고 화려한 분위기의 미경. 내가 남편은 무슨 사업을 하냐고 물었다. 이번에도 미경은 망설이지 않고 대답했다.

"정확히는 잘 몰라, 통신 계열이라는 것밖에. 남들보다 0 하나 더 붙여서 갖다주니까 뭔가 잘되는구나 추측만 하는 거지."

남들보다 0 하나 더. 호기심이 생긴 내가 되물었다.

"월 3000만 원 정도 된다는 거야?"

미경은 부인하지 않고 다시 한번 환한 얼굴로 나를 보며 눈을 찡긋했다. 정은 대한민국에서 가장 좋다는 대학을 졸업하고, 아버지의 사업을 물려받았다. 그러다가 지금은 무엇인지는 알 수 없지만, 다른 일을 하는 것 같다고 했다. 정은 집에서 귀한 아들이고, 누나가 몇 명 있지만 모두 외국에 산다고 했다.

"그럼 외며느리라서 힘들겠네."

"그 집에서 복 받았지 뭐, 나 같은 며느리를 얻었으니까."

미경에게는 부잣집 사모님 특유의 태도가 있었다. 그건 거만함과도 다르고 자랑하는 것도 아닌, 거침없는 당당함이었다. 모든 것이 자연스러운 상태. 문득 속물적인 궁금증이 스쳐갔다. 저 친구도 괴로운 일이 있을까. 자상하고 유능한 남편, 건강하고 착한 아이들. 일단 가족은 완벽해 보였다. 평범한 인간도 피해갈 수 없는 고민 세 가지가 경제 문제, 건강 문제, 관계 문제다. 학부모 모임부터 친정, 시댁까지 미경은 관계망도 잘 관리하는 것 같았다. 경제 문제도, 건강 문제도, 외로움도 없다면, 미경에게는 어떤 걱정이 있을까. 지구에서 사는 인간이니 고민은 당연히 있겠지만, 그래도 미경은 무엇 때문에 고민할지 떠오르는 게 없었다.

두 사람의 대화에 자주 등장하는 미경의 남편. 그런데 정작 내가 그녀의 남편을 본 적은 손에 꼽을 정도였다.

"이번에도 출장이야?"

"응. 브라질이든가 파라과이든가. 아무튼 남미 쪽인데 하도 자주 나가니까 이제는 어디 갔는지 나도 헷갈리네."

머쓱할 법도 한데, 미경은 전혀 개의치 않았다. 현관 벨이 울렸다.

"누구지? 작은애는 목요일에 집에서 하는 레슨은 없는데."

문이 열리며 정이 들어왔다. 남미라면 적어도 하루가 걸린다는 그 지옥의 비행 시간을 견디고 돌아온 것이다. 나로서는 상상도 가지 않을 만큼 피곤할 텐데. 그러나 정은 역시 여유가 있었다.

"선생님 오셨네요. 아직 수련 중이시죠?"

바로 엊그제 나를 만난 것처럼 반갑게 인사했다.

"동훈 아빠, 어서 정리하고 채훈이랑 골프 레슨 가야 해요. 간단히 주스 한잔 드실래요?"

미경은 한술 더 떠 정에게 재촉했다. '이제 막 도착했어'라고 짜증을 낼 법도 한데, 정의 대답은 뜻밖이었다.

"알았어. 나 내보내고 선생님이랑 둘이 더 놀고 싶어서 그렇지?"

옷까지 갈아입고 나갈 채비를 하는 정을 놀라서 보고 있다가 미경에게 물었다.

"지금 귀국한 거 아니야? 엄청 피곤하실 텐데."

"언니, 결국 다 습관인 것 같아. 동훈 아빠가 덩치는 커도 동작도 빠르고 부지런해. 그래서 난 답답한 남자들을 보면 속이 터져서 같이 못 살 거 같아."

집을 나서는 정의 얼굴을 다시 보니 수척해 보였다. 미경은 괜찮다고 했지만, 긴 비행 후 쉬지 않고 바로 이동한다는 것은 내 상식으로는 상상이 잘 되지 않았다.

"잠은 좀 주무셨어요?"

나도 모르게 질문을 던졌다.

"비행기에서 내내 자서 오히려 오늘 밤은 안 자도 될 것 같아요."

정의 충혈된 눈이 거짓말이라고 말해주고 있었지만, 더는 물을 수 없었다. 마침 미경이 말을 이었다.

"참, 언니. 나 다음 달부터 일 좀 하려고. 커피랑 샌드위치, 디저트 같은 거 만들어서 가든 파티에 케이터링 하게 될 것 같아."

미경에게는 아무렇지 않은 말들이 나에게는 둑둑 뒤면서 하나씩 들어왔다. '가든 파티, 케이터링, 브라질….'

밝게 웃는 미경의 뒤로 원형의 사이드 테이블이 보였다. 그 위에 놓인 그녀의 가족사진. 가장 눈에 띄는 것은 사진의 배경이었다. 우리나라에서는 절대 볼 수 없는 에메랄드그린 빛 바다. 열다섯 명쯤 될까. 자세히 보니 외국인도 두어 명 보였다. 내 시선이 사진에 머무는 것을 보고 미경이 덧붙였다.

"거기 괌이야. 동훈 아빠랑 시부모님만 여기 있고, 누나들은 미국, 말레이시아 등 곳곳에 나가 살아. 아버님 팔순 잔치를 하려니 중간 지점이 그쯤 되더라고."

괌에서의 팔순 잔치라니. 역시 흔한 이야기는 아니었다. 미경의 친정아버지가 중학교 선생님이었다고 했던가. 딱딱하고 융통성 없는 남자는 질색이라던 그녀는 딱 맞는 자리에 있는 것 같았다. 그런데 노란색 원피스로 가리고 있지만 사진 속 그녀의 표정이 조금 어두워 보였다.

"언니, 근데 저렇게 모이면 난 외톨이야. 그거 알아? 조카들은 대부분 한국말 한마디도 못 해. 시부모님도 미국 생활이 익숙해서 웬만한 의사소통은 다 영어로 하시고. 대한민국에서만 교육받은 중산층이 그렇잖아. 영어라면 괜히 무섭고. 그래도 못 한다는 말을 할 수는 없으니까 다 알아듣는 것처럼 해. 사실 다들 내 생각에 크게 관심도 없고."

조금 전 정의 충혈된 눈이 마음에 걸렸던 나는, 이번에는 그녀의 소외감이 신경 쓰였다. 응원하는 마음으로 내가 한마디 덧붙였다.

"원래 네가 요리에 관심 많았으니까 그런 일 하면 재미있겠네. 애들도 이제 좀 컸고, 네 일 하면서 지내면 좋지. 크게 사고 한번 쳐봐. 시댁 식구들 놀라게."

부엌에서는 레몬마들렌이 기분 좋은 향을 풍기고 있었다.

"여기 도기 백."

미경이 작별 인사를 하면서 고급스럽게 포장한 꾸러미를 건넸다. 우리 집 강아지들한테 주라는 건가? 열어 보니 미경이 직접 만든 쿠키며 빵이 들어 있었다.

"우리 강아지는 사료 먹는데."

그녀가 그날 본 중에 가장 큰 소리로 웃었다.

"닥터도 별수 없네. 한국에서만 지내니까. 도기 백이 그런 게 아니잖아!"

나중에 알고 보니 '도기 백'은 남은 음식을 싸갈 때 사용하는 상자였다. 도기 백은 그녀와 나 사이의 간극을 보여주는 것 같았다. 그녀는 서울 문화, 미국 문화에 점점 더 많이 노출되었고, 나는 시골 생활에 점점 더 익숙해지고 있었다. 그리고 나는 지방에서 수련을 밟느라 바빠서, 미경은 미경대로 생활이 바빠서 서로 안부를 물을 겨를이 없이 5년이 지나갔다.

먼저 연락하던 사람은 미경이었다. 그녀의 전화가 뜸해지니 자연스럽게 소식도 뜸해졌다. 미경을 생각하면 도기 백을 모르는 나를 놀리던 그녀의 웃는 모습이 가장 먼저 떠올랐다. 그리고 그녀의 남편 정. 그를 생각하면 비행기에서 내내 잠을 잤다고 말하던 쾌활한 모습과 동시에 피곤함이 역력한 그의 충혈된 눈이 떠올랐다. 어딘지 모순되고 비현실적으로 보이던 부부. 마음으로는 가끔씩 생각했다. 잘 지내겠지. 항상 그랬듯이. 그리고 수련을 마칠 즈음, 한 번도 따로 연락할 일이 없었던 정에게서 전화가 온 것이다.

5년, 짧지 않은 시간

'숨이… 안 쉬어져요'라고 말하는 정의 다급함은 찜찜한 구석이 있었다. 이번 한 번으로 끝날 것 같지 않았다. 5년은 짧지 않은 시간이다. 무슨 일이 있었을까. 며칠 뒤 다시 정에게서 전화가 걸려왔다. 나에게는 낯설지 않은 상황이다. 다시 무보수 상담을 해야 하는 건

가. 짜증보다는 걱정하는 마음이 앞섰다. 한 번도 '우는소리' 하는 모습을 본 적이 없던 사람의 다급한 말투에서 느껴지는 상황의 심각성, 세상에서 가장 사회성이 좋고 인간관계에서 노련한 사람이 무례하게 보일 수 있는 시간대에 전화한 것. 나의 걱정은 모든 것이 예전에 알던 정의 모습과는 다른 궤도에서 움직이고 있었기 때문이다.

"편하실 때 제가 찾아갈게요. 괜찮으시면 오늘 퇴근 후에도 좋고요. 미경이는 모릅니다."

세 문장으로 그의 상황을 압축해서 전했다. 200킬로미터가 넘는 먼 거리. 퇴근 후 5년 만에 그를 만났다. 처음에 나는 그를 알아보지 못했다. 30킬로그램은 빠졌을까. 풍채 좋고 넉넉한 웃음을 짓던 예전의 정은 온데간데없었다. 걸음걸이도 날렵함이 사라지고, 어딘가 어색하게 발을 디디는 어수룩한 동작이었다.

관성은 예상보다 힘이 셌다. 외모는 알아볼 수 없을 만큼 바뀌었어도 사회성은 여전했다. 당연히 내가 먼저 안부를 물어야 할 상황인 듯한데, 이번에도 그가 먼저 내 안부를 물었다.

"결국 전문의가 되셨네요. 축하드려요."

축하 인사까지 빠뜨리지 않아 좀 머쓱한 기분까지 들었다. 내가 어색하게 웃자 그가 작게 한숨을 쉬더니 차를 마셨다. 그가 고개를 숙이지 못하고 잔을 들어 입에 가까이 대고 마시는 것이 보였다. 내 눈길을 느꼈는지 그가 말문을 열었다

"목디스크로 수술을 받아서 아직도 목이랑 어깨가 불편해요. 잘 움직이지 못합니다."

목디스크로 저렇게 사람이 10년은 늙어 보일 정도로 살이 빠지지는 않을 텐데. 서울에서 내가 있던 곳까지는 차로 빨리 와도 두 시간, 시간은 9시를 향하고 있었다. 나도 정도 시간이 많지 않았다. 바로 본론으로 들어갔다.

"어디서부터 잘못됐는지 모르겠어요. 미경이가 집을 나간 지 1년이 넘었어요. 아이들은 기숙사에서 지내는데 주말에 집에 오면 엄마가 없는 상황이죠."

"집을 나갔다고요?"

"말하자면 별거죠. 지금도 들어올 마음이 전혀 없어요. 지난번에 아버님이 쓰러지셨을 때도 병원에 오지 않았어요. 비난하는 건 아니고요. 모르겠어요, 정말. 아이들까지 두고 갈 정도로 스킨스쿠버가 그렇게 좋은 건지요. 집을 나가게 된 것도 스쿠버 모임에서 필리핀에 가면서 시작됐어요. 처음에는 잘 몰랐는데. 거기 가서도 자기들끼리 놀러 다니고, 한국에 오면 파티 같은 것도 자주 하는 것 같았어요. 파티에서 주목을 받는 게 좋은가 봐요. 저는 그냥 주말에는 교회 다니고, 가족끼리 오붓이 식사하고 그러면 행복한데. 저는 그냥 열심히 일한 것밖에 없는데…. 어쩌다가 이렇게 됐는지 모르겠어요."

노골적인 원망이라기보다는 섭섭함이었다. 그의 시선으로 구성된 이야기였다. 아이들은 어떻게 느낄지 궁금했다.

"큰애는 엄마가 자신을 버렸다면서 말도 못 꺼내게 해요. 작은애는 그렇지 않은데 아무래도 사춘기라서 그렇겠지요."

겉으로만 보면 흔한 이야기였다. 세 명 중 한 명꼴로 한다는 이혼.

문득 톨스토이의 말이 떠올랐다. 행복한 가정은 서로 닮았지만, 불행한 가정은 모두 저마다의 이유로 불행하다고 했던가. 이혼이나 별거의 이유도 경제적인 문제, 성격 차이, 원가족과의 갈등, 다른 사람과 사랑에 빠지는 등등 하나로만 이야기할 수 없다. 부부는 당사자가 아니면 이해하기 어려운 둘만의 관계다. 정은 극심한 스트레스를 받은 것 같았고, 나는 도움이 되고 싶었다. 성격 차이 외에 흔하게 언급되는 경제적인 문제. 의사로서 묻지 않을 수 없었다. 남들보다 0이 하나 더 붙은 월급을 갖다준다던 미경의 이야기가 떠올랐다.

"경제적인 건 괜찮나요?"

"아무래도 사업을 하니까 기복이 있죠. 그런데 아내의 씀씀이를 제가 감당하기가 어려울 때가 있어요. 스쿠버가 어느 정도 경지에 이르면 그다음부터 그들의 무대는 우리나라가 아니에요. 아무리 그래도 애들 엄마잖아요."

정은 자신의 일이나 경제적 상황에 대해서는 구체적으로 이야기하는 것을 꺼렸다. 그제야 내가 잠깐의 면담을 통해, 그것도 한 사람의 말만 듣고 그들의 상황을 입체적으로 파악한다는 것이 과욕이라는 사실을 깨달았다.

미경은 어떻게 지낼지 궁금해졌다. 정이 잠시 자리를 비운 사이, 핸드폰을 꺼내 연락처를 찾아보자 바다 앞에서 밝게 웃는 미경의 전신사진이 프로필 사진으로 올라와 있었다. 여전히 환하고 자신만만한 모습. 정과는 대조적이었다. '끝이 아니고 새로운 시작.' 프로필 문구는 진부했지만, 사진만 봐도 그녀는 과거의 결혼 생활에 대해 이야기하고 싶어 하지 않는다는 것을 알 수 있었다.

"이혼을 하고 싶지 않으신 거죠, 선생님은."

"다 용서하고 이해해요. 돌아와 주기만 하면 좋겠어요. 미경이는 제 말은 들으려고 하지도 않아요."

'이유를 알아서 회복할 수 있다면 좋으련만'이라는 것은 정의 생각이었다. 아이가 둘이나 있는 주부가 가정을 떠난 지 1년이다. 자신의 과거를 부정하고 다른 인생을 살기로 선택했을 때 마침 스쿠버에 빠졌다, 같은 한 가지 이유만 있지는 않을 것이다. 부부 사이는 정의 생각보다 훨씬 더 곪아 있었을 것이다. 지금 내가 할 수 있는 영역이 아니었다.

어쩌면 나는 정이 모습도, 미경의 모습도 모르고 있었을지도 모른다. 처음 정의 모습은 미경의 필터를 통해 알게 되었다. 아이러니하게도 이번에는 정의 필터를 통해 미경의 모습을 전해 듣고 있다. 내 입장에서는 숨이 쉬어지지 않는 상황에 대해 묻는 게 나을 것 같았다. 내가 모르는 세월 동안 많은 것이 바뀌었음을 다시 한번 깨달았다. 두려움에 떨며 다급하게 전화를 하던 그 상황. 지금 나는 그저 정의 공황에만 집중하기에도 버거웠다. 정이 말을 이었다.

"얼마 전부터는 공항에 가려고 버스정류장에만 가면 심장이 뛰기 시작해요. 이상한 건 큰애랑 같이 갈 때는 그렇지가 않아요. 이 나이에 분리불안이라도 생긴 건지, 저 자신도 어이가 없습니다."

지금 미경과의 관계에 대해 묻는 것은 도움이 안 된다. 의도적으로 화제를 공황 쪽으로 몰고 갔다. 한 시간쯤 지나자 정이 물었다.

"선생님, 저 공황 맞지요? 도대체 왜 이러는 겁니까. 아무래도 미경이가 나가서 이러는 거겠지요?"

사람이 한 시간의 상담으로 관계의 늪에서 벗어날 수 있다고 생각한 내가 오만했다. 도돌이표, 다시 처음으로 돌아왔다. 10년을 넘게 같이 살았지만, 그들에게 상대방은 자신이 보고 싶은 단면만 투사된 모습은 아니었을까. 그 결과 한쪽은 별거를 택했고, 별거를 받아들일 수 없는 다른 한쪽은 공황이 왔다. 스트레스로 공황장애가 왔다고 단순하게 말할 수는 없다. 명료하게 설명해주고 싶지만, 그렇게 할 수 없는 정신과 의사의 숙명.

"스트레스로 공황이 생겼다고 말할 수는 없어요. 여러 이유가 있겠지요. 지금 중요한 건 이유를 하나하나 찾아내는 것보다 현실을 받아들이는 일 같아요."

"그래도 이유를 먼저 알아야 하지 않나요? 그래야 고칠 수 있는지 판단할 수 있을 것 같은데요."

사람 좋은 얼굴을 하던 과거의 정은 이제 없었다. 1년 동안의 별거로, 그의 마음속 날카로움이 삐져나왔다.

내 머릿속에서 벌어지는 일들

뇌 안의 아몬드

공황장애를 설명하는 여러 단어들이 머릿속으로 지나갔다. 인간의 감정 변화에 반응하는 대뇌변연계 안에 있다는 편도체, 투쟁-도피 반응으로서의 공황, 질식감을 설명하면서 이야기되는 질식 오경보 이론, 공황 유발물질인 패니코젠panicogen, 이혼 등의 상실로 인한 심리적 스트레스. 이런 가설들도 크게 보면 정신과 질환의 원인을 구체적으로 풀어놓은 것이다. 모든 질환의 원인을 설명하는 데 만능열쇠인 생물심리사회 모델에 따른 것이다.

공황장애에서 자주 언급되는 뇌의 영역은 편도체다. 편도체는 영어로는 아미그달라amygdala라고 하는데, 그 모양이 아몬드처럼 생겨

그리스어 almond에서 유래했다. 편도扁桃라는 어려운 말은, 아몬드를 한자로 표현한 것뿐이다. 편도체는 감정, 특히 공포와 공격성, 불안 등을 처리하는 핵심 뇌 구조로 알려져 있으며 뇌의 측두엽 안쪽에 있다. 아직 닥치지도 않았는데 미리 불안해하는 예기불안의 핵심이 되는 부분이 편도체라고 한다.

측두엽의 깊은 곳에 있는 '아몬드'가 공황에 중요한 역할을 한다는 사실은 여러 실험을 통해 입증되었지만, 직관적으로 이해하기는 어렵다. 공황을 가장 직관적으로 설명하는 가설은 투쟁-도피 반응이다. 이는 급성으로 스트레스가 생겼을 때 인체에 일어나는 현상을 설명하는 개념이다. 이 경우 스트레스는 심리적이기보다는 물리적 요인을 일컫는다. 예컨대 산길에서 갑자기 달려드는 커다란 들짐승을 봤을 때와 같은 경우가 급성 스트레스 상황이다. 그렇다면 어떤 일이 일어날까.

'위험 상황이다'라고 감지하는 신호가 뇌로 간다. 투쟁-도피 반응에서 중요한 점은 이후 순식간에 벌어지는 자율신경계의 반응이다. 인간을 컴퓨터로 비유하면 뇌라는 중앙처리장치에 정보가 입력되었다. 정보는 해독을 거쳐 프로세싱이 된다. 이제 공포에 질린 인간의 신체 반응은 자율신경계로 출력될 것이다.

자율신경은 크게 교감신경과 부교감신경으로 나뉜다. 자율신경은 촘촘한 실타래가 온몸에 뻗어 있다고 생각하면 이해하기 쉽다. 들짐승을 봤을 때 우리가 싸워야 한다고 생각하면 교감신경이 활동을 시작한다. '싸워야 한다'라고 판단하면 어떤 일이 일어날까. 심장박동과 호흡이 가빠지며 뇌의 각성 상태도 올라간다. 동공이 확대되고 침이 마른다. 식욕도 느끼지 않는다.

위험이 지나가면 교감신경계에 브레이크 기능을 하는 부교감신경계가 작동해야 한다. 부교감신경계 또한 다양한 신경 네트워크로 구성되어 있다. '이제 마음이 놓인다'라고 판단하면 심장박동이 느려지고, 동공이 수축되고 침이 분비된다. 갑자기 배가 고파진다. 소화 기능도 증진된다.

자율신경계의 반응으로 공황장애를 설명하는 사람들은 공황이 왔을 때, 교감신경계의 투쟁 반응이 과도하게 활성화된다고 설명한다. 치료법으로 이완 훈련과 호흡 훈련이 도움이 된다는 것은 기본적으로는 투쟁-도피 반응의 응용이다. 이완과 호흡이 제대로 되는지, 자신의 신체 상태가 어떤지 컴퓨터 모니터를 통해 확인하는 바이오피드백 치료 또한 궁극적으로는 자율신경계의 상태를 조절하는 훈련법이라고 볼 수 있다.

좀 더 자세히 살펴보면 공황장애의 90퍼센트가 발병한다는 광장공포증과 연결고리를 찾을 수 있다. 광장공포증은 터널에만 들어가면, 엘리베이터만 타면, 사람이 없는 곳에만 가면 시작되는 '숨 막히는' 상태로, 질식감으로부터 시작한다. 최근 신종 코로나바이러스로 인해 마스크 착용이 의무화되면서, 마스크를 쓰면 숨 쉬기가 어렵고 죽을 것 같다고 호소하는 사람들도 시작은 질식감이다.

정이 공황장애를 겪고 있다면, 광장공포증도 생생하게 경험했을 것이다. 해외 출장을 밥 먹듯이 가는 사람이 광장공포증이라니 어울리지 않는 조합이었다. 정 자신은 견디기 어려울 만큼 힘든 증상이지만, 공황만큼이나 그의 광장공포 증상 또한 전형적이었다. 광장공포의 두려움은 크게 세 가지 주제로 요약된다. 집을 떠나는 것에 대한 두려움, 혼자 남겨지는 것에 대한 두려움, 폐쇄되거나 붙잡힌 것처럼 느껴지는 상황(지하철, 기차, 엘리베이터 등)에서 무력해지는 것에 대한 두려움. 두려움과 질식감은 쌍둥이처럼 몸에서 반응한다.

"공황장애의 90퍼센트가 광장공포증을 같이 경험해요."

예상대로 정이 놀란 표정을 지었다.

"버스정류장에서 혼자가 되었을 때 경험한 것은 광장공포일 거고요. 광장공포가 질식감을 야기한 상황인 것 같아요."

또 다른 진단명을 언급하자 그의 표정이 어두워진다.

"제가 그러니까…. 심각하군요."

정의 숨소리가 가빠졌다. 정에게 질식감은 조건화된 반응이 되어버린 걸까. 그 모습이 걱정스럽지만, 표현은 하지 않았다. 왜냐하면 저것 또한 거짓 정보에 의한 반응이니까. 차를 한 모금 마시고 내가 말을 이었다.

"숨 한번 크게 쉬세요. 곧 괜찮아져요. 제가 선생님을 안심시키기 위해 그냥 하는 말이 아니에요. 지금 선생님의 상황은 질식감이 장난을 치는 것뿐이거든요. 제가 선생님을 괴롭히는 그 녀석의 정체와 작동 원리를 이제 말씀드릴 겁니다."

몸이 보내는 근거 없는 거짓 경보

"질식감이 들면 뇌는 온몸에 경보를 보내요. 경보는 투쟁-도피 반응을 작동시키죠. 질식감이라는 공포스러운 대상에 반응하기 위해 투쟁-도피 반응의 스위치가 켜지는 것이에요. 심장박동과 호흡은 더욱 빨라지죠. 시작은 질식감이었는데 호흡이 빨라지니 질식감은 더욱 심해지는 거죠."

"악순환이군요."

정이 간단하게 정리했다.

"맞아요. 그런데 무엇이 문제일까요. 문제는 '마치 죽을 듯이 숨이 막히는 것 같은' 질식감이 객관적으로는 근거가 없는 거짓 정보라는 사실이죠. 왜냐하면 마스크 때문에 숨이 막혀 죽는 일은 없을 테니까요. 그러나 공황에서 거짓 정보는 진실처럼 활약하며 경보 시스템을 활성화해버리는 거죠. 그래서 제가 질식감이 장난을 친다고 표현한 거고요."

"첫 단추부터 잘못 채운 셈이네요."

이번에도 정이 간단하게 정리했다.

"제가 잘못된 첫 단추에 속아 넘어간 셈이군요. 혼자 똑똑한 척은 다 했는데. 미경이도 집을 나가고, 나는 내 몸에 속아 넘어가고. 어이가 없어요, 정말."

"선생님만 그런 게 아니에요. 유병률이 인구의 5퍼센트라고 보고되기도 해요. 제가 말씀드린 건 질식 오경보 이론이라고 하고요."

설명을 듣고 나자 정의 얼굴빛이 조금 밝아진 것 같았다. 아몬드, 급성 스트레스 반응, 질식 오경보 이론. 단순히 별거로 인한 스트레스 때문만은 아니라는 말이 위로가 되는 듯했다.

마지막으로 더욱더 생생하게 눈으로 볼 수 있는 이야기를 꺼낼 때가 된 것 같았다. 정체는 다름 아닌 숨이 막힐 때 마스크 안으로 쌓여가는 이산화탄소다. 이산화탄소에 대해 말하려고 하자 이번에는 정이 먼저 입을 열었다.

"그러니까 제 머릿속의 아몬드, 거짓 질식감 같은 게 문제일 수도 있겠군요. 자율신경이 비정상적으로 활성화되는 상태도 문제일 거고요. 저는 심리적 스트레스라고만 생각했거든요."

"심리적 스트레스도 당연히 있지요. 공황은 모든 종류의 상실과 관련성이 있다고 해요. 당사자 아니면 누가 그 심정을 이해하겠어요. 아마 선생님도 처음 공황발작을 생생하게 기억하실 거예요, 그렇죠?"

고개를 끄덕이며 정이 말을 이었다.

"미경이가 집에 들어오지 않고 일주일 되던 날이었어요. 그날도 출장으로 공항을 가는데, 차 안에서 갑자기 숨이 막히고 가슴이 심하게 뛰기 시작했어요. 제가 원래 굉장히 뚱뚱했잖아요. 그래서 심장에 문제가 생긴 줄 알았어요. 두려움이 몰려오더라고요."

전형적인 공황발작의 증세였다. 심계항진, 질식감, 흉통, 죽을 것 같은 두려움. 이런 공황발작이 한 번으로 그치지 않고, 지속적으로 이 상황에 대한 걱정이 생기며, 걱정으로 인해 행동까지 변화되는 양상을 띨 때 공황장애라고 진단한다.

"아몬드 말고도, 또 다른 요인이 있어요."

공황장애를 배제해야 하는 경우에 대해 설명해야 했다.

정신과의 대부분 진단에는 '이러한 장애는 다른 의학적 상태나 물질에 의한 것이 아니다'라는 단서 조항이 붙는다. 그런데 공황장애는 단서 조항이 시사하는 바가 더욱 크다. 왜냐하면 이 단서 조항은, 공황장애가 공황 유발물질에 의해서 생기는 경우는 배제한다는 의미를 내포하기 때문이다.

"패니코젠이라고 들어보셨나요?"

그가 바로 답했다.

"공황을 만들어내는 게 있나 보군요. 카시노젠carcinogen(암 유발물질)처럼요."

자신의 증상에 대해 진지하게 생각하는 환자는 의사에게도 고마운 존재다.

"정확합니다. 공황을 뜻하는 panic에 유발하는 물질을 뜻하는 접미사 -gen이 붙어서 생긴 단어인 패니코젠이죠. 가장 직관적인 패니코젠은 다름 아닌 이산화탄소입니다."

정은 공황에 관한 자신의 상황을 조금 객관적으로 보게 된 것 같았다.

"이산화탄소가 공황을 일으키는데, 공황이 오면 과호흡을 해서 결국 혈중 이산화탄소가 떨어지는 현상이 생기다니 아이러니하군요. 그래서 공황이 올 때, 비닐봉지를 이용하는 응급처치를 하는 건가요, 선생님."

‘선생님’이라고 부르면서 눈을 맞추기 시작했다. 자신만의 감정의 늪에 빠져 있던 그가 이전의 사회성을 조금 회복했다는 증거였다. 반가웠다.

“정확히 그 원리죠. 바로 자신이 내뱉은 이산화탄소를 다시 빨리 흡입해 혈중 이산화탄소 농도를 상승시키는 겁니다. 인체의 산-염기 균형을 회복시키는 거죠.”

“이산화탄소는 공황을 유발하기도 하고, 공황을 치료하기도 하는 군요. 제게는 미경이가 이산화탄소 같은 존재인 것 같네요. 미경이만 돌아온다면, 이 상황이 단번에 정리되고 모든 것이 이전으로 돌아갈 수 있을 텐데 말이에요.”

정의 생각은 다시 미경으로 돌아갔다. 전성기보다 절반은 작아진 것 같은 그의 어깨가 흔들리고 있었다. 미경에 대한 모순된 감정과 집착은 객관적인 설명으로도 사라지지 않았다. ‘이전으로는 돌아갈 수 없다, 당신이 이산화탄소를 마신다고 해도 공황은 또 생기지 않느냐’라고 이야기하자 그가 힘없이 고개를 끄덕였다. 문득 정의 뇌와 감성적이고 관계 지향적인 미경의 뇌가 충돌한 지점을 알 것 같았다. 사랑과 집착으로 흙탕물이 된 감정의 늪에서도 그는 끊임없이 원인을 찾으려 했다. 정의 이런 모습이 미경에게는 숨 막히는 질식감이 된 걸까?

지금 내 앞에 있는 사람은 미경이 아니라 정이다. 정에게는 마음의 위안보다 객관적인 설명이 효과적이다. 나는 내가 아는 한에서 성의를 다해 사례를 더 들어 설명했다.

"이산화탄소가 호흡 자극으로 공황을 유발하는 데 반해, 중추신경에 직접 작용해 공황을 유발하는 물질도 있어요. 과량의 카페인이 대표적이지요."

"그럼 오늘 커피 대신 레몬차를 시키길 정말 잘했군요. 제가 커피를 정말 좋아했는데 요즘은 커피가 별로 당기지가 않더라고요. 몸이 알아서 '커피는 너에게 사치다'라고 명령을 하고 있었나 보군요."

어딘지 쓸쓸한 웃음을 지으며 정이 말했다. 시간은 벌써 밤 10시를 훌쩍 넘기고 있었다. 시계를 보더니 정이 먼저 일어났다.

"오늘 여러 가지로 고마웠어요, 선생님. 치료를 받아야겠지요?"

환자라기보다는 진지한 학생 같았던 정에게 '전문가에게 상담을 받아보세요'라고 말하고 싶지는 않았다. 그는 어쩌면 내가 만난 첫 신경증 환자로 기억될지도 모른다. 한 번의 면담과 투약으로 상황이 바뀔 리는 없다. 천천히, 길게 가야 할 일이었다.

정은 본인의 증상을 인정하고 알아가기 시작했다. 하지만 정에게 내가 할 수 있는 일은 한정되어 있었다.

"약물치료와 인지치료를 병행하는 게 효과가 좋아요. 무엇보다 절대 죽지 않는다는 걸 인식하는 것이 중요해요."

그가 느끼는 심각성에 비해 내 말은 밋밋했다. 죽을 것 같다고 말하는 환자에게 죽지 않는다고 말하는 것. 코미디 같기도 하다. 생각하는 대로 다 표현할 수 없는 정신과 의사의 운명이다.

"오늘 잘 오셨어요. 쉽지 않은 결정이었을 텐데, 고마워요."

공황으로 인해 그의 자존감은 바닥으로 떨어졌을 것이다. 고맙다는 말을 해주고 싶었다.

"고맙다니요."

그의 표정이 한결 밝아졌다.

"앞으로 긴 여정이 될 겁니다. 사람이 변하고, 돌아오고, 단번에 바뀌는 일은 없어요. 선생님도 마찬가지일 거고요. 결국은 각자 풀어야 할 숙제겠지요. 저는 도울 수 있는 일이 있는지 찾아볼 거예요. 여기까지 또 오시기는 어려우니까…. 도움을 줄 수 있는 선생님이 있는지도 한번 알아보고요. 아무튼 또 연락하기로 해요. 오늘은 아무 생각 말고 푹 주무시고요. 고생 많으셨어요. 정말로요."

불안이라는 유령

모호함, 인간의 근본적인 숙명

정으로 인해 공황의 실체를 접했지만 여전히 불안장애는 정체 없는 유령처럼 느껴졌다. 공황장애는 불안장애 중에서 증상이 가장 선명한 편이다. 그러나 여전히 다른 불안장애들의 증상을 읽고 있으면, 과연 이것에다 '장애'라는 거창한 이름을 붙여도 될까 하는 생각이 들기도 한다.

정신과에서 교과서적으로 말하는 불안장애는 몇 개의 질병군을 통틀어 부르는 이름이다. 가장 유명한 공황장애 외에도 광장공포증, 사회공포증, 범불안장애 등이 있다. 정신과 의사인 나도 혼란스러운데, 일반인은 더하겠다는 생각이 들자 다시 답답한 마음이 들었다.

병원에서는 불안장애를 만성적으로 걱정, 근심이 많은 병이라고 말한다. 그래서 여러 가지 신체적인 증상이나 정신적인 증상이 나타나는 질환이다. 불안감 때문에 항상 긴장한 상태에 있게 되고 자율신경이 날카로워진다. 업무에 집중하기 힘들고 일상생활에도 많은 장애가 있다. 일반 인구의 약 25퍼센트가 불안장애를 경험하며 특히 여성이 남성보다 두 배 정도 더 많다.

불안장애는 결국 걱정이 많아서 정상적인 생활이 어려운 상태로 정의되는 셈이다. 그렇다고 해도 여전히 모호하기는 마찬가지다. 왜일까. 힌트는 의외의 순간에 갑자기 찾아왔다.

그렇다. 결국 불안의 모호성은 그 속성 자체에 있다. 조금 더 간결하게 표현하면 불안은 인간의 실존 그 자체다. 정신과 영역에서 말하는 불안, 즉 '근심이 많아서 일상생활이 어려운 상태'라는 정의 외에 다른 식의 접근이 필요하다는 판단이 섰다. 불안이 실존이라는 건 이전의 많은 철학자들이 이미 이야기한 내용이다.

존재론적 의미로 불안을 설명한 학파는 실존주의 철학이다. 실존주의에서 보는 불안은 인간의 근본적인 모순에서 발생하는 정신 현상이니까. 실존주의의 선구자라 불리는 쇠렌 키르케고르Søren Kierkegaard는 불안을 유한과 무한, 자유와 필연처럼 인간의 근본적인 모순에서 비롯된다고 보았다. 단순화하면 이들은 불안을 심리 현상이 아닌 인간 존재의 불가피한 조건이라고 생각한 것이다. 소설을 빌려 살펴보면 이해하기가 나을까. 오랜만에 《구토》를 펼쳤다.

명료할수록 작아진다

장 폴 사르트르Jean Paul Sarte. 그는 사시에 키도 작고 골초였지만 이성에게 매우 인기가 있었으며, 시몬 드 보부아르Simone de Beauvoir와는 평생 계약 결혼 상태를 유지한 희대의 사상가다. 또한 이데올로기에 매몰되기 싫다며 노벨문학상 수상을 거부하지만, 사회 참여에는 적극적인 활동가였다. 그 자신이 최고의 작품 중 하나로 꼽은《구토》는 그의 첫 장편소설이다.

소설은 일기의 형식으로 진행된다. 일기 형식으로 진행된다는 것은 서사보다는 주인공의 의식 변화가 더 강조된다는 뜻이다. 소설의 주인공은 30대의 연금생활자 앙투안 로캉탱. 지금은 부빌이라는 도시에서 프랑스 혁명기의 그다지 유명하지 않았던, 롤르봉 후작의 전기를 정리하고 있다.

로캉탱은 어느 날 해변으로 나갔다가 물수제비를 뜨는 아이들을 만난다. 그 자신도 물수제비를 뜨기 위해 조약돌을 집어 드는 순간 별안간 '구토'를 처음으로 느낀다. 원인이 불분명한 구토. 갑자기 찾아온 구토는 이후 반복되며 그를 괴롭힌다. 로캉탱은 구토의 정체에 대해 회의하고, 질문하는 과정에서 구토는 일시적인 기침의 발작이 아니라는 사실을 깨닫게 된다. 구토의 의미를 여기서 간단하게 정리할 수는 없지만 소설에서 로캉탱은 결국 '구토는 나 자신이다'라는 철학적인 결론에 이른다.

사르트르에 따르면 일상성에 매몰된 세계에 살고 있는 인간이 자신이 아닌 다른 존재의 모습에 주목할 가능성은 매우 희박하다. 어쩌면 구토는 둔화되고 마비되어 반수면 상태에 빠진 의식으로 살아가는 삶에 대한 갑작스러운 역겨움, 또는 깨달음일 것이다.

결국 로캉탱은 지금까지 쓰던 롤르봉 후작의 전기나 역사책이 아닌 소설을 쓰기로 결심한다. 그가 역사책이 아닌 소설을 쓰기로 한 이유는 깨달음의 결과다. 왜냐하면 '역사는 존재했던 것에 관해서 이야기하는데, 한 존재는 결코 다른 존재를 정당화할 수 없기 때문' 이다. 그러므로 로캉탱이 소설을 쓰는 이유는 어찌 보면 주체성의 발현이다. '내 자리는 아무 데도 없다, 나는 여분의 인간이다'라고 생각할 때의 로캉탱을 현대 정신의학 관점에서 본다면 뭐라고 할까? 불안장애나 우울장애가 의심된다고 할까. 그러나 로캉탱은, 불안은 어쩌면 자각하지 못한 인간 실존 자체에 내재한 것이라는 사실을 불현듯 깨닫는다. 그에게 소설 쓰기는 프로작(항우울제)이었던 셈이다. 그렇다면 실존주의가 아닌, 정신분석에서는 불안을 어떻게 규정할까.

불안의 다섯 단계

정신분석에서는 아동의 발달 단계에 따라 불안을 크게 다섯 단계로 설명한다. 가장 원초적인 형태의 불안은 자신의 존재감Sense of self을 잃어버리지 않을까 하는 불안감이다. 주변에서 자신에게 필요한 존재라는 확신을 주지 않아 쪼개져서 없어지지 않을까 불안한, 이른바 해체불안이다. 아이에게 세상은 낯설기 그지없다. 이후 아이는 악의에 찬 외부 요인이 자신을 침범하지 않을까 하는 피해불안이 생긴다. 아이가 세상에 악만 있는 것이 아니라 자신을 아끼는 존재도 있다는 사실을 알게 되면 세 번째 불안이 생긴다. 세 번째 단계의 불안은 사랑하는 대상과 이별할 수 있다는 불안, 중요한 사람으로부터 사랑을 상실하는 데 대한 불안이다. 발달 단계에서 사랑하는 대상은 대부분 어머니이고, 어머니를 잃어버릴지도 모른다는 불안감이 세 번째 단계의 불안이다.

정신분석에 따르면 네 번째 단계의 불안은 보통 두 살에서 여섯 살 사이, 오이디푸스 콤플렉스 단계에 주로 발현된다. 동성 부모와 경쟁 관계를 형성한 아동은 성적 환상을 품게 되고, 이 시기 아동은 거세불안을 경험한다고 한다. 이후 아동은 가장 마지막 단계의 불안인 초자아불안을 느낀다. 간단히 말하면 부모로부터 배운 내재된 도덕 기준에 따라 살지 못하는 것에 대한 죄의식을 느낄 때 불안감이 생긴다.

초자아불안은 성인이 되고 나서도 계속 족쇄로 기능한다. 효자 콤플렉스, 착한 딸 콤플렉스 같은 경우도 초자아불안의 연장으로 볼 수 있다. 부모로부터 전시傳示받은 도덕적 기준을 따르지 못한다는 불안감은 심지어 자기 징벌로까지 이어질 수 있다. 프로이트는 초기에는 불안을 억압의 결과로 봤으나, 이후에는 불안을 억압의 원인으로 보았다. 요컨대 불안해서 자신의 마음을 억압한다는 것이다. 불안하기 때문에 우리는 더 아닌 척하려고 한다! 역시 날카롭다. 어딘가 뜨끔해지는 지적이다. 하지만 여전히 그것이 전부는 아니라는 생각을 지우기는 어렵다.

실존주의와 정신분석에서 이야기하는 불안에 대해 알게 되자, 불안장애에 대한 불신은 오히려 더 강해졌다. 왜냐하면 불안은 실존 그 자체이고, 발달에 따른 그림자니까. 여전히 어슴푸레 자신의 모습을 숨기는 불안의 실체에 대해 고민하고 있을 때, 한 환자의 행동이 눈에 띄었다.

박은 병원에 올 때마다 진료실의 모든 물건을 책상 안쪽으로 넣는 행동을 반복했다. 그가 병원에 오는 이유는 치매를 앓는 장인의 약을 받기 위해서였다. 처음에는 보호자로서 약을 받으러 오는 그의 행동에 시선이 가지 않았다. 그러던 어느 날, 내가 마시려고 둔 음료수까지 책상 안쪽으로 밀어 넣는 행동을 보자 의아한 생각이 들었다.

"괜찮으세요?"

갑자기 그가 얼굴이 붉어지면서 급하게 대답했다.

"선생님, 죄송합니다. 저도 모르게 그만. 전 물건이 가운데 있지 않으면 떨어질까 봐 항상 긴장이 돼요. 불편하셨죠. 죄송합니다."

"식사하실 때도 그렇겠군요."

박이 고개를 숙이며 말했다.

"그래서 저는 회식 자리가 고역스러워요. 상 위에 있는 술병들을 보면 꼭 떨어질 것 같고, 끓고 있는 안주를 보면 또 어떻게 되지 않을까 싶고…."

말하면서도 그의 손은 끊임없이 책상을 만지작거리고 있었다. 불안이 행동화된 모습. 강박일 수도, 공포일 수도 있는 모습이었다.

"언제부터 그런 건가요?"

"말하기 부끄러운데, 라면을 옮기다가 어머니 다리에 크게 화상을 입힌 적이 있어요. 수술을 했는데도 어머니는 그 이후부터 걸음이 부자연스러우세요. 그래서 그럴까요. 처음에는 뜨거운 물건을 식탁 가운데로 옮겨놨는데, 그게 점점 더 심해져서. 지금은 모든 물건을 가운데로 놓지 않고는 견디지를 못해요."

박의 이야기를 듣자 증상이 가볍기는 하지만 내 경험과 겹쳐졌다. 어린 시절 우유를 먹고 심하게 아픈 후, 나는 아직까지도 우유를 먹지 못한다. 일종의 두려움에 대한 학습인 셈이다. 불안을 포비아와 연관시키자 이제 그 윤곽이 조금 명료해졌다. 공포라고 번역되는 포비아. 고소공포, 광장공포는 너무 흔해서 진부한 느낌까지 든다. 풍선에 대한 공포, 모서리에 대한 공포, 털이 있는 짐승에 대한 공포…. 세상에는 타인은 이해할 수 없는 수많은 공포가 존재한다. 그리고 행동주의 이론에서는 불안과 공포는 한 쌍이다.

조건화된 공포 반응

조건화된 공포 반응에 대한 예는 수없이 많다. 골프채로 자신을 구타하던 아버지 밑에서 자란 딸은 골프채만 봐도 심장박동이 빨라진다. 골프채라는 자극과 폭행을 조건화시키고, 생리적 반응을 하게 된 것이다.

이론의 발전은 작용-반작용을 따르는 경우가 많다. 20세기 초 프로이트가 보이지 않는 무의식 세계에 몰두하자, 한편에서는 심리학 연구에서도 검증 가능한 것을 연구 대상으로 삼아야 한다는 주장이 나왔다. '파블로프의 개 실험'으로 유명한 고전적 조건화 이론은 이후 '스키너 상자'로 발전한다.

하버드 대학교 심리학과 교수이던 스키너는 굶주린 쥐를 넣고 레버를 누르면 먹이가 떨어지는 상자를 고안한다. 긍정적Positive 강화는 좋은 결과를 내기 위해 원하는 보상을 하는 것으로, 긍정적 강화물로는 성과급, 칭찬 등이 있다. 한편 부정적 강화는 징벌의 개념이 아니다. 여기에서 부정적Negative이라는 것은 무엇인가 없어지거나 줄어든다는 뜻이다. 즉 바람직하지 않은 결과를 회피하기 위해 바람직한 행동의 횟수가 늘어나는 것. 통증을 '없애기 위해' 진통제를 먹거나, 비를 '피하기 위해' 우산을 들고 다니는 횟수가 늘어나는 경우 등이 이에 속한다.

행동주의 이론은 기본적으로 자극과 반응이 가장 큰 전제다. 이들은 불안에 관해서도 명료한 입장을 취한다. 불안은 조건화된 공포 반응일 뿐이다.

어떤 이들은 자신의 불안은 좀 더 실존적이고 차원이 높은, 이해하지 못하는 어떤 것이라고 항변하고 싶을 수도 있다. 인간은 쥐가 아니니까. 그래서 행동주의 이론은 심리적 과정과 기제를 이해하는

데 소홀히 했다는 비판을 받기도 했다. 그리고 인간은 좀 더 고상한 존재라는 생각은 행동주의 이론을 블랙박스 심리학이라고 비꼬아서 비판하게 만들기도 했다.

원인에 대한 설명이 부실했다고는 하지만 여전히 불안장애의 큰 치료법 중의 하나는 행동주의 이론에서 응용한 것이니, 이 이론은 어떤 면에서 아직까지 건재한 셈이다. 행동주의 이론은 자극-조건화-반응이라는 도식을 따른다. 반응을 유도하기 위해 긍정적 강화와 부정적 강화를 이용한다. 불안이라는 반응이 이미 생겼으니 이번에는 역으로 조건화를 풀어주는 것이다. 만약 터널에 공황이 생겼다면 짧은 터널부터 자극(낮은 강도의 자극)을 주어 이후 이에 대해 환자가 원하는 보상을 주는 방법을 시도할 수 있다. 치료의 순서는 간단하다. 자극-조건화-반응의 결과로 불안이 생성되었으니 이번에는 이 과정을 거꾸로 이용하면 된다.

불안장애에서 흔히 사용하는 치료법 가운데 하나가 체계적 탈감작법脫感作法이다. 먼저 항진된 자율신경을 가라앉히기 위해 호흡을 조절하고 근육을 이완한다. 또한 불안의 목록을 작성하여 불안의 정체를 구체화한다. 이후 약한 불안을 일으키는 것으로 시작해 강한 불안을 일으키는 상황으로 옮겨가면서 조건화된 반응을 둔화시킨다.

의사로서의 자괴감

그 후 정에게서 한 번 더 연락이 왔다. 집 근처 병원에서 한 달에 한 번 치료를 받고 있다고 했다. 정신과에서 극적인 효과를 본다고 말할 수 있는 질환은 흔치 않은데, 공황장애는 그게 가능하다고 알려져 있다. 보통 치료 기간은 1년 정도. 항우울제와 진정제의 덕인지, 인지행동치료의 덕인지 알 수는 없으나 정의 목소리는 여유가 조금 생긴 것 같았다.

"가장 중요한 건 절대 죽지 않는다는 사실을 인식하는 것이라죠. 정말 죽을 것 같았는데."

죽을 것 같다고 말하는 환자에게 죽지 않는다고 말하는 것. 정의 주치의는 거의 세뇌 수준으로 반복했던 것 같다. 다행히 그것이 정에게는 효과가 있었던 것 같다. 공황을 겪는 환자에게 모든 정신과 의사가 이구동성으로 말한다. '죽지 않아요, 죽을 것 같겠지만.'

진부한 문장이지만 반복하면 효과가 있다. 약은 효과를 상승시킨다. 공황장애 환자들의 만족감은 우울증 환자와는 비교할 수 없을 만큼 높다. 뭔가 뚝딱 해결한 기분이랄까. 공황장애는 정신과 의사들의 자존감을 높이기에 가장 좋은 질환일지도 모른다. 하지만 정의 밝은 목소리를 들었어도 나는 여전히 마뜩치 않았다. 그는 정말 괜찮은 걸까. 약이 없었다고 해도 정이 그런 말을 할 수 있었을까. 의사로서의 자괴감은 피할 수 없었다.

얼마 전에 본 의학 다큐멘터리가 떠오르며 자괴감은 더욱 깊어졌다. 정신과에서도 심심치 않게 보는 파킨슨병에 대해 다루었는데, 약물치료로 파킨슨병의 증상이 조절되지 않는 경우 뇌심부 자극술을 하는 것이 주된 내용이었다. 수술의 원리는 복잡하지 않다. 먼저 머리에 전기자극을 줄 수 있는 전극을 설치한다. 그다음 전기를 줄 수 있는 배터리를 쇄골 아래 피부에 삽입하면 수술은 끝난다. 방송에서는 수술 이후에 환자의 손떨림이 줄어들고 느릿한 동작에 속도가 붙는 것을 보여주었다. 그야말로 극적인 변화였다. 파킨슨병으로 10년이 넘게 약을 먹어온 환자와 보호자는 믿을 수 없다는 표정으로 환호했다.

정신과 의사인 내가 저런 환한 얼굴을 보는 일이 가능할까. 다른 전공을 하기에는 이미 너무 멀리 와버린 현실. 나도 한 번쯤은 누군가를 저렇게 밝게 웃게 만드는 의사가 될 수 있을까. 불안장애와 우울증, 뉴로시스 계열의 환자를 계속 보면 내가 우울증에 걸릴 것 같았다. 그때 예상치 못한 메시지가 왔다. 연락이 끊어진 지 근 20년. 대학 선배인 지우. 문자메시지 창으로 만났어도 지우 선배는 여전했다.

7장

무심한 아빠, 성실한 엄마, 잘난 언니, 외로운 나

사회공포와 우울

나를 불행하게 만드는 범인

20년 만에 만난 선배

'너한테 이런 부탁하는 사람 많을 텐데, 오랜만에 연락해서 이런 말 하게 돼 미안하다.'

공손하고 차분한, 젊은 시절 지우 선배의 얼굴이 문득 지나갔다. 프랑스 철학에 관한 학회지를 만드는 동아리에서 1년 정도 만난 지우 선배. 나는 선배가 화를 내는 모습을 본 적이 없다. 언제나 살짝 미소를 머금은 희미한 얼굴. 보통보다 조금 큰 키, 날렵한 얼굴선에 서울 말투. 전형적인 서울대 학생의 모습 같았다.

재즈를 좋아한다고 했던가. 지우 선배를 떠올리자 〈Mo' better blues〉라는 곡을 들려주며 이 박자가 몇 박자인지 맞힐 수 있냐고 물어보던 기억이 났다. 그때 난생처음으로 4분의 3박자와 4분의 4박자 외에 4분의 5박자가 있다는 것을 알게 되었다. 항상 쇼트커트에 어딘가 중성적인 분위기의 지우 선배는 그 당시 대학생 특유의 심각함이 몸에 배어 있었다.

'상담을 구할 일이 있는데 이메일 주소를 보내줄 수 있겠니?'

여전히 공손한 말투였다. 고민이 머리끝까지 차서 상담을 청하는 사람답지 않게 주위를 살피는 모습. 그러나 내가 주목해야 하는 것은 행동이다. 20년 만에 연락처를 수소문해 메시지를 보내는 행동. 난생처음 겪는 상담의 유형이었다. 〈디어 애비Dear Abbey〉처럼 자신의 신분을 드러내지 않고 신문 지면을 통해 인생을 상담하는 사람들도 있지만, 나에게 이메일 주소를 묻는 환자는 처음이었다. 아니, 이 경우에 선배를 환자라고 말할 수 있을까.

'제가 도움이 될 수 있는 일일까요?'

'이메일을 봐주는 것만으로도 도움이 될 거야.'

선배가 느꼈을 힘듦의 무게가 어렴풋이 다가왔다. 진단명, 치료법, 약물의 선택 같은 것은 부차적인 문제였다. 문자메시지로 근황을 교환하기 시작했다.

'지금 난 프랑스에서 유학을 마치고, 서울의 한 대학에서 박사 후 연구원으로 일하고 있어. 병원에서 심각한 사례들만 봤을 텐데, 내 상황을 들으면 아주 귀여운 수준이겠지. 그래도 도움이 필요한 것 같아서. 도와달라는 사람도 많을 텐데 정말 고맙고.'

그리고 바로 메일이 도착했다. 미리 써둔 게 틀림없는 장문의 메일. 메일은 두 편으로 구성되어 있었다. 첫 번째는 선배의 어머니에게 보내는 내용이었다. 가정사가 잠깐 스쳐 지나갔다. 서울 토박이였다고 했던가. 부모나 집안에 관해서는 잘 알지 못하지만, 기억나는 사실은 세 자매 중에서 막내인 선배도, 선배의 언니들도 그 당시 모두 같은 대학을 다니고 있었다는 것이다. 말하자면 세 자매 모두 공부를 특출나게 잘했고, 선배는 그런 집안의 막내딸이었다. 언니들은 모두 고시 준비를 한다고 했었는데 어떻게 되었을까. 박제된 과거가 숨결을 받아서 후, 하고 숨을 쉬는 것 같았다. 두 번째는 자신의 생각을 정리한 내용이었다.

자세히 읽기 전에 내가 먼저 선배에게 문자로 물었다.

'지금 혹시 어떤 점이 가장 힘드세요?'

주호소를 먼저 묻는 게 나의 직업병이었다. 직접 눈앞에서 보거나 말을 한다면 유추가 가능하겠지만 지금은 전혀 짐작이 가지 않았다. 모든 것이 완벽해 보이던 지우 선배가 근 20년 만에 연락을 해왔다. 내가 학교를 졸업하고 잠시 신문사에서 일할 때, 선배도 한 방송국에 입사했다는 이야기를 들은 적이 있다. '방송국에서 일하기에는 쑥스러움이 많은 성격 아니었나?' 동기와 그런 말을 주고받았던 기억이 떠올랐다. 선배는 절박했는지, 내 질문에 망설임도 없이 자신의 주호소를 이야기했다.

'이제 곧 학회가 많아질 텐데 사람들 앞에 서야 하잖아. 그게 걱정이야.'

부끄럼이 많은 성격이라지만 공부를 잘하는 사람 특유의 자신감은 항상 피부처럼 붙어 있던 선배였다. 과에서 학회지를 같이 만들 때도 프랑스 철학에 대해 정리해서 곧잘 후배들에게 강의를 하곤 했다. 사르트르, 라캉을 마치 자신의 고향 선배 이름을 부르듯 말하는 선배가 신기했던 시절도 있었다. 지나간 과거 대신 현재에 집중해서 질문을 던졌다.

'압박을 많이 느끼는군요. 신체 증상으로 나타나기도 하나요?'

'그렇지. 목소리가 떨리고 손이 떨리는 경우도 있으니까. 이번 학회가 일종의 구직 활동을 하는 내 데뷔 무대인데, 내 발표를 보고 다른 사람들이 나쁘게 평가할 것 같다고 판단하는 듯해.'

선배는 자신에 대해 지나치게 객관화가 잘되는 사람이었다. 자신의 이야기인데 또 다른 사람이 말하는 것 같은 독특한 화법을 구사하고 있었다. 일종의 삼인칭 관찰자 시점이었다. 머릿속에서 진단명들이 지나가기 시작했다. 우울증, 사회불안장애, 강박장애…. 선배의 지나친 객관화 때문일까. 나도 감정을 싣지 않고, 더 건조하게 질문할 수 있었다.

'혹시 정신과에 다닌 적은 있으신가요?'

최대한 객관적으로 자신의 상황을 말하고 있지만, 근 20년 만에 후배를 찾을 정도로 절박하다면 지우 선배의 성격상 병원을 찾지 않았을 가능성은 적어 보였다. 아니나 다를까.

'학교 근처 종합병원에 다니면서 약 먹고 있어. 6개월쯤 됐지.'

'그렇다면 왜?'라는 생각이 잠시 스쳤지만 이유는 충분히 짐작되었다.

'그곳에서 길게 이야기하기는 힘드셨나 봐요.'

선배는 타인을 책망하는 법을 모르는 사람 같았다. 약을 먹으면서도 호전되지 않는다면 의사를 원망하든가, 약이 문제라며 불만을 토로할 텐데. 자신의 문제를 해결해야 하니 그쪽 의사를 원망할 수는 없다. 상담을 길게 할 수 있는 의사와 약만 탈 수 있는 의사, 이렇게 두 명을 두면 약도 받고 상담도 가능했다. 영리한 사람들은 이런 식으로 양면 전략을 쓰는구나 싶었다.

'아무래도 그렇지. 오전에만 서른 명 정도 대기하고 있으니까. 약 먹고 불편한 게 없는지 확인하고, 주로 약 받으러 가는 곳이지.'

쓸쓸해할 선배의 얼굴이 그려졌다. 한편으로는 다른 의사에게 진료를 받고 해결이 되지 않았다고 하니, 묘한 승부욕이 느껴지기도 했다. 20년 만의 연락이지만, 젊은 시절 한때를 공유했다는 공감대는 생각보다 힘이 셌다. 서슴없이 선배에게 질문했다.

'처방전을 좀 볼 수 있을까요? 보내주신 메일 보면서 처방전도 한 번 봤으면 해서요.'

선배 같은 증상에서 사용할 약의 종류는 대략 짐작되었다. 선택적 세로토닌 재흡수 차단제(이하 SSRI) 계열의 항우울제와 벤조디아제핀 계열의 항불안제를 저용량으로 처방했을 가능성이 컸다.

'플록세틴, 알프람. 이게 해피 필happy pill이라고 불리는 그 약 맞지? 프로작.'

자신이 먹는 약이니 당연히 검색해봤을 것이다. 문득 선배가 나보다 프로작에 대해 더 많이 알 수도 있겠다는 생각이 들었다. 게다가 선배는 지금 큰 병원에서 진료까지 받고 있었다. 비록 내가 경험은 적더라도, 선배에게는 더 필요한 정신과 의사가 되고 싶었다. 일종의 예진(주치의가 환자를 자세히 진찰하기 전에 간단하게 미리 환자를 진찰하는 일)이랄까. 나는 염려 반, 궁금증 반으로 메일함을 다시 열었다. 메일은 두 편으로 구성되어 있었다.

어머니, 저는 왜 이렇게 힘들까요?

1.

어머니, 몇 가지 드릴 말씀과 여쭤보고 싶은 게 있어요.

조금 놀라운 이야기가 될지도 모르겠어요. 한 가지 분명히 말씀드리는 것은, 어머니를 비난하거나 스트레스를 주려는 목적이 아니에요. 이 글을 쓰는 이유는 제 마음의 병을 치유하기 위한 것이에요. 제 병의 근원을 찾아 거슬러 올라가니 어린 시절에 원인이 있었던 것 같고, 그 기억의 몇 가지는 까마득해서 어머니의 진솔한 설명이 필요해요. 그 내용이 정말 우울하고, 고통스럽더라도 최대한 솔직하게 설명해주시면 좋겠어요.

이렇게 글을 전하는 이유를 말씀드리자면, 요즘 저는 발표공포증에, 우울증을 앓고 있어요. 우울증이 심하면 자살까지 이른다고 하지만, 똑똑한 당신의 딸은 병이 더 심해지기 전에 그 원인을 찾고 치유하고자 노력하고 있어요. 그러기 위해서는 어머니의 도움이 절대적으로 필요한 상황이에요. 과거의 상처에서 지금의 병이 비롯된다고 하니, 그 상처가 무엇인지 알아야 치유할 수 있을 테니까요.

언젠가 어머니는 저를 낳고 나서, 너무 힘들었다고 말씀하셨어요. 옷가지를 정리하고 세상을 떠날 준비까지 하셨다고 들었어요. 그때 어머니가 우울 증세로 괴로웠거나, 혹시라도 자살 시도를 했던 것은 아닌지 궁금합니다. 제가 어렸을 때 어머니가 정신적으로든 육체적으로든 고통을 겪고 있었다면, 아기인 저는 안정된 애정을 받지 못했을 가능성이 커 보여요. 어머니도 사연이 있었겠지요. 제가 아기일 때의 사진이 거의 없는 것을 보면, 분명 사연이 있어 보입니다. 그 당시의 상황을 저에게 설명해주시면 좋겠어요.

어머니는 '너를 낳지 않으려고 했는데, 이모가 찾아와서 네가 나온 거다'라고 종종 말씀하셨잖아요. 저에게는 '널 없애버릴 수도 있었어'라는 말로 들릴 때도 있었어요. 어린 저에게는 크게 잔인한 말로는 들리지 않았던 것 같아요. 그렇지만 가끔은 당황스러운 말이었어요. 적어도 아이의 자존감을 높여주는 말은 아니었지요. 그 말을 들을 때면 저는 '이모 덕분에 내가 산 거네' 같은 말로 상황을 넘겼던 것 같아요. 또 어렸을 적 자주 들었던 얘기는 '다리 밑에서 주워 왔다'라는 말이었어요. 어머니에게 안정적인 사랑을 받았다면 그 말이 이토록 오래 기억에 남아 있지는 않을 텐데, 어린 마음에 계속 박혀 있었던 것 같아요.

어머니가 제 기저귀를 갈 때면, 제가 엉덩이를 들어서 기저귀 가는 걸 도와줬다고 하셨잖아요. 상식적으로 생각해보면 아기가 그런 행동을 한다는 건 이해하기 힘들어요. 어쩌면 저는 아기 때부터 어머니의 눈치를 보면서 살았던 게 아닐까 싶기도 해요. 그게 저를 낳기 전과 후, 어머니의 불안한 심리 상태와 연관이 있는 건 아닐까 싶기도 하고요. 솔직히 저는 어머니의 품이 따뜻하다고 생각해본 적이 없어요. 어릴 적에도 어머니가 부르면, 무섭고 두려웠어요. 나를 혼내려는 걸까 싶을 때가 많았고요.

아이는 엄마가 부르면 기분이 좋아야 하는 게 아닌가요. 저는 어머니가 시키는 대로 해야 혼나지 않을 거라고 생각하면서 살았던 것 같아요. 아니 그런 수준을 넘어서, 내가 항상 잘못하기 때문에 어머니가 혼내는 건 무조건 당연하다고 생각했죠. 그래서 늘 어머니 앞에선 위축됐어요. 제가 어머니를 무서워한다고 생각해본 적 있으신가요. 주변을 맴도는 막내딸은 어머니에게 어떤 아이였나요?

큰언니가 고등학생일 때, 언니의 도시락에는 늘 밥 위에 달걀을 얹어주셨잖아요. 큰언니가 야간 자율학습을 마치고 돌아오면 항상 따뜻한 수프를 끓여주셨고요. 저는 그 수프가 너무 맛있어 보여서, 주변을 맴돌았던 기억이 나요. 그 향이 너무 좋았거든요. 그런데 나도 먹고 싶으니 한 그릇 달라는 얘기를 못 했어요. 고생하는 큰언니한테 줘야 한다는 암묵적인 강요가 있었겠지요. 언니와는 다르게 고등학교 때 제 도시락 반찬은 늘 김치 하나, 밑반찬 하나뿐이었어요. 그래도 차마 어머니한테 투정을 할 수 없었지요. 왠지 그러면 안 될 것 같았거든요.

저는 고3 때나 재수를 할 때, 서울대를 가지 못하면 세상이 끝나는 줄 알았어요. 그 스트레스가 너무나 컸어요. 그래도 어머니는 공부하라고 강하게 압박하지는 않았던 것 같아요. 그래서 한편으로는 감사해요. 감사하면서도 '서울대 못 가도 괜찮아. 그래도 너는 내 사랑하는 딸이야'라는 말씀은 왜 안 해주셨는지 궁금해요. 막내딸이 언니들에게 열등감을 느꼈을 게 뻔한 상황인데. 어머니는 막내딸도 '당연히' 서울대를 갈 거라고 생각하셨을 테지요.

저는 학원에 다녀본 적이 없었지요. 유일하게 중학교 때 기타에 흥미를 느껴 두 달인가 다니다가, 어머니가 집에 돈이 없다고 그만 다니라고 하셨지요. 큰언니는 미술학원을 다니고, 작은언니는 태권도 학원도 오래 다녔지만, 저에게는 그런 기회가 주어지지 않았어요. 아이들은 그런 상황이 되면 당연히 불평을 하지요. 철이 없으니까요. 그런데 저는 그에 대해서 불평하지 못했어요. 저는 '착한 딸'이어야 했으니까요. 어머니가 시키면 군말 없이 따라야 했으니까요.

다시 한번 말씀드려요. 제가 원하는 답은 '아니야, 지우야. 엄마는 널 사랑한단다. 내가 표현을 못 해서 그런 거지, 언니들이랑 똑같이 사랑했어'라는 말이 아니에요. 정확한 사실, 그러니까 제가 기억하지도 못하는 어린 시절에 어머니가 얼마나 아팠는지, 왜 저에게 무심했는지 그 이유를 알고 싶은 거예요. 그리고 제가 힘들었다는 사실도 알려드리고 싶고요. 시간이 오래 지났기 때문에 왜곡된 기억도 많을 거예요. 어머니께서 제 글을 읽고 억울한 부분도 있을 거라고 짐작해요. 다 말씀해주세요. 그게 제 마음의 병을 치유하는 데 도움이 될 것 같아요.

이 문제 때문에 개인적으로 아는 정신과 의사 선생님께 상담을 받았어요. 그분은 어린 시절에 아이들은 부모에게 어리광을 부리면서 크는데, 저는 어리광이라는 걸 못 부린 것 같다고 하네요. 그렇죠. 어쩌면 저는 아기 때부터 기저귀를 갈 때조차 어머니의 눈치를 본 듯하니까요.

어머니, 죄송해요. 마흔이 넘은 자식이 일흔이 넘은 어머니를 이미 지나간 일로 괴롭히면 안 되는데, 제가 못난 자식인 게 맞습니다. 다만 저도 기억나는 희미한 과거, 어쩌면 많이 기억하지 못하는 지난날의 경험에서 비롯된 마음의 결핍이 지금 제 병을 만든 것 같아요. 그래서 여전히 못났지만, 어머니께 제 상황을 솔직하게 전합니다. 어머니 말씀대로라면 저는 착한 딸이어서 그래도 쉽게 키우셨잖아요. 힘드시겠지만 이제는 제 생각에 대한 답을 주세요. 어머니의 솔직한 이야기를 듣고 나면 어머니를 용서할 수 있을 거예요. 어머니도 나름의 사연이 있고, 힘드셨겠지요. 어머니의 솔직한 말씀을 기다릴게요.

2.

어머니에게 긴 글을 쓰고 나니, 문제는 어머니가 아니라는 걸 깨달았다. 정확히 말하면 어머니에게서 비롯된 문제가 있을 수 있겠지만, 이제 더는 그것들을 어머니에게 물을 수만은 없었다. 어쩌면 나는 내 존재를 끊임없이 다른 사람에게 확인받고 싶었던 것 같다. 타인의 시선에서 나를 판정할 수 있는 것들, 이를테면 학력이나 직업,

직급, 연봉…. 맞다. 이 기준들은 대단히 세속적이고, 속물적이다.

나는 그런 가치들을 경멸하면서도 동시에 더 '높은' 위치에 존재하는 방식으로 나를 정당화하려고 했던 것 같다. 학력주의를 비웃으면서도 가장 좋은 대학에 가려고 하고, 결국 가장 좋은 학력을 얻어서 그것으로부터 자유로워지려고 했다.

그 배경에는 결국 '공허한' 내가 있다. 그렇게 꾸미지 않아도 나 자신을 귀하다고 생각했다면, 자존감이 높았다면 거치지 않았어도 될 경로를 밟은 셈이다. 재수생 시절, 나는 서울대학교에 가지 못하면 낙오자가 된다고 생각했다. 돌이켜보면 어처구니없고, 그 누구도 그런 생각을 강요하지 않았지만, 언니들을 보면 그런 생각을 하지 않을 수 없었다. 언니들이 다니는 학교에 입학해야만 내 가치를 입증할 수 있다는 생각이 머릿속에 있었던 것 같다.

자신을 스스로 불행하게 만드는 생각이지만, 어쩌면 지금도 그때와 크게 다르지 않다. 더 높이 올라서 '아래'를 내려다보며 내 가치를 확인하고 싶은 알량한 마음이 있다. 이런 마음으로는 설령 교수가 된다고 해도, 행복하지 않을 것이다. 내가 나를 보는 것처럼 사람들도 나를 볼지 모른다는 편견을 가지고 다른 이를 재단하고, 속물적인 태도로 바라보는 것이 습관이 된 것 같다.

시작은 내가 가장 존귀하다는 것, 그리고 다른 사람도 마찬가지로 존귀하다는 것을 깨닫는 데 있다. 물론 모르는 게 아니다. 그렇게 마음을 잡으려고 6개월 넘게 명상도 하고, 책도 읽고, 자기암시를 계속 해왔다. 그런데 안 된다. 마음의 습관을 고친다는 건 너무나 어렵다.

언젠가 지인이 티베트 민화를 SNS에 올렸다. 어떤 사람의 꿈에 매일 악마가 나타났다. 악마는 매일 밤마다 그 사람의 몸을 타고 앉아 위협하고 목을 조르며 괴롭혔다. 그 사람은 너무나 고통스러워서 물었다. '도대체 날 언제 죽일 거냐?' 악마가 웃으며 답했다. '그걸 내가 어떻게 알겠는가. 나는 네가 꾸는 꿈인데.'

이 이야기를 매우 강렬하게 읽었다. 어느 누구도 나를 불행하게 만들지 않는다. 나를 불행하게 만드는 것은 '나'다. 오랜 시간 내 머릿속에서 만들어진 불행한 생각이 나를 괴롭히는 것이다. 그것은 악마라고 대상화할 만한 것도 아니다. 어찌 보면 사소한 마음의 습관이다. 그게 생각의 길을 만들어서, 나를 두려움과 우울로 밀어 넣는다. 나는 알고 있다. 그렇지만 나의 생각은 늘 하던 대로 움직이다가 같은 경로를 따라가고, 결국 불안과 우울의 늪에 빠진다. 반복되는 습관을 어떻게 바꿀 수 있을까.

지난 수요일이었다. 지도교수님, 우연히 마주친 학과 교수님, 그리고 나까지 세 명이서 간단히 저녁을 먹었다. 언뜻 보면, 유쾌하게 끝났을 자리였다. 그런데 나는 사무실로 돌아오는 길에 뒷목이 뻣뻣하게 굳어 있었다. 상상 이상으로 몸이 경직된 채 이야기를 나누었기 때문이다. 그 순간에도 생각은 불안의 미끄럼틀에 빠져서 몸이 먼저 반응하고 있었다. 나의 의식은 그것을 가리느라 급급하고, 힘들다.

가장 내밀한 곳을 드러내겠다는 결심

메일을 읽고 나니 머리가 복잡해졌다. 어려운 숙제를 받아든 기분. 직접 만나야 시작할 수 있을 것 같았다. 답장을 썼다.

'선배, 보내주신 메일 잘 읽었습니다. 꺼내기 쉽지 않은 이야기를 해주셔서 고맙습니다. 여전한 글솜씨를 확인할 수 있었던 것은 덤이겠지요. 긴 세월이라는 물리적 거리감이 우리 둘 사이에 놓여 있긴 하지만, 만나서 이야기를 나누는 게 좋겠습니다. 우선 다섯 번 정도 만나본 뒤에 나머지 횟수는 정하는 게 어떨까 싶어요. 시간, 장소, 상담에 대한 대가 같은 것도 직접 만나서 이야기하도록 해요.'

선배는 바로 답장을 보내 내가 생각하지도 못한 사항에 대해 자세하게 물었다.

'만났을 때 호칭은 어떻게 하면 좋을까요? 전문가 입장에서 명확하게 밝혀주는 게 좋을 것 같습니다. 그리고 만나기 전까지 내가 준비할 게 있을까요? 내 생각에는 선생님에게 존댓말을 쓰는 게 나을 듯해요.'

따뜻한 선배와 철없는 후배는 20년 후, 피상담자와 상담자로 역할을 바꾸어 해후하게 되었다. 서로의 동선을 고려해 혜화동 대학로에서 주말에 보기로 했다. 절정에 이른 단풍이 낙엽으로 날리던 가을의 대학로는 여전히 분주했다. 우리는 자주 가던 학림다방에서 만났다. 예전처럼 클래식이 흐르고 있었다. 계절에 딱 어울리는 브람스의 〈현악 6중주〉. 푹신한 소파에 앉아 있으니 20년 전으로 자연스럽게 세월이 돌아갔다.

"그대롭니다, 선생님은."

두 아이의 엄마가 된 지우 선배는 오히려 더 젊어 보였다. 폴로 셔츠를 입고, 백팩을 멘 선배는 마치 프랑스에서 막 귀국한 유학생 같았다. 매일 보던 조현병, 지적장애, 치매 환자에서 벗어나 이렇게 깔끔한 상태의 환자라니. 이상하게 조금 설레기도 했다. 이 감정은 조심해야 한다.

환자를 보고 설레는 감정은 도덕적 의미가 아니다. 조심해야 할 것은 나 자신에게 생길지 모를 '역전이逆轉移'였다. 전이轉移는 프로이트가 안나 오Anna O라는 환자를 치료하는 과정에서 발견한 개념으로, 환자가 부모나 형제, 그 밖의 다른 사람에게 느낀 감정이 치료자에게 향하는 것을 일컫는다. 가장 흔한 예로는 환자가 의사와 면담하는 도중, 자신에게 따뜻했던 과거의 선생님과 비슷하다고 느끼는 것을 들 수 있다. 역전이는 반대로 치료자가 환자에게 느끼는 감정과 생각을 뜻한다. 흔히 의사들은 전이와 역전이에 대해서는 '걸리다'라는 단어를 사용하는데, 이는 피동형의 동사에서 알 수 있듯이 이 둘 모두 자신도 모르는 사이에 일어나기 때문이다.

상담은 자신의 가장 내밀한 곳을 드러내는 일이다. 가까운 가족에게도 못 하는 말을 하면서 자연스럽게 비밀이 생긴다. 비밀을 공유하고 공감해주는 사람과의 대화는 여태껏 경험하지 못한 해방감을 준다. 매일 보는 환자들과 비교해 사회적 기능이 월등히 높은 선배는, 나에게 주는 부담을 최소화하려고 조심스럽게 메일로 상담을 요청한 첫 환자였다. 역전이가 우려되었지만, 배우는 것이 있으리라는 기대도 들었다.

주고받은 메일과 문자를 통해 선배의 상태는 대략 짐작할 수 있었다. 대학 시절에는 잘 몰랐던 선배의 집안 사정에 대해 알게 되었다. 당시 선배에게 사람들이 하나같이 했던 질문이 있다. 세 자매가 모두 서울대학교를 다녔으니 그런 말이 나올 법도 했다. '언니들은 고시 준비를 한다고 했는데 선배는 왜 안 하세요?'

그때 뭐라고 대답했더라. 아마 특유의 희미한 웃음만 지었던 것 같다. 지금은 사적인 대화를 나누는 자리가 아니라 의사로서 만나는 공적인 자리였다. 가장 내밀한 곳을 말하는 공적인 자리. 내 위치를 염두에 둬야 했다.

"메일을 읽으면서 현재 어떤 어려움을 겪고 계신지 대략 짐작이 됐어요. 성급히 진단을 내리기 전에 저와 다섯 번 정도 면담을 해보면 좋을 것 같아요. 처음에는 조금 강도 높게 한 주에 한 번 하시고요. 상황에 따라 간격을 두고 다섯 번 정도 하면 좋을 것 같아요. 면담에 소요되는 시간은 한 시간 전후로 하고요."

선배가 조용히 고개를 끄덕였다.

"선생님이 오는 게 힘들면 내가 가도 됩니다."

이번에는 내가 고개를 끄덕였다.

"장소는 크게 상관없어요. 미리 조정만 하면 돼요."

그러고는 내가 준비해온 책을 보여주었다. 《사회불안증의 인지행동치료》. 책 한 권과 기록일지 두 부로 구성되어 있었다. 선배가 벌써 내 의도를 알아차리고 책을 사진으로 찍었다.

"어떤 종류의 불안증이든, 중요한 건 자각이에요. 자각에는 여러 가지가 포함돼요. 자신이 취약한 상황이 어떤 경우인지 데이터를 수집하는 것부터, 결국 아무리 불안해해도 나쁜 일은 쉽게 일어나지 않는다는 깨달음까지 포함되지요. 숙제를 드릴게요. 선배가 불안감을 느낀 순간은 언제인지, 그때 어떤 신체 증상이 나타났는지 기록지에 자세하게 적어보세요."

대략의 계획이 세워졌다. 교과서에서는 정신치료, 약물치료, 정신분석치료, 인지행동치료 등으로 세분하지만 형식에 얽매일 필요는 없었다. 그런데 문제가 하나 있었다. 가장 중요하고도 난감한 문제, 바로 가격이었다.

당신이 몰랐던 정신과의 비밀

궁금하지만 한 번도 묻지 못한, 정신과 진료비

엄숙주의에 빠진 정신과 의사라면 기분이 나쁠 수도 있겠지만, 정신과 의사가 해주는 일이 없다고 생각하는 사람들도 있는 게 사실이다. 우리가 사는 자본주의 사회에서 사람들이 가장 중요하게 느끼는 가치는 가성비, 또는 가심비다. 그렇다면 앞서 언급한 '해주는 일이 없다'라는 판단은 정신과 의사에게 지불하는 비용이 그 값을 하느냐의 문제와 연결된다.

지우 선배처럼, 당신이 우울과 불안 때문에 고민하다가 주변에 있는 정신과를 방문했다고 가정하자. 당신이 지불해야 하는 진료비는 대략 얼마일까. 가장 궁금하지만, 아무에게도 물어볼 수 없었을 것이다. 진료비를 결정하는 몇 가지 요인이 있다.

첫째는 환자의 신분이다. 의사 입장에서 환자는 건강보험료를 내는 사람인지, 그 외의 다른 사람인지로 나뉜다. 여기서 말하는 그 외의 다른 사람은 의료급여 1종, 의료급여 2종, 차상위 계층 같은 사회경제적으로 어려운 이들이다. 이들 또한 경제적 어려움의 정도에 따라 부담하는 비율이 다르다. 만약 환자가 의료급여 1종의 혜택을 받고 있다면 정신과 진료는 거의 무료일 것이다.

우리나라에서 건강보험은 선택사항이 아니라 필수사항이다. 직장인이라면 대부분 회사에서 50퍼센트, 본인이 50퍼센트를 건강보험료로 월 급여에서 자동으로 지불하게 된다. 많은 직장인들은 미리 건강보험료를 지불했기 때문에, 병원에서 진료를 받게 되면 국민건강보험공단에서 비용의 일정 부분을 부담한다. 국민건강보험은 환자-병원-정부, 이렇게 셋이 엮여 있다. 병원은 공단에서 일정 부분, 환자에게서 일정 부분을 받아서 수익을 유지한다. 정신과를 방문하는 외래 환자 또한 예외는 아니다.

미국의 드라마나 영화를 보면, 정신과 의사가 나오는 장면에서 상담 도중에 의사가 시계를 흘깃거리는 모습을 자주 볼 수 있다. 그들이 시계를 보는 이유는 피곤해서라기보다는 정신과 의사에게 진료시간과 돈은 비례하기 때문이다.

여기에서 정신과 진료비를 결정하는 두 번째 요인이 나온다. 바로 면담 시간이다. 의료 행위는 가격이라는 단어보다 수가라는 표현을 사용한다. 수가는 공단과 환자가 의료서비스 제공자에게 의료 행위에 대해 지불하는 비용이다. 공단과 의사, 환자, 이 삼자의 이해득실이 걸린 문제이니만큼 수가 책정은 상당히 민감한 일이다. 정신과의 경우 면담 또한 수가로 책정되어 있다.

모든 진료는 코드로 지정되어 있다. 정신과 면담도 마찬가지다. 2018년 정신과 상담 수가가 조정되었다. 이를 기준으로 하면 10분 이하 개인 정신치료는 NN001, 10분 초과 20분 이하 개인 정신치료는 NN002, 20분 초과 30분 이하 개인 정신치료는 NN003, 30분 초과 40분 이하 개인 정신치료는 NN004, 40분 초과 개인 정신치료는 NN005로 코드화되어 있다. 그리고 각각의 코드에 따라 진료비는 차이가 난다. 10분 이하의 경우 대략 1만 원가량이며, 40분을 초과하면 8만 원 정도로 책정되어 있다. 큰 병원과 동네 의원 사이에 차이는 있지만, 공단이 일정 부분 부담하기 때문에 본인부담금은 절반이 되지 않는다.

정신과 진료비를 결정하는 세 번째 요인은 병원과 연동된 심리센터의 유무다. 심리센터에는 보통 임상심리사들이 있다. 이들은 병원에 소속되어 상주하는 경우도 있고, 파트타임으로 근무하는 경우도 있다. 심리센터에서는 할 수 없고, 병원에서는 할 수 있는 일은 무엇일까? 바로 약 처방이다. 하지만 심리센터에서 더 집중해서 할 수 있는 일도 있다. 바로 상담과 심리검사다. 그리고 핵심은 이 둘의 비용은 의료 행위가 아니므로 건강보험의 적용을 받지 않는다.

그렇다면 초진으로 정신과 외래를 접수하면 어떤 일이 일어날까. 심리센터가 없는 작은 병원은 의사 혼자서 간단한 심리검사를 하거나 외주를 주겠지만, 심리센터가 있다면 기본적으로 심리검사를 할 가능성이 높다. 도움이 되는 거의 모든 종류의 심리검사를 모아둔 것을 풀 배터리Full Battery라고 한다. 풀 배터리에는 가장 흔한 지능검사부터 각종 검사들이 포함된다. 심리검사는 크게 검사와 해석으로 이루어진다. 초진에 전체 심리검사를 진행하게 되면 비용은 30만 원에서 80만 원까지 다양하다.

요약하면 환자가 정신과를 방문했을 때 드는 비용은 환자의 사회적 위치, 정신과 의사와 면담하는 시간, 심리센터 연동 여부에 따라 결정된다. 또 다른 요인도 있다. 약값이다. 정신과 약들은 비싸다는 인식이 있다. 정신과 약 중에도 원가가 2000원이 넘는 비싼 약도 있지만, 20원에 불과한 진정제도 있다.

정신과에서 국민건강보험공단에서 비용을 받지 않고 환자가 100퍼센트 모두 부담해야 하는 비급여항목이 있을까? 물론 있다. 정신과 영역에서 비급여항목은 대한민국의 비정상적인 교육열이 도움을 주었다. 가장 유명한 비급여항목은 공부를 잘할 수 있게 해준다는 기계들이다. 뇌파를 조절해서 집중력을 높여준다는 뉴로피드백 같은 장비는 제법 흔하게 사용된다. 외상후스트레스증후군에는 눈동자를 움직이며 치료하는 방법Eye Movement Desensitization & Reprocessing, EMDR(안구운동 민감소실 재처리 요법)이 주된 치료법으로 자리 잡았을 정도다. 물론 환자의 만족도에 관해서는 논란이 많다.

정신과 의사에게는 또 다른 히든카드가 있다. 히든카드의 존재는 전공의 때 자연스럽게 배우게 된다. 나 또한 전공의 3년 차 때 알게 되었다. '정신치료'라는 이름이 붙은 히든카드. 이것은 심리상담처럼 고무줄 가격이 가능하다는 특징이 있다. 선배는 정신치료를 위해 장소와 시간까지 지정해주었다. '교수님이 많이 배려해주셔서 이 가격에 정신치료를 받는 거야. ○○월 ○○일까지 교수님 연구실로 가서 인사드려라. 늦지 말고. 현금으로 봉투에 5만 원 넣어가고.'

정신치료의 논리는 다음과 같다. '정신과 의사가 될 사람이 먼저 정신치료를 받아봐야, 나중에 정신치료를 할 수 있다.' 그래서 대부분의 정신과 전공의가 선배나 교수로부터 정신치료를 받는다. 삐딱한 생각을 자주 하는 나로서는 '어르신들 용돈벌이 아니고요?'라는 질문이 목구멍까지 올라왔지만 차마 할 수는 없었다. 그런 질문을 했다가는 정신치료 시간만 더 늘어날지도 모른다. 또한 그에 비례해 지출도 늘어날 것이다. 나는 선배에게 공손하게 그러겠노라고 대답하고 현금인출기에서 돈을 뽑았다.

정신치료의 현실

봄꽃이 만발한 어느 날이었다. 대학병원에 있는 교수의 연구실을 찾아갔다. 연구실은 작았고, 담배 냄새가 났다. 다섯 번 정도 그 방을 찾아갔던가. 사실 별로 기억에 남는 게 없다. 내가 원해서 한 정신치료가 아니었기 때문일까. 아버지는 어떤 사람인지, 유년 시절은 어땠는지 같은 평범한 질문이 오고 갔던 것으로 기억한다.

정신과 전공의들에게 정신치료는 교과과정에 포함된 코스였다. 선택이 아니라 필수라는 말이다. 정신치료를 통해 내 문제를 내보이고 싶지도 않았지만 알 수 있을 것이라는 생각도 들지 않았다. 한편으로는 지금 나를 찾아오는 환자도 예전의 나처럼 생각한다면 참 맥빠지는 일이겠다는 생각이 들었다. 나는 상담할 의사를 선택할 수 없었지만, 내가 정신치료를 할 환자는 선택권이 있다는 사실이 그나마 다행으로 느껴졌다.

정신과 전문의가 되기 위해서는 다른 과들처럼 일정 시간의 수련, 논문 제출, 시험 합격 같은 과정을 거쳐야 한다. 그러나 정신과에는 타 과에는 없는 과정이 하나 더 있다. 바로 정신치료 파일을 제출해야 한다. 앞서 대학병원에서 만난 교수에게 배운 정신치료 기법을 내 환자에게 적용해서 면담을 해야 한다. 환자 한 명과 일정 시간을 연속해서 면담한 내용을 증거 자료로 제출하는 것이다. 치료 내용을 정리한 파일과 함께 녹음된 원본 파일을 이동식 저장장치에 담아서 제출해야 한다. 물론 환자도 자신의 면담이 그런 용도로 사용된다는 것을 알고 있다. 알릴 의무가 있으니까. 파일을 제출해야 하는 전공의에게 면담을 계속할 수 있는 환자는 고마운 존재다.

의사와 환자, 이 둘 사이에 가격은 역시 정신치료답게 협상에 달려 있다. 시간관념 정확하고, 자신의 치료에 진지하게 임하는 지우 선배. 역시 선배는 횟수와 장소에 이어 가격 이야기를 먼저 꺼냈다. 정신치료는 무료로 하지 않는다는 것이 원칙이지만, 당시 나는 회사일을 하면서 다른 일로 보수를 받으면 안 되는 상황이었다.

"일단 대가는 나중에 이야기하죠. 지금 말고 먼 미래에."

선배가 동의했고, 우리는 이후 열 번 정도의 면담을 진행했다.

마음속 검열관과 산다는 것

'외로운 척하지 않기'와의 고된 싸움

지우 선배와 열 번을 만나면서 특별히 내가 한 일은 없었다. 굳이 진단을 내리자면 사회불안증과 우울증이 의심되지만 큰 의미는 없었다. 게다가 선배는 다른 병원에서 이미 투약도 하고 있었다. 사회불안증에 관해서는 인지행동치료 기법을 알려주는 책을 읽고, 그것에 대해 토론했다.

먼저 자신이 발표공포를 느꼈던 순간을 기록하고, 그때의 신체 증상, 불안과 연관된 상황, 그때 취했던 행동에 대해 자세하게 기록한다. 일종의 신체-인지-행동의 삼각 구조를 만드는 것이다. 이후 불안한 상황에서 다르게 생각할 수 있도록 자신의 생각의 오류를 기록하고, 재구성한다. 행동의 변화는 기본적으로 점진적 노출로 시작된다.

지우 선배는 성실하게 자신을 분석했다. 이후 이렇게 자신에 대해 고백했다.

"발표를 싫어하는 게 아니라 발표를 잘하면 좋겠다는 생각이 강하고, 그게 혹시라도 잘되면 만족도도 아주 높은데 실패할까 봐 못 하고 있는 것 같아. 싫어해서 피하는 게 아니라 아주 좋아해서 피하는? 아이러니한 건, 앞에 앉아 있는 청중이 속된 표현으로 만만하거나 남성이면 마음이 조금 더 편안해. 내 민낯이 그 정도였던 거지."

면담을 계속할수록 가족 이야기도 늘어났다. 지우 선배에게 아버지는 무심한 사람이었다. 아버지의 역할에 대한 생각 자체가 없었다고 했다. 지금도 아버지는 식당에 가면 자신 앞에 맛있는 반찬을 갖다 놓는 분이라고 했다. 집안의 중심은 역시 어머니였다. 어릴 때 어머니가 '지우야'라고 부를 때마다 위축되었던 기억이 선명하다고 했다.

자신의 이름이 불릴 때마다 '또 무슨 일로 혼나려나' 싶었던 소심한 모범생 막내. 지우 선배는 어머니를 회상하면서 어머니가 큰언니를 임신했을 때, 귀하게 될 아이라고 잠자는 자세도 꼿꼿하게 유지했다는 전설 같은 이야기를 해주었다. 어머니에 대해 객관화가 되기 시작하자 어머니는 특히 큰언니에 대한 정성 또는 집착이 아주 컸는데, 아마도 큰딸만 제대로 키우면 나머지는 따라온다고 생각했던 것 같다고 이야기했다.

부모에 대한 이야기를 나눈 뒤, 선배는 언니들에 대해서도 처음으로 평가해보는 시간을 가졌다. 처음에는 언니들에 대해서 '괜찮았어'라고 표현했는데, 점점 시간이 지날수록 다른 감정이 올라오기 시작했다. '잘난 큰언니', '큰언니보다 자기가 잘났다고 생각하는 작은언니'라고 표현했다. 선배가 씁쓸한 웃음을 지으며 말했다.

"지금 돌이켜보니 그들과 같은 대학교에 들어가고 나서야 처음으로 나도 어깨를 나란히 할 수 있게 되었다고 생각한 것 같아. 언니 둘은 나름 서로 죽이 잘 맞았는데."

무심한 아버지, 장녀에게 집착하는 성실한 어머니, 잘난 큰언니, 큰언니보다 잘났다고 생각하는 작은언니. 인간관계의 시작을 가족이라고 본다면, 선배의 어린 시절에 가족은 그를 처음으로 외롭게 느끼게 만든 거대한 존재였다. 게다가 자신의 감정을 표현하지 않아야 집안의 평화가 유지된다고 은연중에 학습이 되었으니, 선배의 오랜 세월은 어찌 보면 '외로운 척하지 않기'와의 고된 싸움이었을지도 모른다.

열 번을 만나고 나니, 선배의 얼굴이 조금은 환해진 것을 느낄 수 있었다. 약물의 효과일 수도 있고, 처음으로 자신의 내밀한 곳을 꺼내 보임으로써 마음이 홀가분해진 탓일 수도 있다. 상담뿐만 아니라 스스로 자신의 행동을 바꾸려는 의지가 더해져 인지의 재구조화가 일어나기도 했을 것이다. 마지막 면담이 끝나자 선배가 먼저 깍듯하게 인사를 건넸다.

"다음엔 식사를 한번 대접하고 싶어. 많이 편해졌어."

정신과 의사는 어떤 의미에서는 거울 같은 존재일지도 모른다. 환자가 자신을 비춰볼 수 있게 돕는. '나'라는 거울에 비친 선배의 모습을 보고 있으니 나도 따라서 변하는 것을 느낄 수 있었다. 말하자면 나 또한 더 성의껏 환자의 말에 공감하는 의사가 된 것 같았다. 좋은 의사가 좋은 환자를 만든다. 어쩌면 그 역도 성립할 수 있다는 생각이 처음으로 들었다.

"그럴 일은 자주 없을 테지만, 힘들면 언제든지 연락하세요."

선배가 이번에는 조금 소리 내며 웃었다.

"그렇게 말하니까 내가 진짜 환자는 맞나 보네. 든든합니다. 정신과 주치의가 생긴 기분 같아서요."

농담하는 선배는 여유가 있어 보였다.

"역시 아직까지도 자신을 환자라고 생각하지 않는 무의식이 있었군요. 슈퍼에고supersgo가 센 사람들은 이래서 무의식이 올라올 틈이 없어요."

"슈퍼에고. 맞아, 슈퍼에고. 자기 자신이 자체의 검열관으로부터 벗어나지 못하는 고달픈 삶. 남들은 모두 다 잘한다고 해도 스스로 끊임없이 부족하다고 느끼는 인생."

세 명의 주인을 섬기는 인간의 고통

선배와 이야기를 하다 보니 프로이트의 그 유명한 정신역동 이론이 자동적으로 떠올랐다. 가장 먼저 이드id. 리비도libido가 머무는 영역으로, 개인의 본능적인 충동이 축적된 곳이다. 이드의 작용 원리는 당연히 쾌락이다. 이드의 반대편에는 슈퍼에고, 다시 말해 초자아가 자리 잡고 있다. 프로이트가 말한 초자아의 기원은 마음속에서 울리는 부모의 목소리라고 했던가. 내면화된 부모의 목소리는 욕망을 자발적으로 포기시키는 것뿐만 아니라 죄책감마저 갖게 한다. 초자아는 의무, 수치심, 자책 같은 감정의 원인이 된다.

자아라고 불리는 에고ego는 이드와 초자아 사이에서 중재자 역할을 하려 애를 쓴다. 일종의 현실 중재자인 것이다. 프로이트는 에고는 현실 원칙에 따라 작동한다고 말했다. 하는 일이 없어 보여도 역시 가장 바쁜 건 중재자다. 정신역동 이론에서도 예외는 아니다. 1923년 프로이트는 〈자아와 이드〉라는 논문에서 자아를 가련한 존재로 묘사했다. '외부 세계와 이드 그리고 가혹한 초자아라는 세 주인을 섬겨야 하는 가련한 존재, 자아.' 한 번에 두 주인을 섬기지 말라는 격언이 있지만, 불쌍한 자아는 세 주인을 섬기며 주인들의 주장과 요구를 조화시키려고 애쓴다.

태어나면서부터 이드와는 거리가 먼 인생이었던 잘난 사람. 늦었지만 외부의 칭찬이 세뇌처럼 필요할지도 모를 일이었다. 영리한 사람이니 칭찬도 정교하게 해야 했다.

"치료받으러 다니는 것만으로도 큰 용기를 낸 거예요. 나이가 들면 다 자신의 늪에 빠지기 마련인데 밖으로 나오려고 애쓰고 있잖아요. 사실 제가 해드린 건 없어요. 선배 안에 원래부터 용기와 통찰이 자리 잡고 있었는데 나오지 못했던 것뿐이에요. 저는 조금 숨을 쉴 수 있게 틈을 낸 것뿐이고요. 이제 그 틈으로 선배의 이드도 나오고,

솔직한 감정도 천천히 조금씩 나올 수 있을 거예요."

그렇게 헤어지고 나서 집에 도착하니 한 통의 메일이 도착해 있었다. 면담을 시작하기 전 처음 메일을 받았을 때가 떠올랐다. 처음과는 달리, 감정이 조금 가라앉았고 내용도 짧았다.

<인사이드 아웃>이라는 영화를 봤는지 모르겠어.

며칠 전 공부도 안 되고 해서, 그 영화를 봤어.

만화 속 주인공이 상상의 공간에서 몸이 해체되는 장면이 있었는데, 내가 숨 막히는 공포를 느끼면서 질겁을 하더라고.

정작 공포 영화에서 피가 튀는 장면이 나와도 별로 놀라지 않는 내가 그 장면에서 기겁하는 걸 보고, 내가 느낀 공포는 죽음에 대한 공포라기보다는, 몸이 '분해'돼서 '무화無化'할 수 있다는 두려움에 가까운 게 아닌가 생각했어. 그 두려움 속에서 태어났다면, 아마도 난 나의 생사여탈권을 어머니에게 의탁했던 게 아닌가 싶기도 하고. 그런 마음의 습관이 지금까지도 남아서, 내 가치를 나 자신에게서 찾는 게 아니라, 상대방으로부터 거울 이미지처럼 찾아내려고 한 게 아닌가 싶기도 해.

아무튼 나는 한동안은 먼 과거에 사라져버렸을지도 모르는 나라는 아이를 깊이 안아주는 시간이 필요하지 않을까 생각했어. 말하자면 '내 죽음을 깊이 애도하는' 과정이기도 하겠지. '무화'의 공포에 시달렸을 나라는 아이의 공포에 깊이 공감하는 과정이기도 하고.

아마도 이 가을과 겨울이 그런 깊은 애도와 공감의 시간이 되지 않을까 싶어. 어쩌면 내 남은 생애가 그 애도와 공감으로 채워질지도 모르겠고.

내 마음속 깊은 외로움을 어루만져줘야, 이 긴 두려움과 공포도 조금은 해소되지 않을까 싶어.

아직은 내 마음과 기억 속으로의 여행이 끝나지 않은 것 같아. 마음속의 소리에 귀를 기울여보려고 해.

이런 메일을 보낼 수 있어서, 그래도 난 어둠 속에서 행복한 것 같아.

조금 더 편안하고, 용감하게

지우 선배는 그 후 지방의 한 대학으로 이직했다.

오랜만에 선배로부터 메일이 왔다. 마지막 면담 이후 수개월이 지난 뒤였다. 인연이란 신기했다. 서울 근교 대학에서 강사 생활을 하면서 대인공포가 심화된 선배가 내가 있는 곳과 가까운 직장으로 옮기리라고는 생각도 하지 못했다. 서울에서 나고 자라고 대학을 다닌 사람. 가족도 모두 서울에서 거주하는 선배를 만나기 위해 면담은 대부분 서울에서 이루어졌다. 그런데 면담이 끝나고 몇 달 뒤 선배가 내가 있는 곳 30분 거리의 지척으로 이직을 했다.

메일에는 선배의 근황이 자세히 적혀 있었다. 서울의 한 대학교 시간강사 자리를 놓고 고민하다가 최근 대전에 있는 대학에 취직했다고 했다. 아무래도 서울보다는 사람을 만날 일이 적어서 스트레스는 줄었지만 업무 강도는 만만치 않다고 했다. 문득 웃음이 나왔다. 과연 선배가 일을 하면서 업무 강도가 낮다고 말하는 날이 올까. 어딜 가더라도 선배가 하는 일의 강도는 높을 것이다. 뭐든 대충 할 수 없는 그 성격은 바뀌지 않을 테니까. 하지만 꽤 안정을 찾은 것 같았다. 가족과는 주말에만 만나는데, 조만간 가족들도 대전으로 이사할 계획이라고 했다.

선배의 메일을 읽고 있으니 한편으로는 가족과 떨어져 있는 시간도 나쁘지 않을 것 같았다. 선배의 어린 시절을 지배한 잘난 언니들. 이제는 또 그의 중년을 지배하는 주변의 잘난 친척들. 아무것도 모르고 해맑기만 한 자식들. 아들과 딸, 이란성 쌍둥이라고 했던가. 귀엽겠다는 내 말에 선배가 "아니, 무서워 걔들. 둘이 이상한 경쟁 의식이 있어"라고 말했다. 하긴 태어날 때부터 어느 한쪽만 살아남을지 결정이 안 났으니 둘 다 나왔겠지.

아이들에 대해 말했던 면담 내용이 떠올랐다. 한번은 지인 가족과 캠핑을 갔는데, 선배의 아이들이 지인의 캠핑카를 신기하게 보더니 돌로 문짝을 두드리는 실험을 했단다. 놀란 선배가 말릴 새도 없이 더 큰 돌을 골라, 더 강한 힘으로 딸이 뒷문을 두들겼다고 했다. 지인은 애써 웃으며 괜찮다고 했지만, 타인에게 폐를 끼치는 걸 극도로 싫어하는 선배였다. 차 수리비와 캠핑 비용까지 다 부담하고도 마음이 편하지 않았다고 했다. 얼마나 불편해했을지 짐작이 되었다. 내 나름의 위로의 말을 건넸다.

"선배가 할 수 있는 건 다 했잖아요."

내 말은 소용이 없었다. 피부처럼 붙어 있는 슈퍼에고, 자기검열 장치가 잘 갖추어져 있으니까.

"새 차였는데 수리를 하면 분명히 좀 그렇겠지. 워낙 착한 사람이라 말은 괜찮다고 했지만."

내가 직설적으로 말했다.

"그 말은 선배가 그 입장이었으면 싫은 소리도 못 하고 속상했을 거라는 뜻이군요."

선배의 얼굴이 귀까지 붉어졌다.

"그렇지, 뭐. 태어날 때부터 주변을 살피면서 세상에 등장했다고 하니."

선배는 두 아이에게 좋은 엄마일 것이다. 주말마다 수영과 레고를 같이한다고 했던가. 아이들을 혼내는 건 남편의 몫이라고 했다. 선배는 자신을 '화받이'라고 했다. 아이들을 혼내면서 받는 남편의 스트레스를 고스란히 자신이 받는다고.

선배에게 대전에서의 일상은 여유가 생길 수 있는 조건이었다. 아니나 다를까. 선배의 메일은 평소답지 않게 약간 들떠 있었다.

"요즘은 근처에서 일하는 학교 동기랑 같이 지내는데, 얘가 약간 괴짜 같아. 이런 걸로 괴짜라고 하는 건 좀 우습지만 거의 삭발에 가까운 머리에 타투까지 하는 공무원은 흔치 않으니까. 이 친구랑 있으면서 옛날로 돌아간 기분도 들고. 가끔 밤에 생맥주도 마시고 그래. 물론 가족들한테 특히 남편한테 미안하긴 하지만."

미안해하는 건 그의 관성이었다. 그렇지만 가족을 아끼는 선배가 가족과 떨어져 직장 생활을 한다는 것은 상상할 수 없는 풍경이었다. 확실히 선배는 예전보다 편안해 보였고, 용감해 보였다. 메일 끝머리에 이렇게 적었다.

'이제 상담할 일은 없으면 좋겠다 싶었는데, 이렇게 의사 선생님 근처로 오게 되다니 인생은 참 아이러니해. 상황이 좀 더 정리되면 또 연락할게.'

그러나 30분 거리에 있는 선배를 만나지 못하고, 또다시 먼 곳에서 만날 수밖에 없는 상황이 되어버렸다. 이번에는 내가 직장에서의 스트레스를 견디지 못하고 이직했기 때문이다. 한 번도 겪어보지 못한 경험이었다. '도대체 내가 왜 이렇지?' 이리저리 궁리를 하고 검사를 해도 답을 알 수 없었다. 진단명을 찾지 못하는 상태였다. 명료한 것을 선호하고, 그런 상태에 길들여져 있던 나에게 그 시절은 혼란과 우울 그 자체였다. 결국 몇 번의 휴직 후 퇴사하게 되었다.

8장

비참함 속에서 느끼는 겸허함

신체증상장애

어느 날 내 몸이 움직이지 않았다

가상 유언장

친구들이 모두 모인 창원의 대학병원 병실에서 나는 가상의 유언장을 쓰고 있었다. 갑자기 내 장례식을 생각하니 슬픈 마음이 가슴을 채웠다. 그러나 분위기를 어둡게 만들고 싶지는 않았다. 애써 장난스러운 말투로 친구들에게 부탁했다.

"내가 없더라도 우리 집 식구들 잘 좀 부탁해."

사람 가족 하나, 동물 가족 셋이 쓸쓸해할 모습이 그려지자 더 슬퍼졌다. 분위기가 심상치 않음을 눈치 챈 선배 하나가 물었다.

"그렇게 안 좋아? 왜? 어떤 건데?"

모두가 궁금해했지만 할 말이 없었다. 다른 이들 눈에는 내 상태가 꾀병처럼 보였겠지만, 결국 대학병원 혈액종양내과까지 방문하게 되었다. 며칠을 입원할지 모르는 상황이었고, 검사는 줄줄이 대기 중이었다. 아직 확실한 건 아무것도 없었다. 그때 나는 왜 그토록 비관적이었을까. 진단명이 잡히지 않는다는 것이 오히려 상황을 더 나쁜 쪽으로 생각하게 만들었다. 증상이 시작된 지 3개월이 지난 시점이었다.

여러 가지 일로 스트레스가 점점 쌓여가던 어느 날, 컴퓨터 자판을 치고 있는데 오른팔이 책상에서 떨어졌다. 팔을 위로 들어봤지만 이내 뚝 떨어졌다. 팔에 힘이 빠지는 증상. 가장 먼저 생각난 것은 수영이었다. 수영을 무리하게 한 것 같은데, 회전근개파열이 아닐까? 정형외과에서 MRI까지 촬영했으나 특별한 문제를 발견할 수 없었다. 그렇다면 목디스크? 경추 MRI 또한 깨끗했다.

시간이 흐르면서 상황은 점점 나빠졌다. 컴퓨터 자판은 고사하고 밥을 먹을 때도 팔에 힘이 빠졌다. 생각보다 사람은 팔을 많이 사용했다. 머리를 감을 때, 글씨를 쓸 때, 젓가락을 쥘 때…. 특별한 통증이 있는 것은 아니었다. 굳이 표현하자면 팔에 힘이 빠져서 내 것이 아닌 듯한 느낌. 어깨도 목도 아니라면, 혹시 뇌경색이라도 온 걸까.

뇌의 문제라면 시간을 미룰 수 없었다. 응급실을 방문하여 팔에 힘이 빠진다고 하자, 의사는 간단하게 몇 가지를 검사하더니 바로 뇌 MRI를 찍자고 했다. '차라리 이렇게라도 해서 원인을 찾을 수 있다면 치료를 할 텐데'라는 마음과 '뇌는 괜찮았으면 좋겠는데 만약 뇌에 문제가 있다면 어떻게 하지'라는 두려움이 싸우기 시작했다. 그러나 뇌에서도 명확한 이상은 발견되지 않았다.

팔의 움직임이 자유롭지 않다 보니, 일 처리 속도도 자연스럽게 느려졌다. 언제부터인가 왼손으로 마우스를 움직이기 시작했다. 핸드폰에 녹음한 내용을 텍스트로 변환해주는 앱도 찾아봤다. 의사로서 차트를 작성해야 하는 나에게 팔에 힘이 빠지는 증상은 생존과 직결되는 일이었다. 나는 심각했지만, 다른 사람들은 팔에 힘 좀 빠진다고 아무것도 할 수 없는 상황은 아니지 않냐며 대수롭지 않게 여기기도 했다. 증상은 있으나 원인을 알 수 없다. 그로 인해 이해받지 못한다는 외로움은 나를 더욱 극단적인 생각으로 몰아갔다.

먼저 체중이 줄었다. 좋아하던 커피와 빵이 쓰게 느껴졌다. 어느 날은 좀 괜찮았다가, 어느 날은 팔에 전혀 힘이 안 가는 것 같기도 했다. 팔이 아프다는 것은 나에게는 어쩌면 더 우울한 일이었다. 사고로 양다리가 불편한 나는 휠체어에 의지하는 시간이 많다. 그래서 나중에 하고 싶은 일의 목록을 만들 때면 늘 팔로 할 수 있는 것들을 떠올렸다. '나이가 들면 피아노를 배워서 연주할 거야. 피아노는 다리가 불편해도 상관없잖아. 팔로 연주하니까.' 그런데 팔까지 기능을 못 하게 된다고 생각하니 무서웠다.

그러던 어느 날, 잠을 자려는데 온몸이 저렸다. 몸이 저리는 것보다 아픈 게 낫다고 말하는 환자들을 만난 적이 있는데, 막상 내가 겪은 건 처음이었다. 이 또한 원인을 전혀 짐작할 수 없는 경험이었다. 그날 밤은 두려움으로 꼬박 새우고, '저림증이라면 신경과'라는 생각으로 신경과에 갔다.

신경과에 가려니 온몸의 기운이 다 빠지는 것 같았다. 의사로서 아는 어설픈 지식이 독이 되어 나를 공격했다. 파킨슨, 루게릭, 그도 아니면 더 희귀한 근육 신경질환들. 팔에 힘을 줄 수 없는 상황으로 시작하여 점점 나도 모르게 몸의 모든 곳이 퇴행하거나 굳어버리는 신경계 질환인 걸까.

팔은 이제 휠체어도 밀 수 없을 정도로 덜렁덜렁 매달린 형태로만 있었다. 직장에서 휠체어를 타는 나로서는 또 한 번의 위기였다. 난 생처음 전동 휠체어를 구입했다. 전동 휠체어를 손가락으로 조작하고 있으려니, '이러다가 정말 몸의 힘이 다 빠져버리면 어떻게 하지' 라는 생각이 다시 한번 나를 짓눌렀다.

그러다가 각종 검색과 지식을 동원하여 '흉곽출구증후군'이라는 한 번도 듣지 못한 질병의 증상일지도 모른다는 결론을 내렸다. 다행히 수술법이 있었다. 목 쪽의 근육을 잘라내고 눌린 신경과 혈관의 통로를 내주는 수술이었다. 증상이 개선되는 효과는 사례마다 다르지만 지푸라기라도 잡는 심정으로 수술하기로 했다. 병원에는 나처럼 '팔에 힘이 빠지고, 젓가락을 쥘 수 없는' 수많은 다른 환자들이 대기하고 있었다.

수술한 뒤 증세가 나아진 듯했다. 그런데 그것은 병가와 휴직으로 인해 스트레스가 사라졌기 때문은 아니었을까. 팔에 힘이 빠지면서 주저앉는 일은 여전히 일어났다. 결국 대학병원 신경과를 예약하고 방문했다. 병원에서는 루게릭병을 말하기는 이르다면서 류머티즘이나 혈액암도 이런 전형적이지 않은 증상이 있다고 덧붙였다.

이 모든 설명을 듣고 대학병원 혈액종양내과에 입원한 지 이틀째. 3개월 동안 병과 싸우느라 나는 지칠 대로 지쳐 있었다. 어쩌면 이렇게 인생이 끝날지도 모른다는 생각도 들었다. 가상의 유언장은 이 상황에 대한 내 나름의 정리였다.

"그래서 나한테는 뭘 줄 건데?"

병문안을 온 사진작가 국이 물었다. 항상 유쾌한 국은 유독 좋은 물건을 좋아했다. 나는 아무렇게나 지껄였다.

"내가 가진 시계 중에서 제일 비싼 거."

듣고 있던 남편이 말했다.

"이제 병원 문 닫을 시간이야. 올라가서 있어야지. 내일 결과 나온다는데."

극도로 초조하고 우울한 나와 달리 남편은 침착했다. 그 모습이 든든하기도 하지만 조금 서운하기도 했다.

"걱정 안 돼?"

"응. 확실한 건 아직 하나도 없잖아. 현대의학이 얼마나 발달했는데. 이렇게까지 해도 잘 안 잡히는 증상이라면…. 이렇게 말하긴 그렇지만 난 심리적인 것도 있을 거라고 봐."

"그냥 관심받고 싶어서? 아님 엄살이라고?"

서운한 마음이 몰려와 그에게 버럭 화를 냈다.

"아니, 그런 게 아니라. 당신도 모르게 마음의 어떤 곳이 힘들어서 몸으로 반응하는 게 아닐까 싶은 생각이 든다고."

친구들에게 내가 가진 물건을 나눠주겠다고 유난을 떨고, 이튿날 나올 결과를 기다리며 침대에 누웠다. 각성된 정신 때문에 또 잠이 오지 않았다. 환자들에게는 백 번도 더 처방했던 그 약, 졸피뎀이 필요했다. 병실에서 나와 간호사에게 말했다.

"잠이 너무 안 와요. 졸피뎀이라도 먹으면 안 될까요?"

시간은 새벽 2시였다.

"저희 병원은 수면제 투약은 밤 12시 전에 끝나요. 필요하시면 내일 다시 말씀하세요."

그렇게 꼬박 밤을 새우고 날이 밝았다. 당황스럽게도 역시 모든 결과가 매우 좋았다. 팔에서 시작된 전신 무력감이 있지만 혈액암도 아니고, 복부의 어떤 장기에도 이상이 없었다. 알 수 없는 통증이 있을 때 마지막으로 찾는다는 곳이 류머티즘내과다. 한편으로는 다행이라고 생각하면서, 동시에 의외로 내 증상에 심리적인 요인이 있을지도 모른다는 생각이 처음으로 들었다.

마음이 몸을 지배할 때

정신과 진단 중에 전환장애라는 것이 있다. 환자는 의학적인 원인을 모른 채 눈이 안 보이거나, 실제로 마비가 오기도 하는 신체화 증상을 경험한다. 자신도 모르게 나타나는 증상이므로 꾀병은 아니다. 최근 내 모습은 건강에 대한 강박도 있어 보였다. 감정 상태도 우울했다. 종합병원에서 퇴원하고 돌아오는 길에 '어쩌면, 설마' 하는 생각이 들었다. 옛 직장 동료에게 전화를 걸었다. 집으로 가던 방향을 틀어 다시 병원으로 갔다.

정신과 외래가 처음은 아니었다. 인턴 막바지, 인턴을 마치지 못하면 어쩌나 하는 두려움이 매우 심했다. 인간관계도 마음처럼 풀리지 않았다. 인턴으로 근무하던 병원의 정신과 외래를 방문하고, 한 달 동안 약을 먹었다. 그 당시 담당 의사는 특별히 진단할 것은 없지만, 약의 도움을 받아볼 수 있다고 했다. 지금 생각하니 항우울제와 항불안제 조합이었을 것이다. 그런데 당시 처방받은 항우울제는 나와 맞지 않았다. 먹고 난 뒤 입마름이 심해지는 부작용이 생겼다. 별것 아닌 것처럼 보이는 부작용이지만 생활에서 이것저것 불편한 점이 있었다. 우선 말하기가 힘들었고, 입이 계속 마르니 냄새가 났다. 진료를 해야 하는 입장에서 매우 곤란한 일이었다. 그나마 다행인 건 인턴 막바지를 향해 시간이 흐르고 있었다는 것이다.

그리고 거의 10년 만에 정신과 외래를 방문했다. 잘 아는 의사 앞에 환자로 선다는 것은 어색한 일이었다. 누가 봐도 편안한 인상의 정. 넉넉한 몸에 푸근한 인상의 그는 무엇보다 입이 무거웠다. 함께 병원 생활을 한 적이 있어 익히 잘 알고 있었다.

"선생님, 오랜만입니다. 지금 어디가 제일 불편하세요?"

며칠 동안 먹지도 못해 초췌해진 얼굴로 내가 증상을 설명했다. 팔의 무력감으로 시작해서 전신 무력감으로 발전한 것 같다, 식사나 수면 모두 불량하며 자신감이 떨어진다, 이따금 팔다리가 저리면서 공포심이 든다, 공황이라고 하기는 좀 그런 것 같다. 나 자신이 증상을 열거하면서 진단까지 내리고 있었다. 진지하게 듣고 있던 정이 말을 이었다.

"저도 잠이 안 오면 가끔 졸피뎀도 먹고 그래요. 어디 저만 그런가요. 술 마시는 의사 중에는 아티반(항불안제) 먹는 사람도 많고요."

자신도 가끔 약을 먹는다는 정의 말이 이상하게 위안이 되었다. 그 어떤 검사에서도 잡히지 않는 증상. 더 검사를 하면 뭔가 나올지도 모른다거나, 당신의 증상이 심리적인 것이라고 말하지도 않았다. 그런데 오히려 그 점이 크게 위안이 되면서 와락 눈물이 쏟아졌다.

"우선 잠을 좀 주무셔야겠어요. 눈의 핏줄이 다 터졌습니다."

수면제를 처방하려고 하나? 순간 격하게 올라왔던 감정이 가라앉으며 현실로 돌아왔다. 그리고 오랜만에 서로의 근황을 나누었다. 나는 이런 몰골로 찾아와서 부끄럽다고 했고, 그도 한동안 많이 아팠다고 했다. 내가 갑작스럽게 방문하지 않았으면 듣지 못했을 정의 과거. 항상 사람 좋아 보이던 그 또한 알 수 없는 두려움과 무력감으로 사회생활을 하지 못할 정도로 힘든 시기가 있었다. 간이 좋지 않다는 말을 얼핏 들은 것 같은데, 역시 그거였구나…. 그의 과거가 재해석되면서 나는 약간의 힘을 얻은 것 같기도 했다. 조금 차분해진 마음으로 물었다.

"공황이나 전환장애는 아닌 거 같죠?"

"공황은 아니고요. 전환장애의 전형적인 증상하고는 거리가 좀 있지만 어떤 면으로는 그렇게 볼 수도 있겠네요. 선생님도 잘 아시겠지만 그렇다고 전형적인 우울증 증상도 아니고요. 항우울제인 심발타를 일차 치료제로 써보면 어떨까 싶어요. 노르에피네프린이 들어가서 자율신경을 좀 잡아주면 도움이 될 것 같은데요."

팔의 힘 빠짐으로 시작한 나에게 퍼진 무력감. 정의 처방은 일종의 전투력을 높이는 쪽에 초점이 있었다. 정의 처방은 세로토닌뿐 아니라 노르아드레날린을 높이는 쪽으로 작용할 것이다. 일명 투쟁-도피 반응의 호르몬. 우리 몸은 스트레스 상황이 되면 자동적으로 에피네프린과 노르에피네프린 분비가 늘게 된다. 이는 심장박동과 혈압을 상승시키고 혈관에 포도당glucose을 증가시켜 에너지를 공급한다. 스트레스 상황에 맞서 문제를 해결하도록 신체적으로 준비를 시키는 역할이다.

그날, 3개월 만에 처음으로 숙면을 했다. 팔의 힘 빠짐 증상으로 온갖 병원, 온갖 과를 다 돌아다니고, 심지어 수술까지 했어도 크게 좋아지지 않은 상태였다. 물론 지금도 이유는 모른 채 오른팔의 힘은 알 수 없는 '그 사건' 이전만 못하다. 여전히 왼손으로 마우스도 쥐고 키보드를 친다. 그렇지만 지금은 한 시간 정도 키보드를 치면 팔이 피로해지며, 오래 차를 타면 피로해지고, 자유형을 조금 하고 나면 풀린다는 등의 내 나름의 통계가 쌓이고 있다. 그리고 그렇게 되기까지는 정신과 동료 의사와의 만남이 실마리를 푸는 첫 열쇠가 되었음을 부인할 수 없다.

돌아보면 악몽 같고 거짓말 같던 시절. 지금도 원인은 정확히 알 수 없다. 하지만 동료 의사와 면담을 하고 약을 처방받았다. 원인을 모른다고 안절부절못하는 대신 할 수 있는 것들을 하나씩 해나가는 방법을 선택했다. 그렇게 그럭저럭 적응하면서 처음에는 꿈도 꿀 수 없었던 수영을 이제 30분이나 하게 되었다. 그렇다면 몸이 마음을 지배하는 것만큼이나, 마음이 몸을 지배할 수도 있는 걸까. 이는 다시 원론적인 질문을 던지게 했다.

"과연 우울증, 불안증, 공황장애 같은 질환은 실존하는 것입니까?"

언제부터 우리는 우울했을까?

정신의학의 역사

이 같은 질문을 던진 사람은 수없이 많았다. 실존하지 않는다고 하면, 진단명이 존재하기도 전에 증상을 보였던 수많은 환자의 얼굴이 떠오른다. 실존한다고 하면, 식욕이 없다고 매일같이 우는소리를 하는 이웃집 여자까지 환자로 포함해야 하나 의문이 든다. 이럴 때 가장 안전한 방법은 역사를 살펴보는 것이다.

토론토 대학교 역사학과 교수인 에드워드 쇼터Edward Shorter는 《정신의학의 역사》라는 방대한 저작을 통해 대략 300년 정신의학의 역사를 시대순으로 훑었다. 이 책 2장의 제목은 '수용소의 시대'다. 그에 따르면 1차 세계대전 이후 수용소는 만성 광기 환자와 치매 환자를 가둬놓는 거대한 창고가 되어버렸다.

책은 다양한 내용을 아우른다. 침팬지의 전두엽 일부를 절제한 실험을 한 포르투갈의 의사 이야기는 다소 무섭다. 전두엽이 절제된 침팬지가 분노와 고집이 사라진 것을 발견한 그는, 이후 수용소 환자 20명의 전두엽 일부를 제거했다. 프로이트로부터 시작한 정신분석에 대해서도 쇼터는 비판적인 시선을 내비친다. 1960년대 미국에서 정신분석이 황금기를 누릴 수 있었던 것은 분석가들이 대학의 정신과 교수직과 정신과 의사 자격시험 위원회를 장악하면서부터라고 주장한다.

1970년대가 되면 생물정신의학은 그 당시 지배적 패러다임인 정신분석을 밀어내고 정신의학의 주류로 자리매김한다. 지금도 인기 있는 약들이 이미 등장을 준비하고 있었다. 1950년대 정신과 의사 모임에서는 클로르프로마진이라는 약에 대해 이렇게 발표했다. '이 약은 안절부절못하고 흥분하거나 과잉행동이 있는 환자를 안정시킨다. 환자의 초조한 행동은 사라지지만 그렇다고 의식을 잃는 것도 아니다.' 한마디로 일종의 멍한 상태를 만드는 약이라는 뜻. 지금으로부터 70여 년 전에 쓰인 클로르프로마진은 CPZ라는 약어로 불린다.

CPZ는 역사적으로 의미가 있다. 바로 최초의 항정신병약물이기 때문. 지금도 이 약은 가격도 저렴하고, 많이 이용되는 대중적인 치료제다. 환자들은 보통 '빨간 약'이라고 부르는데, 입이 마르고 졸음이 오고, 어지럼증이 있어서 빼달라는 말을 많이 하는 약 가운데 하나다. 그러나 부작용이 개선된 항정신병약물이 많이 보급되었는데도

CPZ를 사용한다면, 반대로 의사 입장에서는 환자의 행동 조절이 얼마나 어려우면 빨간 약을 사용할까 생각해보게 된다. 빨간 약은 난치성 딸꾹질에도 쓰인다.

1960대 초반에 항불안제의 대명사처럼 되어 있는 벤조디아제핀이 개발되면서 정신과 약물의 체계가 바뀐다. 난폭한 행동 조절에만 정신과 약을 쓰는 것이 아니라, 수많은 사람이 잠재된 정신과 환자군이 될 가능성이 생긴 것이다.

쇼터에 따르면 1964년 제약회사의 후원을 받은 도널드 클라인Donald Klein이 공황은 불안과는 다른 독립된 병임을 제시하는 논문을 발표하면서, 1980년 DSM-Ⅲ에서 공황장애를 독립된 질병으로 등재했다고 한다. 둘의 인과관계가 일대일대응을 하는 것은 아니지만 이후 벤조디아제핀 계열인 알프라졸람을 공황장애 약으로 널리 사용하고 있는 것은 사실이다. 또한 그는 정신의학 진단이 점차로 제약회사들에 의해 조작되고 있다고 주장한다.

결국 모든 사람을 잠재적 환자로 취급하게 되는 세상. 본능적으로 위험하다는 것을 감지한 사람들은 '정신병이란 없다'는 반정신의학 운동을 펴기도 했다. 환자에게 절실히 필요한 '돌봄'을 강조한 주장으로, 〈뻐꾸기 둥지 위로 날아간 새〉라는 영화에도 이 같은 주장이 잘 묘사되어 있으나 주류가 되지는 못했다. 오히려 분위기는 더욱더 정신약물의 압승으로 흘렀다. 그중 압권은 단연 프로작의 등장이다.

1980년대 '기적의 항우울제' 프로작이 등장하면서 시사 잡지《타임》표지에서 정신과Psychiatry의 P는 이제 정신분석Psychoanalysis의 P가 아니라 프로작Prozac의 P라고 선언하는 일이 일어났다. 1974년 탄생한 플루옥세틴(상품명 프로작, 이하 프로작)은 1987년 미국 식품의약국FDA 승인을 받는다. 프로작의 또 다른 장점은 다른 항우울제들과 달리 체중 감소의 효과가 있다는 것. 이후 공황장애에도 효과가 있다는 논문이 발표되면서 프로작은 이른바 3대 해피 필의 지위를 누리게 된다.

두산 백과사전에는 이런 문구가 있다. '프로작은 병을 치료할 뿐만 아니라 삶의 행복까지 되찾아준다는 뜻에서 탈모증 치료제인 프로페시아, 발기부전 치료제인 비아그라 등과 함께 해피메이커 또는 삶의 질 개선제라고 불린다.'

《만들어진 우울증》이라는 책에서도 비슷한 내용이 반복되고 있다. 출판사가 내건 홍보 문구가 이 책이 주장하는 바를 잘 표현하고 있다. "당신은 수줍음을 많이 타는 게 아니다! 당신은 아프다! 누가 이런 주술을 거는가?" 이 책에서도 진단학계와 제약회사의 은밀한 결합에 대해 이야기하고 있다. 예를 들어 현재 전 세계적으로 가장 많이 팔리는 항우울제를 생산하는 한 제약회사의 내부 문건에는 이런 문구가 있다고 한다. '사회불안장애 환자들은 자신들이 경험하는 것이 극심한 수줍음이라고 생각하는 경우가 많고, 또 이것이 대중의 일반적인 오해이므로…'

이 문장의 전제는 극심한 수줍음 또한 정신질환이라는 인식이다.

결국 이 모든 이야기는 심리적 문제를 정신질환으로 진단하는 기준치가 낮아졌다는 사실을 보여준다. 당연히 각자가 경험하는 심리적 불편이 늘어난 것처럼 느끼게 되었다. 이에 관해서는 통계가 증명한다. 건강보험심사평가원의 발표만 보아도 우울증 진료환자의 항우울제 투여 횟수가 증가했음을 확인할 수 있다.

아주 오래된 병

그럼에도 우울, 불안이라는 감정이 없다는 것 또한 비약이다. 고대로부터 멜랑콜리아Melancholia라고 불리던 장애를 우울증이라고 하는 의견도 있으니 역사가 꽤 길다. 의학의 아버지라고 불리는 히포크라테스는, 인간은 네 가지 체액으로 구성되어 있다는 4체액론을 주장했다. 그가 말한 네 가지 체액은 피, 점액, 황담즙, 흑담즙이다.

그리스어 멜랑콜리아는 멜라이나melaina 또는 멜랑melan(검다)과 콜레cholē(담즙)가 합쳐진 말이다. 단어의 유래에서도 알 수 있듯이, 멜랑콜리아는 히포크라테스가 말한 네 가지 체액 중에서 흑담즙이 과잉된 상태를 뜻한다. 히포크라테스는 흑담즙이 지배적인 사람은 신중하고 말이 없고 비관적인 기질을 가진다고 하여 오늘날의 우울증의 서막을 열었다. 이렇게 보면 현재 디프레션Depression이라고 불리는 우울증의 역사는 사실 꽤 길다.

우울증에 걸리면 식욕도 떨어지고 잠도 못 잘 것 같지만, 이는 사실이 아니다. 우울증의 핵심은 우울한 기분과 즐거움 또는 흥미의 상실이다. 다소 추상적으로 보이는 이 두 핵심 증상 외에 다른 증상들이 관찰된다. 체중은 증가할 수도 있고 감소할 수도 있다. 불면과 과수면 모두 가능하다. 집중력 감퇴와 함께 부적절한 죄책감이 동반된다.

우울증에 대한 또 하나의 오해는 시간에 관련된 것이다. 우울한 기분은 밤이 되면 심해진다고 생각하기 쉽지만, 대부분 아침에 가장 심하고 해가 저물면서 약해지는 양상을 보인다. 자살에 대한 반복적인 사고는 우울증에서 흔히 발견되며, 일반적으로 자살기도자의 70퍼센트가 정신장애를, 그중 70퍼센트가 우울증을 앓고 있는 것으로 추정된다.

우울증은 여성이 남성보다 흔하다. 2011년 우리나라 역학조사에서 우울증의 평생 유병률은 6퍼센트 정도였으며 여성의 경우 9퍼센트로 나타났다. 여성은 대략 10명 가운데 1명이 평생 한 번은 우울증에 걸린다는 말이다. 과거에는 따로 진단명이 있었으나 지금은 주요 우울장애에 포함된 갱년기 우울증 같은 특수한 양상도 있다.

갱년기 우울증은 초조성 우울Agitated Depression이 특징이다. 가만히 있지 못하고, 손을 움직거리고, 지속적인 걱정, 좌불안석, 건강에 대한 염려, 편집적 성향을 보이는 경우가 이에 해당한다. 또한 어떤 경우는 자신의 알코올의존을 감추기 위한 수단이 우울 증상일 때가 있다. 이러한 우울은 가면우울Masked Depression이라고 한다. 흔히 알코올의존 환자들의 경우 수면 불량, 자살 사고, 죄책감 같은 우울 증상을 자주 표현하는데, 한편으로 이것은 단지 가면우울일 가능성도 있다.

이제는 모든 국민이 알고, 현대인의 묘약처럼 여겨지는 행복 물질

세로토닌. 현재까지는 주요 우울증에서 세로토닌 저하가 가장 중요한 생물학적 요인으로 밝혀져 있다. 무엇보다 항우울제의 작용기전이 세로토닌과 밀접한 관련이 있기 때문이다. 세로토닌으로 된 알약이 있다면 바로 당장 섭취해야 할 것 같은 착각이 들 정도다. 물론 세로토닌을 그 자체로 섭취할 수는 없다. 필수아미노산의 일종인 트립토판이 우리 몸에 섭취된 뒤 몇 번의 효소 반응을 거쳐서 세로토닌으로 바뀌기 때문이다.

기분에 관여하는 중요한 신경전달물질은 크게 세 가지다. 먼저 도파민은 쾌락의 물질이다. 노르에피네프린은 아드레날린으로도 불리며, 싸울 때나 도망갈 때 뇌에서 분비되는 신경전달물질이다. 그렇다면 세로토닌은? 감정, 식욕, 불안, 강박 등에서 활약하며 도파민과 노르에피네프린 사이에서 중재자 역할을 한다. 세로토닌의 또 하나 중요한 역할은 바로 수면과 관련이 있다. 눈이 어둠을 감지할 때 분비되는 멜라토닌은 우리의 하루주기 리듬 조절에 핵심이 되는 물질이다. 그런데 바로 이 멜라토닌 합성에 관여하는 것이 세로토닌이니 수면과도 밀접한 관계가 있다고 볼 수 있다.

이런 신경전달물질은 생체 아민Biogenic Amine(아민은 일종의 화합물로, 생체에서는 암모니아 등 다른 물질과 결합하여 여러 종류의 아민이 생성된다)의 일종이다. 따라서 세로토닌이 감소하면 우울증을 일으킨다는 설명은 크게 보아 생체 아민 가설이라고 부른다. 물론 명확하게 검증된 사실은 아니지만 현재로서는 가장 유력한 가설이다. 최근 가장 흔하게 쓰이는 항우울제인 SSRI가 이 가설을 증명해주는 예다.

당신이 우울한 이유

당신이 우울감, 불면, 죄책감, 무력감으로 외래 정신과를 처음으로 방문하게 되면, 많은 경우 SSRI를 처방받게 된다. SSRI는 선택적 세로토닌 재흡수 차단제라는 뜻. 프로작이라는 상품명이 붙은 플록세틴도 물론 SSRI다. 이런 항우울제는 감기약과는 달라서 효과가 당장 나타나는 게 아니다. 처음 약효가 나타나는 데는 보통은 2주에서 길면 한 달까지 걸린다.

SSRI는 어떤 식으로 우리가 알약으로는 먹을 수 없는 세로토닌을 증가시킬 수 있는 걸까. 해답은 시냅스라는 구조를 통해 찾아볼 수 있다. 뇌 속의 신경세포들은 시냅스를 통해 서로 연결되어 있다. 그러니까 1번 신경세포와 2번 신경세포는 바로 연결되어 있지 않고, 그 사이 작은 틈이 있어 연결된다. 바로 이 틈을 시냅스라고 하며, 신경전달물질의 작용은 1번 신경세포 말단에서 분비된 물질이 반대쪽인 2번 신경세포의 수용체에 결합함으로써 전달된다.

앞에서 언급했다시피 우울증, 강박증은 세로토닌 부족과 연관되어 있다. 그런데 1번에서 2번으로 분비되었던 신경전달물질은 시간이 지나면서 1번으로 재흡수된다. 이 경우 SSRI를 흡수하면 어떤 일이 일어날까. SSRI는 말 그대로 선택적으로 세로토닌만, 1번 세포로 재흡수되는 것을 차단한다. 1번으로 재흡수돼야 할 세로토닌이 재흡수되지 못한다면 결국 길 잃은 세로토닌은 어떻게 될까. 길 잃은 세로토닌은 바로 세포 사이의 틈, 시냅스에 머문다. 따라서 SSRI를 투약하면 시냅스에 세로토닌이 증가되는 것이다. 시냅스에 세로토닌이 증가되었다는 것을 감지하면, 이제 2번 신경세포의 수용체 또한 증가된 세로토닌을 받아들이기 위한 변화가 일어난다.

그런데 앞에서 세로토닌은 강박과 불안과도 관련이 있다고 하지 않았던가. 여기에서 환자들이 흔히 하는 불만이 나오게 된다. 즉 조현병과 같은 정신병은 예외겠지만 불안, 우울, 강박 같은 경우는 대부분 투약이 비슷비슷하다. 그러니까 좀 과장하여 말하자면 당신이 공황장애든, 우울증이든, 강박증이든 진단은 크게 상관없을지도 모른다. 투약할 약의 종류는 비슷할 테니까.

투약은 대부분 SSRI와 벤조디아제핀의 조합이다. SSRI는 상품명 프로작으로 유명한 플록세틴과 파록세틴, 시탈로프람, 설트라린 등이 있다. 물론 이는 성분명이라 당신이 들었을 상품명은 이와는 다를 것이다. 파록세틴의 상품명은 팍실, 시탈로프람은 렉사프로, 시탈로 등으로 다양하다. 항불안제의 대명사가 되어 있는 벤조디아제핀은 로라제팜, 알프라제팜, 디아제팜 등 주로 '팜'으로 끝이 난다. 물론 상품명은 다양하다.

세로토닌만 증가시킨다고 우울증이 완화될까. 물론 아니다. 그렇기 때문에 이런 생물학적 설명 외에도 우울증을 설명하는 이론은 수없이 많다. 그중 유명한 이론 가운데 하나가 에런 벡Aaron Beck의 인지치료 이론이다. 그에 따르면 우울증 환자들은 세 곳에서 인지적 왜곡이 일어나 있다. 자기 자신, 세상, 미래. 당연히 자신에 대해 부정적인 자아상을 가지고 있다. 예를 들면 '난 원래부터 안 되는 거야' 같은. 그들에게 세상은 호의적이지 않을뿐더러 호락호락하지 않다. 이와 같은 인지는 결국 미래에 대해서도 고통과 실패가 가득할 것이라는 인식을 갖게 한다.

인지행동 이론에서 우울증을 설명할 때 자주 언급되는 용어는 '학습된 무력감'이다. 학습된 무력감은 미국의 심리학자 마틴 셀리그먼Martin Seligman과 그의 동료들이 한 실험에서 등장한 용어다. 그들은 24마리의 개를 8마리씩 상자 A, B, C에 나누어 넣고 각각 다른 방식으로 전기충격을 주었다.

A상자는 개가 코로 버튼을 누르면 전기충격을 멈출 수 있는 환경이었고, B상자는 버튼을 묶어 개가 어떻게 해도 전기충격을 멈출 수 없는 환경이었다. C상자에는 전기충격을 가하지 않았다. 24시간 뒤 그들은 개들을 다른 상자에 재배치했다. 장애물만 넘으면 전기충격을 피할 수 있는 상자에 넣은 것이다.

실험 결과 A, C상자에 있던 개들은 장애물을 넘어 전기충격을 피했으나, B상자에 있던 개들은 장애물을 넘지 않고 고스란히 전기충격을 견뎠다. B상자에 있던 개들은 24시간 만에 어떤 시도를 해도 전기충격을 피할 수 없다는 무력감을 학습한 것이다.

심리학자 도널드 히로토Donald Hiroto는 대학생을 대상으로 비슷한 실험을 진행했다. 이 실험의 결과로 통제가 불가능한 경험이 인간에게도 학습된 무력감을 유발한다는 것이 밝혀졌다.

학습된 무력감은 또다시 부정적인 생각을 불러일으키며, 그 생각은 경험에 의해 증폭된다. 그러는 와중에 수동적 체념, 얼어붙기 반응이 각인된다. 이 이론을 신봉하는 사람들은 환자가 환경에 대한 지배를 학습해야 한다고 주장한다. 하지만 오래된 관성을 극복하는 것처럼 어려운 일은 없다. 무력감에서 탈출하기 위해 사소한 성공과 그에 따른 보상을 지속적으로 경험하는 것이 도움이 될지도 모르나 쉬운 일은 아니다.

'그렇다면 약 말고, 생각을 바꾸는 것 말고, 더 획기적인 치료도 있지 않나요?'라고 질문할 수도 있다. 대중적인 치료 방법 가운데 하나는 최근 개업 의사를 중심으로 시행되고 있는 경두개 자기자극술 Transcranial Magnetic Stimulation이다. 환자는 의자에 앉아 있고, 환자의 머리 위 특정 부위로 원반같이 생긴 것에서 전자기파를 쏜다. 그 밖에 부교감신경 자극법, 광선 치료 등 다양한 치료법을 이야기하지만, 효과에 대해서는 논쟁이 계속되고 있다.

전자기파로 뇌를 자극해도 낫지 않는 우울과 불안은, 어쩌면 여전히 건재한 유령 같은 걸까? 아니면 부족한 세로토닌을 완벽하게 주입할 수만 있다면 나을 수 있는 간단한 질병일까? 신기한 치료 방법이 계속 나올수록 질문은 다시 제자리로 돌아가는 아이러니. 이는 역시 뉴로시스, 신경증의 양면성 때문일 것이다.

한 번쯤 찾아올지 모르는 반갑지 않은 손님

뉴로시스의 양면성

뉴로시스는 양면성을 지닌다. 한편에서는 제약회사와 학계가 조장해온 병이라는 평가를 받는다. 또 다른 한편에서는 우울과 불안은 실존하는 질환이라고 주장한다. 심지어 그 역사도 길어서 기원전까지 올라간다. 멜랑콜리아와 존재론적 불안까지 거슬러 갈 필요도 없이, 우리 역사에서도 많은 인물이 자살로 생을 마감했다. 두 가지 가운데 내 입장을 말하자면 전자에 가까웠다. 즉 우울과 불안이 만들어진 질환이라는 생각이 꽤 오랫동안 자리 잡고 있었다.

자신의 우울증 경험담을 담은 에세이가 크게 유행할 때도 나는 시큰둥한 마음이었다. 물론 사회적 위치 때문에 그렇게 밖으로 이야기할 수는 없었다. 그러나 우울증이 마음의 감기라는 둥 회색의 세상에서 사는 일이라는 둥 하는 마케팅에는 완전히 동의할 수 없었다. 가까운 사람을 직접 만나고, 심지어 내가 직접 겪기 전까지는.

수년 만에 질식할 것 같다고 전화를 한 정. 직접 만나본 그는 거구의 예전 모습은 온데간데없고 완전히 다른 사람이 되어 있었다. 20년 만에 무가치감과 불안감을 호소해온 지우 선배. 그 누구보다 안정적 정서를 지닌 것처럼 보이던 선배의 내면은, 자신의 존재 자체에 대한 의심까지 품을 정도로 다급한 상태였다.

그리고 그들과 힘겨운 1년을 보내고 난 뒤 나에게 찾아온 알 수 없는 통증과 무기력증. 어떤 의사도, 어떤 병원도 아무 이상이 없다고 말하는 신체였지만 숟가락 하나 들 수 없을 정도로 계속 힘이 빠지는 상태. 아직 발견하지 못한 류머티즘 질환인가, 아니면 루게릭 같은 근위축성 질환의 초기 증세일까. 어설픈 의학 지식은 나를 더 불안과 우울의 늪으로 밀어 넣었다.

불면이 지속되던 입원실. 나는 시야가 극도로 좁아져 있었다. 다음날 모든 검사 결과가 정상으로 나오고, 어쩌면 하는 마음으로 동료의 정신과 진료실을 찾아갔다. 30분 정도 면담을 하고, 약을 처방받아 먹었다. 이후 서서히 나의 정서 그래프는 올라가기 시작했다. 팔의 힘은 여전히 빠진다. 원인은 아직도 모른다. 마우스를 왼손으로 쓰고, 많은 경우 구술을 한다. 그래도 그때보다 마음은 편해졌고, 원인은 몰라도 할 수 있는 것을 하자는 생각으로 운동을 한다. 그리고 내가 이 터널을 지나게 되자, 의대 시절의 한 친구가 생각났다. 결석을 밥 먹듯이 하던 친구. 이유를 물으니 '그냥…. 침대에서 나올 수가 없어. 그게 너무 힘들어'라고 힘없이 대답하던 친구.

당시에는 이해하기 어려웠던 친구의 말. 게으른 걸까. 의대가 적성에 안 맞나. 어쩌면 그냥 관심을 받고 싶은 건가. 그 정도가 내가 했던 생각이었다. 친구의 행동은 의대 특유의 열심히 하는 분위기에서는 더더욱 이해받기 어려웠다. 말로는 위로한다고 했지만 진실성 없는 위로를 친구가 눈치 채지 못했을 리 없고, 아마 그것이 친구를 더 외롭게 했을지도 모른다. 결국 친구는 한 해를 휴학했다.

인간이라면 피할 수 없는 우울과 불안이 병으로 포장되었다는 지적도 의미는 있다. 그러나 우울증이 극에 달했을 때 생기는 가장 큰 비극인 자살을 생각하면 간단한 문제는 아니다. 우울증 환자의 3분의 2는 자살에 대한 생각을 갖고, 15~20퍼센트는 실제로 자살 기도를 하며, 그중 3퍼센트는 자살로 사망한다고 한다.

다섯 명 가운데 한 명은 '살기 싫다'고 외치게 되는 병, 우울증. 자신이 무가치하게 느껴지고, 아무것도 할 수 없을 정도로 무력감을 느끼게 되는 우울증. 우울증 환자가 자살을 가장 많이 하는 시기는 퇴원 직후 1주 이내다. 약효가 서서히 발현되어 에너지 레벨이 약간 올라갈 때, 그들은 기운을 낸다. 그것은 살기 위해서가 아니다. 그들이 자주 생각하던 죽음으로 가까이 가기 위해 기운을 내는 것이다. 이처럼 우울증이 호전될 때 에너지가 생겨 자살을 실행하는 것을 '역설적 자살'이라고 한다.

죽음과 가장 가까이 있는 병, 우울증. 퇴원이 자살의 위험요인이 된다고 생각하면, 우울증이 단지 기운이 없고 게으른 사람이 하는 핑계라고 할 수는 없을 것이다. 마케팅으로 우울감이 과대 포장된 탓도 있고 감정이 상업화된 탓도 있지만, 불안과 우울은 우리도 모르는 사이 우리 누구에게나 올 수 있는 현실이 되었다. 그리고 그것은 사회적 지위가 높아서 누구나 부러워하는 자리에 있다고 피해 가는 감정이 아니다. 어찌 보면 누구에게나 올 수 있다는 점에서 공평하기도 한 감정이다. 앞서 언급한 사람들은 몇 가지 공통점이 있다. 대한민국에서 가장 좋다는 학교를 졸업했고, 사회적으로 인정받는 직업을 가지고 있다. 그리고 마흔이 넘어 불안과 우울이 덮쳤다. 마치 '잘난 너희들, 모든 것이 쉬울 것 같지. 다 네 뜻대로 되는 건 아니야'라고 경고라도 하듯이.

우울과 불안의 터널을 지나다 보면 결국 이런 생각에 다다른다. 내 마음 하나 내 뜻대로 되지 않는데, 무엇이 내 뜻대로 될까. 그래서 우울과 불안은 인간을 비참하게 만들기도 하지만 겸허하게도 만든다. 언젠가 한 번은 찾아올지도 모르는 반갑지 않은 손님. 우리의 약한 고리가 터질 때를 노리고 있는 영악한 감정. 당황하여 갑자기 쓰러지지 않으려면 어떻게 해야 할까. 어쩌면 이런 생각을 하면서 미래를 염려하기 시작할 때부터 불안은 우리 안으로 한 발짝 들어오고 있는지도 모른다.

병명은 가족

초판 1쇄 발행 2021년 1월 27일
초판 5쇄 발행 2022년 12월 16일

지은이 | 류희주

발행인 | 박재호
주간 | 김선경
편집팀 | 강혜진, 이복규, 허지희
마케팅팀 | 김용범, 권유정
총무팀 | 김명숙

디자인 | 엄혜리
표지일러스트 | 0.1 일러스트 팀
교정 | 전은희
종이 | 세종페이퍼
인쇄·제본 | 한영문화사

발행처 | 생각정원
출판신고 | 제25100-2011-000320호
주소 | 서울 마포구 양화로 156(동교동) LG팰리스 814호
전화 | 02-334-7932 **팩스** | 02-334-7933
전자우편 | 3347932@gmail.com

ISBN 979-11-91360-04-2 (03180)